## 丛书编委会

主　　编：罗　群　赵小平

执行主编：范　俊　张轲风　潘先林

成　　员：潘先林　张轲风　范　俊　董雁伟　黄体杨

　　　　　刘灵坪　侯明昌　娄贵品　王春桥　胡鹏飞

云大史学经典丛刊

# 浪口村随笔

顾颉刚◎著

范　俊　姚　禹◎整理

 云南大学出版社
YUNNAN UNIVERSITY PRESS
·昆　明·

**图书在版编目（CIP）数据**

浪口村随笔 / 顾颉刚著；范俊，姚禹整理. -- 昆
明：云南大学出版社，2023
（云大史学经典丛刊）
ISBN 978-7-5482-4842-2

Ⅰ．①浪… Ⅱ．①顾… ②范… ③姚… Ⅲ．①随笔—
作品集—中国—当代 Ⅳ．①I267.1

中国国家版本馆CIP数据核字（2023）第056543号


策划编辑：张丽华
责任编辑：陈　涵
封面设计：任　微

云大史学经典丛刊

# 浪口村随笔
LANGKOU CUN SUIBI

顾颉刚◎著
范　俊　姚　禹◎整理

出版发行：云南大学出版社
印　　装：昆明理煌印务有限公司
开　　本：787mm×1092mm　1/16
印　　张：14.875
字　　数：240千
版　　次：2023年10月第1版
印　　次：2023年10月第1次印刷
书　　号：ISBN 978-7-5482-4842-2
定　　价：60.00元

地　　址：昆明市一二一大街182号（云南大学东陆校区英华园内）
邮　　编：650091
发行电话：0871-65033244　65031071
网　　址：http://www.ynup.com
E-mail：market@ynup.com

若发现本书有印装质量问题，请与印厂联系调换，联系电话：0871-64167045。

# "学术的生命与精神": 百年来云南大学历史学发展回眸

## (代序)

国立云南大学校长熊庆来先生说:"夫大学之重要,不在其存在,而在其学术的生命与精神。"云南大学的史学研究已走过百年峥嵘岁月,从初建、启航、发展、沉淀以至日渐兴盛局面的开创,艰苦卓绝自毋庸多言,唯有"学术的生命与精神",如同血液般一直灌注其中,培育了云大史学崇尚学术和经世致用兼举并用的优良传统与精神气质。时逢云南大学百年校庆即将到来之际,有必要回顾和总结云大史学发展的百年历程,以期把握方向,认清前路,走向更辉煌的明天。

## 一、传统奠定: 1923—1949 年间的学术启航

1923—1949 年间是云大史学传统的奠定时期。1923 年,云南大学的前身东陆大学创办之初,即设立包括文、史、经学的国学门。1930 年,东陆大学由私立改为省立,其时已设立历史系。1937 年,全面抗战爆发,熊庆来先生受聘为云南大学校长,秉承"以研究高深学术,造就专门人才"的办学宗旨,聘请和邀约国内知名学者和大批内地高校人才来云大任教,并重新组建了文法学院文史系。1938 年,学校更名为国立云南大学。至 1949 年,荟萃了顾颉刚、钱穆、姜亮夫、白寿彝、袁嘉穀、方树梅、吴晗、方国瑜、尚钺、向达、陶云逵、闻宥、王庸、朱杰勤、谢国桢、翁独健、江应樑、张维华、岑家梧、纳忠、陆钦墀、瞿同祖、丁则良、徐嘉瑞、李源澄、杨堃、华岗、陈复光、刘崇鋐、吴乾就、李埏、马曜、缪鸾和、方龄贵、程应镠等一大批史学英才,极大地繁荣了云大的史学研究,奠定了云大雄厚绵长的史学传统。这一时期,云大的史学发展呈现出以下四个特点:

第一，师资力量雄厚，吸纳了诸多英才，兼聘了郑天挺、闻一多、雷海宗、吴宓、姚从吾、邵循正等众多西南联大学者在云大授课，产生了广泛的社会影响力。尤其是1937—1949年间，云南大学成为国内史学研究重镇。

第二，形成了一批影响深远的学术经典。例如，顾颉刚的《浪口村随笔》《中华民族是一个》，钱穆的《论清儒》《略论王学流变》《中国思想史六讲》，方国瑜的《麽些民族考》，白寿彝的《咸同滇变见闻录》《中国伊斯兰史存稿》，吴晗的《元明两代之"匠户"》《明代的军兵》，向达的《蛮书校注》，瞿同祖的《中国法律与中国社会》《中国封建社会》，袁嘉穀的《滇绎》，楚图南的《纬书导论》，丁则良的《杯酒释兵权考》，江应樑的《西南边疆民族论丛》《西南社会与"西南学"》，翁独健的《新元史、蒙兀儿史记〈爱薛传〉订误》，朱杰勤的《葡人最初来华时地考》《中国古代海舶杂考》，纳忠的《论中国与西亚各国之关系》，徐嘉瑞的《大理古代文化史》《云南农村戏曲史》，杨堃的《论"中国社会史"问题》，陈复光的《有清一代之中俄关系》，吴乾就的《〈咸同滇变见闻录〉评正》《清初之圈地问题》等重要研究成果，均是在云大期间完成或发表的。

第三，创建史学研究平台和参与重大学术工程。1937年，方国瑜等人创办西南文化研究室；筹资编印《元代云南史地丛考》《滇西边区考察记》《明清滇人著述书目》《越南古史及其民族文化之研究》《缅甸史纲》《印度美术史》《暹罗史》等"西南文化研究丛书"11种；创办《西南边疆》杂志，共发行18期。《西南边疆》杂志是抗战时期最重要、最权威的有关西南研究的学术刊物。此外，袁嘉穀、方国瑜、方树梅等学者长期参与云南大型学术工程《新纂云南通志》的编纂和审定。

第四，形成了影响深远、延绵至今的史学传统。在民族危机和国难当头的现实感召下，地处边疆的云大学者葆有强烈的经世致用、关怀现实的家国情怀和经世理念，形成了注重西南边疆民族研究、强调实地民族社会调查路径、厚植云南乡土历史研究等学术传统和研究特色。例如，顾颉刚从边疆民族出发，深入审思历史疆域的形成和中华民族的整体性；方国瑜从古史和古文字研究转向西南边疆研究，并参加中英会勘滇缅南段未定界委员会工作，在实地考察基础上完成《滇西边区考察记》；白寿彝致力于云南回族历史文化研究；向达转向《蛮书》研究；等等。与此同时，江应樑、陶云逵等坚持民族调查方法开展民族文献发掘和民族史开拓；以袁嘉谷、方国瑜、方树梅等为代表的一批学者致力于云南乡土知识体系重建；等等。

## 二、优势凸显：蹉跎中奋进的"新中国三十年"

1950—1978 年间，云南大学经历了全国院系调整、大批师资力量流失、由国立改省属大学等重大变化，加之期间受各种不利因素的严重干扰，研究力量有所萎缩，学术氛围受到影响，整体实力有所下降。尽管如此，这一时期的云南大学史学发展总体上仍保持着蓬勃向上的奋进态势，取得了斐然成绩，呈现出以下特点：

第一，带动全国史学界重大学术命题的讨论热潮。新中国成立后，我国史学界兴起了以"五朵金花"为代表的重大学术命题的讨论热潮。李埏先生先后在《历史研究》上发表《论我国的"封建的土地国有制"》（1956）、《试论殷商奴隶制向西周封建制的过渡问题》（1961）等重要学术论文，提出"土地国有制"这一重要学术概念，成为中国封建土地所有制形式讨论的重要学派和代表人物，带动了全国史学界关于中国土地所有制问题的讨论热潮。此外，马曜、缪鸾和发表长篇论文《从西双版纳看西周》（1963），继承和发扬以民族活态资料印证古史的"民族考古学"路径，密切参与到土地所有制形式问题的讨论之中。以上研究，学术影响巨大，奠定了云大中国经济史研究在全国的领先地位。

第二，凝聚学术话语体系，历史认识和民族理论获得创新发展。这一时期的云大史学研究也在向着深层次的理论探讨和话语体系构建的方向发展。新中国成立后兴起了"中国的历史范围"讨论，其时学界对中国疆域发展的认识分歧较大，方国瑜先生发表《论中国历史发展的整体性》（1963）一文，强调"王朝史不等于中国史"，应将中原与边疆的历史都视为中国历史发展整体中的一个部分，重点阐释边疆民族地区在中国历史发展中的重要地位和作用。这一理论思考获得史学界的普遍赞誉和认同。此外，民族理论研究和话语体系构建获得创新发展，杨堃的《试论云南白族的形成和发展》（1957）、《关于民族和民族共同体的几个问题》（1964），熊锡元的《民族形成问题探讨》（1964）等论文，带动了民族形成问题讨论和"中华民族共同体"相关理论话语凝聚，在全国史学界都具有重大的学术前瞻性。

第三，拓展史学人才培养的新路径。云南大学是在历史教学和人才培养中最早开展历史地图编绘探索的教学单位，并于1953年前后初步编绘了世界上古史、世界中古史和部分中国史常用历史地图六十余幅，为历史教学和学生培养提供了极大便利。这一事迹获得媒体和学界报道和关注，云南大学历史系世界史、中国史教研小组联名发表《我们怎样摸索着绘制历史参考地图》（1953）一文，作为重要教学经验向全国推广。此外，云大史学人才培养延续实地调查的优良传统。1959年前后，历史系学生在云南个旧开展矿业调查，梁从诚先生带领学生在当地边上课、边劳动、边调查，其间历史系师生集体编订《云南矿冶史》《个旧锡矿史》《个旧矿业调查》《个旧矿工歌谣选》等著作，朱惠荣、谢本书、邹启宇等著名学者都曾参与此次考察和著述编纂工作，为他们此后勃兴的学术事业奠定了扎实基础。

第四，积极参与国家重大学术工程。1953年始，方国瑜、江应樑、杨堃等教授受到委托，带领云大众多师生参加少数民族社会历史调查和民族识别工作。1961年始，方国瑜作为周总理亲自关怀的国家重大学术工程——《中国历史地图集》西南部分编绘工作的负责人，与尤中、朱惠荣一起完成这一国家使命，彰显了云大史学的研究实力，培植了云大历史地理学发展的深厚土壤。1965年，方国瑜等学者还启动了《云南史料丛刊》的编撰，惜因各种缘故而中断。

在专业设置与机构上，云南大学历史系先后设立历史学、中国民族史、档案学、图书馆学、人类学、社会工作、世界史专业，形成了以方国瑜、江应樑、杨堃、李埏、尤中等为代表的学科队伍；成立了具有学科特色的西南文化史、中国民族史、云南地方史、中国封建经济史、西南边疆史、南亚东南亚史、西南亚史、西南古籍研究等科研教学机构。其时，云南大学的史学研究逐渐呈现出研究方向上的优势和特色：中国民族史特色日益突出，中国经济史发展迅速，形成了一系列具有全国性影响力的重要成果。而在世界史领域，以纳忠先生为代表的西亚、阿拉伯史研究独树一帜，并形成了纳忠、杨兆钧、张家麟、武希辕、李德家、施子愉、方德昭、邹启宇、赵瑞芳、吴继德、左文华、唐敏、黎家斌、徐康明等人为骨干的世界史学科队伍。除上述已见的成果外，尚有方国瑜的《有关南诏史史料的几个问题》《汉晋时期在云南的汉族移民》《唐宋时期在云南的汉族移民》，李埏的《略论唐代的"钱帛兼行"》，江应樑的《明代云南境内的土官与土司》《凉山彝族社会的历史发展》，尤中的《汉晋时期的"西南夷"》，吴乾就的《关于杜文秀的评价问题》，等等。总言之，这一时期逐渐奠定了中国民族史和中国经济史在云大史学研究中的基石地位。

## 三、巩固特色：改革开放二十年的机构与学科建设

改革开放后，云大史学研究迎来新的春天，进入一个跨越式发展阶段。在学科建设上，1981 年，云南大学的中国民族史获博士学位授权，成为新中国以来首批博士学位授权点。1981 年，世界史获得地区国别史的硕士授权。1986 年，专门史（经济史）获博士学位授权。同年，中国民族史、中国经济史列为云南省首批省级重点学科。1995 年，云南大学历史系被国家教委批准为全国普通高校文科基础学科人才培养与科学研究基地。2000 年，以中国民族史为重要支撑的西南边疆少数民族研究中心获批教育部全国普通高校人文社会科学重点研究基地。2000 年，获得世界史二级学科博士授权，云南大学成为我国较早获得世界史硕士、博士授权的大学之一。与此同时，相关学术机构纷纷成立。1980 年，成立西南边疆民族历史研究所；1984 年，成立西南古籍研究所；1999 年，成立西南边疆少数民族研究中心。其间，创办《史学论丛》《西南民族历史研究所集刊》《西南古籍研究》《西南边疆民族研究集刊》等多种学术刊物，在学界产生重要影响。教研团队建设取得较大发展，诸多青年英才成长为史学研究的骨干力量，形成了两大优势学科团队，即以方国瑜、江应樑为学术带头人，以木芹、林超民、徐文德、郑志惠、陆韧、潘先林、秦树才等学者为骨干的中国民族史学科队伍；以李埏为学术带头人，以朱惠荣、董孟雄、林文

勋、武建国等学者为骨干的中国经济史学科团队。同时，云南大学世界史学科以亚洲、非洲等发展中国家为基本研究领域，以东南亚史、南亚史、西亚非洲史、亚太国际关系史研究为研究重点，也重视欧美史及西方史学理论的研究，在东南亚史、南亚史、西亚非洲史、亚太国际关系史方面形成了自身的优势和特色，先后建成了以贺圣达、左文华、吕昭义、何平为带头人的南亚东南亚史研究团队，以肖宪为带头人的中东史研究团队，以唐敏、徐康明、许洁明、李杰为带头人的欧美史研究团队，以及以刘鸿武为带头人的非洲史研究团队。

推出了一批重要学术成果：1978年，在方国瑜先生主持下重启《云南史料丛刊》编撰，虽因各种原因时断时续，最终在林超民教授主持以及徐文德、郑志惠等学者的共同努力下，《云南史料丛刊》共计十三卷，于1998—2001年间全部出版。《云南史料丛刊》的问世不仅完成了民族史同仁三十年的心愿，且进一步夯实了云大民族史的研究基础。江应樑、林超民主编的《中国民族史》（民族出版社，1990）共三册，110万字，是新中国成立以来第一部中国民族史方面的通史著作，获得国家图书奖。此外，尚有一批影响力巨大的学术经典著述问世，例如，方国瑜的《云南史料目录概说》《中国西南历史地理考释》《彝族史稿》，江应樑的《傣族史》，尤中的《中国西南民族史》《中国西南边疆变迁史》《僰古通纪浅述校注》，木芹的《云南志补注》《南诏野史会证》《两汉民族关系史》《中华民族历史整体发展论》等民族史研究力作，以及李埏的《中国封建经济史论集》，李埏和武建国合著的《中国古代土地国有制史》，李埏和林文勋合著的《宋金楮币史系年》，李埏主编的《中国封建经济史研究》，武建国的《均田制研究》等经济史研究成果。

这一时期的云大史学发展呈现出以下特点：首先是相关学术机构的建立和人才培养体系的健全，云南大学获得了更大的发展空间；其次，明确了发展方向和目标，正式确立了中国民族史和中国经济史的传统优势学科地位；再者，学术成果大量涌现，青年人才不断成长，保障了云大史学研究的持续进步。同时，中国近现代史、中国古代史、历史地理学、历史文献学、南亚东南亚史、欧美史、非洲史等研究方向都有较快发展。

## 四、开拓创新：新时代下加快"三大体系"构建的特色道路

最近 20 年，云南大学的历史学在学科体系建设、学术研究、团队建设、人才培养、社会服务等各方面都取得了长足发展。2003 年，获得历史学一级学科博士学位授权和博士后科研工作流动站。2006 年，自主增设中国社会史、中国边疆学 2 个二级学科博士学位授权点。2007 年，专门史（中国经济史、中国民族史）获准为国家重点学科。同年，获批云南省哲学社会科学研究基地"滇学研究基地"。2011 年，中国史一级学科获博士学位授权。2016 年，中国史入选云南省高峰学科。2019 年，被教育部认定为首批"国家级一流本科专业"建设点。中国史在 2017 年教育部公布的第四轮学科评估中获得 B（排名位于前 20%—30%）。2021 年、2022 年公布的软科学科排名，中国史连续进入前 10%。近 5 年来，云南大学历史学学科成员获得第七届高等学校科学研究优秀成果奖 3 项、第五届郭沫若中国历史学奖提名奖 1 项，获得云南省哲社优秀成果奖 56 项、云南省高等教育教学成果奖 2 项、云南省级教学奖 3 项；主持国家社科基金重大项目 7 项、一般项目近百项；承担中国历史研究院重大项目 1 项、委托项目 6 项，且系《（新编）中国通史·中国民族史卷》主编单位。云大史学已发展成为国内史学领域优势特色明显、教研体系完备、师资力量雄厚、科研成果突出、学术影响甚大的学术重镇。

持续加强平台、团队、师资建设，努力构建完备的学术体系。先后成立了中国经济史研究所、西南环境史研究所、中国历史地理研究所、古地图与丝绸之路研究中心、"数字人文"实验室等学术机构；建成 5 个省级哲学社会科学创新团队；持续打造西南学工作坊、中国民族史青年学者研习营、"富民社会"理论研习营等学术沙龙品牌。近 5 年来，引进 7 位在国内颇具学术影响的知名学者以及 10 余位研究能力突出的青年才俊，新增东陆骨干教授 2 人、东陆青年学者 2 人，国务院学科评议组成员 2 人，入选国家级人才计划 3 人，入选云南省级人才计划 10 余人。目前，云大历史学科团队共有正高级职称 32 人、副高级职称 26 人、中级职称 18 人，博士生导师 17 人。

推出了一批影响力较大的教研成果:《方国瑜文集》《李埏文集》相继问世;持续推出"中国边疆研究丛书""云南大学宋史研究丛书""云南大学中国经济史研究丛书""云南地方经济史研究丛书",以及方国瑜的《云南民族史讲义》,尤中的《中国西南民族地区沿革史(先秦至汉晋时期)》,武建国的《汉唐经济社会研究》,林文勋的《唐宋社会变革论纲》《中国经济史研究的理论与方法》《中国古代"富民"阶层研究》,方铁的《西南通史》,吕昭义的《英属印度与中国西南边疆:1774—1911》《英帝国与中国西南边疆:1911—1947》,陆韧的《云南对外交通史》,何平的《从云南到阿萨姆:傣—泰民族历史再考与重构》《东南亚的封建—奴隶制结构与古代东方社会》,李杰的《历史进程与历史理性》《马克思主义史学思想史》,殷永林的《独立以来巴基斯坦经济发展研究:1947—2014》,许洁明的《英国贵族文化史》,张锦鹏的《南宋交通史》,成一农的《当代中国历史地理学研究》,钱金飞的《德意志近代早期政治与社会转型研究》等学术力作。学科成员在《中国社会科学》《历史研究》《中国史研究》《世界历史》《民族研究》《世界民族》《中国边疆史地研究》《史学理论研究》《中共党史研究》等权威刊物上发表学术论文百余篇。同时,诚聘20余位海内外经济史、边疆学知名学者集中打造"中国经济史研究的理论与方法""中国的边疆与边疆研究"研究生优质课程,以慕课方式推向全国,出版教材,以研促教,教研结合。

进一步巩固基础,凝练特色,发展新兴领域。通过学术合作、构筑平台、团队组建、推出成果等方式,不断巩固提升中国经济史、中国民族史传统优势学科,大力发展西南边疆史与中国边疆学、历史地理学等新的特色方向,取得了极为显明的成效,目前已发展成为云大中国史的四个龙头方向。同时,紧跟时代步伐,加强世界史、考古学建设力度,积极拓展数字人文、环境史、海洋史、国家治理史等新兴领域。其间积极开展话语体系构建的理论探索。林文勋教授的中国古代"富民社会"学说,自21世纪初提出以来,已确立起学术概念与学术框架,初步建构了自成一家的理论体系,成为新时期重新阐释中国古代特色发展道路的重要话语体系之一。以世界史研究为基础形成的一些政府决策咨询报告,获得党和国家最高领导人亲自批示,上升为我国对缅甸、中南半岛国家和南亚国家的重大决策，在全国产生了重大影响。

　　学术交流频繁，先后承办中国历史文献学会年会、中国灾害史年会暨西南灾荒史国际学术会议、世界史高层论坛、中国边疆学论坛、中国环境史国际学术研讨会、中国民族史年会、教育部历史学教指委中国史学科建设研讨会、地图学史前沿论坛暨"《地图学史》翻译工程"国际研讨会、第二届新时代史学理论论坛等大型学术会议，有力地推动和彰显了云大史学在国内外的学术影响力。

　　近20年来，云南大学历史学在强化特色基础上不断扩展新领域、新方向，大力推进团队和师资建设，积极开展科研项目申报和研究，持续推出优秀学术成果，扩大学术交流和学术影响，开拓学术推广和公众服务，实现了全方位、全系统的提升和体系完备。如今，云大史学同仁沿着先辈的足迹，在加快构建中国特色历史学学科体系、学术体系、话语体系的道路上砥砺前行，已开拓出一条符合实际、行之有效、彰显特色的发展道路。

编委会

2023 年 1 月

# 出版说明

  为迎接云南大学百年校庆，推动学术交流，纪念史学前辈对云大史学发展做出的突出贡献，表彰其卓越的史学成就，云南大学的史学同仁特意推出了"云大史学经典丛刊"。

  本次隆重推出的"云大史学经典丛刊"首批经典著述，包括《滇绎》（袁嘉穀著、王飞虎点校）、《方树梅〈明清滇人著述书目·近代滇人著述书目提要〉点校》（高国强审订，刘仁喜、王晓琳点校）、《云南史地辑要》（方国瑜等著、潘先林整理）、《陈复光〈有清一代之中俄关系〉与〈外交史〉》（刘灵坪整理）、《中国上古史讲义》（顾颉刚著，范俊、黄亨达整理）、《浪口村随笔》（顾颉刚著，范俊、姚禹整理）、《二十世纪五六十年代云大民族史著作二种》（江应樑《明代云南土官土司》以及马曜、缪鸾和《从西双版纳看西周》，王春桥整理）、《云南农村戏曲史》（徐嘉瑞著、娄贵品整理）、《云南大学史学名家论文选辑（1923—1949）》（张轲风选编），共计 12 种 9 册。编选过程中，主要以民国经典著述为准，并考虑到《明代云南土官土司》《有清一代之中俄关系》等著述，学界难觅，故优先整理出版。目前较容易见到或已出版多种版本的一些经典著述则不再重复收录。

  "云大史学经典丛刊"中的《中国上古史讲义》《浪口村随笔》《云南农村戏曲史》《二十世纪五六十年代云大民族史著作二种》（即《明代云南土官土司》和《从西双版纳看西周》），这 5 种书尚在（可能在）版权保护期限内，本次是为了云南大学的百年校庆出版这些图书且不售卖，因时间仓促未及联系上权利持有者，请相关人员与本书编委会联系后续事宜，特此说明。

# 目　录

# 整理说明

《浪口村随笔》是顾颉刚先生撰写的一部读书笔记。

顾颉刚（1893—1980），原名诵坤，字铭坚。江苏苏州人。我国著名历史学家、民俗学家，古史辨学派创始人，现代历史地理学和民俗学的开拓者、奠基人。1920年毕业于北京大学，后历任厦门大学、中山大学、燕京大学等校教授。1938年，任云南大学文史系教授，开设经学史和中国上古史两门课。1939年1月，顾先生迁居至昆明北郊浪口村。结合自己对西北和西南地区民族民俗的调查，顾先生将自己的思考和见闻写成读书笔记，引古籍佐证，完成《浪口村随笔》。

《浪口村随笔》是顾先生读书笔记的经典著作，也是一部颇受赞誉的民族考古学佳作。全书分为地理、制度、名物、史事、文籍、边疆六卷，共122篇，大约17万字。其中包括考察水道山脉、民族风俗习惯、人名地名的内容以及边疆地区的历史和风俗；同时，也有结合实地考察、考辩古代制度、史事以及古籍文书的内容。该书用民族风情和民俗习惯尚证诸中原古史，这种研究模式自成一派，对后人研究古史问题具有重要的借鉴意义，开创了历史学的新领域，具有极高的研究价值和学术价值。且由于顾先生在本书中所用材料大部分源于自己的所见所闻，研究涉及的部分问题与现实生活息息相关，文字表达生动，可读性强，这本书又具有普及性和趣味性，有极高的出版价值。

恰逢云南大学百年校庆，为了感怀顾先生在云南大学任教期间的贡献，也为了推广顾先生这部经典著作，让更多人看到这部民族考古学佳作，学校预备再次出版顾颉刚先生的《浪口村随笔》，为此也做了一些前期工作。

一是系统梳理《浪口村随笔》主要版本，《浪口村随笔》版本主要有四种：一是1939年在昆明浪口村做的读书笔记《浪口村随笔》稿本，目前没有找到顾先生的手稿，但1990年台北联经出版事业公司出版的《顾颉刚读书笔记》第四卷中收录了这部分内容；二是 1940—1941 年间陆续发表在《责善半月刊》上的读书札记《浪口村随笔》；三是 1949 年上海合众图书馆油印本《浪口村随笔》。1998 年，辽宁教育出版社以 1949 年油印本为底本，正式出版《浪口村随笔》。2011 年，中华书局将 1998 年版《浪口村随笔》编入《顾颉刚全集》的《顾颉刚读书笔记》16 卷中出版；四是 1963 年中华书局版《史林杂识初编》。2011 年，中华书局将 1963 年版《史林杂识初编》收入《顾颉刚全集》的《顾颉刚读书笔记》16 卷中出版。从 1939 年完成笔记《浪口村随笔》到 1963 年正式出版选编本《史林杂识初编》，历经 20 多年时间，期间顾先生多次对其进行修改和增补。因此，不同时期的《浪口村随笔》的内容变动很大，严格意义上来说应该是四种书。

二是进行两种版本的对比校对。四种《浪口村随笔》写于不同时期，四种书之间内容差别较大。本着致敬经典，还原该书原貌的精神，此次整理的是第三种《浪口村随笔》，以 1998 年辽宁教育出版社版《浪口村随笔》为底本，1949 年上海合众图书馆油印本为对校本。期间，整理者多方查阅，了解到中国国家图书馆与苏州图书馆存有 1949 年上海合众图书馆油印本，暂未发现他处有存，两处均不提供外借。为更好地接触原版，整理者赴苏州图书馆，现场将整理初稿与油印本进行了对校。

正如上所言，整理出版本书的目的之一是为在云南大学百年校庆之际，呈现学校办学史中的学术经典，以此感激怀念先生并以先生崇高治学之风勉励吾辈后学。更有另一层考虑，即 1998 年 3 月辽宁教育出版社出版《浪口村随笔》之后，至今的二十余年时间里，《浪口村随笔》都没有再单独出版发行，社会中留存的版本实在有限，与此书学术地位不太相称，对后来学者查阅资料也不甚便利。在边疆区域社会研究已然成为热点与显学的当下，推广顾先生这部经典著作，让更多人看到这部民族考古学佳作，实属必要。在整理过程中，也要特别感谢余晓青同学的帮助。由于整理者学识有限，其中必有不少错误，敬请方家批评指正。由于种种原因，整理者未能与先生家属中的著作权人取得联系，谨表歉意，也敬请著作权人见书后，致函我们，以便奉寄样书。

# 凡　例

一、《浪口村随笔》有 1949 年上海合众图书馆油印本和 1998 年辽宁教育出版社版两个版本。此次整理，以 1998 年辽宁教育出版社版《浪口村随笔》为底本，1949 年上海合众图书馆油印本为对校本。

二、凡本书节引他书而不失原意者，保持原貌，不作改动。

三、文中纪年原为民国纪年，此次亦不做改动。

四、凡文中出现的人名、地名、书名等，为保持原貌，亦一律不做改动。

五、正文有疑问而不能决者，出校记说明。阙文或漫漶难辨者，以□代之。

六、正文中的标点符号参照最新国标的规定，并进行了修正。

# 序

　　山岳之峻高，积于土壤；无土壤，安得有山岳。沧海之浩淼，聚于滴水；无滴水，又何从有沧海。《老子》有言："图难于其易；为大于其细。天下难事必作于易；天下大事必作于细。"又举实例三以明之曰："合抱之木，生于豪末。九成之台，起于累土。千里之行，始于足下。"善哉言乎！故克勤小物，则竹头木屑且可备军实，天地间固不当有废材，亦惟善用天地之材者乃能举重若轻，成天下之难事大事。何也？以其知天下事之无微不巨，不敢不致力于微而慎为之，能善于微则亦善于显矣。荀子曰："无冥冥之志者无昭昭之明；无惽惽之事者无赫赫之功。"此之谓也。

　　笔记为书，或写其直接之见闻，或记其偶然之会悟，要在捉住当前一境，使之留于札牒而不消失；犹之李贺作诗，驴背得句即书片纸纳奚囊，乃克保其一刹那间之灵感。然古代之学，信仰前师而已，无待于思辨，故即有所感犹可以无记。自宋以来，始正式入于研究之途，笔记书之多且精亦遂托始于宋，沈括《梦溪笔谈》、洪迈《容斋随笔》、程大昌《演繁露》、叶大庆《考古质疑》，其选也。至宋末，王应麟作《困学纪闻》，悉心钩稽材料而贯穿之，不轻下一字，其为精密，直造最高峰矣。元、明重文艺而疏学术，研究之风又衰落，故杨慎《丹铅录》、焦竑《笔乘》，虽衍宋学余绪，然思想不深刻，证据不完备，实远逊于宋人，其他作者更不逮焉。至吾宗亭林先生出，萃毕生之力于《日知录》一编，致广大而尽精微，其成就又超轶《困学纪闻》。三百年来，守其矩矱，以笔记方式作考证文字者不可殚数，王念孙《读书杂志》及其子引之《经义述闻》尤夐复绝百世。然清代文字狱屡兴，学者不敢谈经济，研究范围限于古籍，故其精密虽有逾亭林而广大则终莫能及。章学诚尝笑其工于擘绩补苴①，如蚕食叶吐丝而不能成茧。予于此说窃不谓然。清人之学范围固小，其成就固

---

　　① 原文作"缋"。章学诚引为"擘绩补苴"。"擘"当用"襞"。

零碎，然皆征实而不蹈虚，既征实矣，则必可得客观性之是非；此工作又为此一范围内必课之功，且已遍及各个角落，既课其全功矣，则便易获得全面性之结论。故就其一人一事之成绩观之，诚有若七襄之不成报章，然苟能集合同工，为之作系统之整理，组织其研究结果，使之得尽其用，则岂特成茧，累累者皆缣帛已。吾辈承受此遗产，试问将弃未成之货于地耶？抑将加以制造之功，使之成材以衣被于人间耶？

予年十六，入苏州中学，先祖廉军公虑其《五经》未毕诵，为之夜课《周易》《尚书》。是时予已习于泛览，辄从群书中摘录经说之异于读本注文者为一帙，旁加圈点以示欣赏，而游踪所及，闻见所喜，亦分册写之，是为予有生从事笔记工作之始。幼年涂抹，今尚存一二，偶尔翻观，多堪

嗤笑。自肆业北京大学，略识为学之途，乃于记中自抒意见，而年少气盛，工于呵斥，前代权威与并世英贤俱无所避。其后学力少进，知成材之非易，必当宽于责人而严于自督，遂力屏浮词，惟寻实证，每记一事，随时加以修正补充。友朋编辑刊物，索取文稿，即于此中求之，取其已有什五把握者施以陶熔，且更集新材联缀为长篇文字。读者弗知其积累之苦也，辄惊予记忆力之强。因晓之曰："举记忆力言，诚无有弱于我者。我之生也，重闱爱之甚，期其早达，故未能步行，已令识字；未能自食，已读《大学》；未能自衣，已读《左传》。以就塾年龄之太稚，斫伤其神经，故开卷虽了了，掩卷即茫然，予之不能治文字学、读外国文者以此。所以尚得自厕于考索之工者，只缘随地肯留心，而此腕又不厌烦，有得辄书，作不断之探讨耳。《中庸》曰：'人一能之，己百之；人十能之，己千之。'此若为予言之也。"二十余年来所记殆近百册，又性好聚书，穷束修而罗致之，塞屋充栋，撷取材料又至便，自分终老此身于书城中，年可发表研究文字一二篇矣。讵意戈戈之求，时代洪流竟咨而不许。九一八变作而救亡之念兴，为通俗读物以事抗战宣传，社会任务益负益重，直无读书余闲，至七七难起而被迫离其旧窟，只身逃死，不仅图书一册未携，即笔记稿本亦都弃掷，偶一执管，怅望踌躇。斯时也，恍若商贾之破产，士兵之缴械矣。

二十七年秋，自皋兰赴昆明，任教云南大学。手头既空无所有，而教学不能离工具，搏节薪金，得法币四百圆，持入市，买缩印本《十三经注

疏》《资治通鉴》于世界书局，买"二十五史"及其《补编》于开明书店，买《四部备要》零种于中华书局，买"国学基本丛书"于商务印书馆，居然盈两架。以敌人轰炸频，赁屋北郊浪口村。其地距城二十里，盘龙江三面环之。危桥耸立，行者悚惶。雨后出门，泥潦尺许。村中才十余家，几不闻人声。荒僻既甚，宾客鲜过。每周赴校，一宿即归；室中惟先妻履安为伴。此生从未度此清静生涯，在久厌喧嚣之后得之，更有乐乎斯，遂尽力读书写作。是时教授《中国古代史》，以语体文字撰述讲义，使读之者弗为考证之语所困。然古史材料少而问题多，不加考证即无以定其然否，故亦摘取人我研究结果作注语附文后，备有志治史者之寻省，而先书之于笔记册中。前在北平，虽多披览，以正式工作为专题研究，常集中精力于一二问题，笔记之范围不广。及至是，甚欲以现阶段之古史研究施以系统化，俾初学得承受较正确之古史常识，民族、疆域、政治、社会、宗教、学术各方面无不当注意者，规模大扩；前一年游西北所得资料又稍加条理，并入记中。第资我活动者仅此两架书，辄自叹曰："'工欲善其事，必先利其器'。予今器至不利矣，尚望善其事耶！"而祸福相倚伏，昔以书多纷心，基本书籍不遑细读，今案头已无杂书，补救前失，又当欣幸。所憾者，所提诸问题，献疑固可，欲考核以归于一是，所望即嫌太奢，是则注语与正文之有待改写可知也。居村中凡八阅月，得讲义十万言，笔记亦十万言。

　　二十八年秋，应齐鲁大学聘至成都，主持国学研究所，先后录取研究生十余人，朝夕相见。因规之曰："自五四运动以来，学者群作论文，以全力解决某一问题，笔记之调不弹久矣。然论文篇幅长，易生芜累，盖立一系统，有不得不加铺张者，既未处处作深研，自必不能无可击之瑕。学者当先从笔记下手。笔记者，或长或短，悉如其分，不多衍一字，有简洁之美。其为文可以自抒心得，亦可以记录人言，其态度可以严肃，亦可以诙谐，随意挥洒，有如行云流水，一任天机。此学术界之小品文也。学者诚当求大成，勿自安于小品，然初学画者必以一山一石始，稍久，胸中具丘壑，然后渐进而为巨幅，事岂可以躐等。故为笔记既多，以之汇入论文，则论文充实矣，作论文既多，以之灌于著作，则著作不朽矣。譬诸筑室，此其陶甓者也。若见陶甓者而笑之，曰：'汝不能为屋！'陶者诚未及为屋，而屋必需甓而成；陶而不为屋则可，为屋而不资于陶则不可。自分工言，自工作阶段言，俱宜若此，是以学者之事，其最后标的固在大通，而个人修学，循序渐进，必先肆力乎一曲，此正所以为大通之试验、之练习、之准备也。今日史观之说张矣，人多谓考据与史观为史学中对峙之两派，吾谓非也。考据以确定事实，史观以发抒理论。考据为下学，史观为上达。非下学无以奠其基，非上达无以发其用。阊阖宫殿，至壮观矣，必有此大建筑乃得萃万国衣冠于一堂，举旷代之大典，然苟无数千劳工挥其血汗以畚土、构木、筑墙、施雕缋者，则物于何有，壮于何存！考据之业犹劳工也，诚能在一定计划下分工合作，发见若干沉霾已久而极有历史价值之事实，使理论家得凭藉之以建其史观，夫然后可以吐奇耀彩，为全人类所仰望而遵循。故下学而不上达者有之矣，才所限也；上达而不由下学，则无根之飘萍与一现之昙花，霎时觉其可喜，俄顷而消失耳。"诸生闻之皆曰"然"，因各就所读书作笔记。是时所中出版物，有学报，有季刊，有半月刊。学报、季刊俱载论文。半月刊曰《责善》，载笔记文字，予亦抄滇中所记入之，与同学相观摩。及此刊散之四方，朋侪颇有远道贻书讨论者，自惭村居弇陋，又率尔操觚，实不足示人，故是后每有刊出，必加修削，虽颜曰浪口村，不啻崇义桥矣。（研究所于二十九年夏迁至成都北郊崇义桥赖家园子）其时本所借得粤东罗氏藏书三万册，成都为大市，罗氏所未备者亦易购致，参考材料遂不愁缺乏。惜予病血压高，就医验之达百八十，终日昏昏如坠云雾中，居书丛而不能多读，惟有自叹福薄尔。

　　三十年，校中有为予构蜚语者，予不惯与小人乘，乃移席重庆。是时币值大贬，薪金无以资生存，末如之何，一身兼任数职，日奔驰于道路。曾有句曰："一日分呼三店食，七宵投向四床眠。《诗》《书》于我神山远，惭说沙坪执教鞭。"生活之不安如此。友人之善谑者笑予曰："子真成'太史公牛马走'矣！"相与浩叹。劳动结果，血压幸渐低，而学业更荒，每怀浪口村中生涯，如在天上。履安万里奔波，涉山降水①，备受辛劳，体本孱弱，至此竟不支，于三十二年五月殁于柏溪。予茕独吊影，益难为

----

① 降水，疑为"涪水"。

怀，形存质亡，抚书卷如隔世。虽任教大学，登堂犹展书作讲，然过眼云
烟，未尝稍留痕迹。此三年中直可谓为予脱离学术界之长时期，本册所
载，仅《商人释名》与《左丘失明》二篇是彼时文字耳，不可痛耶！

三十三年七月，予与静秋结褵，生活略宁，笔记又成一册。翌年敌人
降伏，因先赴北平，集合残存书稿，谋继续攻钻。及归苏州，料理家事，
且就新职，尘务又群萃，仆仆京沪道中，夜以继日，其不遑启居之状直与
在渝无异。汲汲顾影，叹此生其已矣。时表侄女张君毓芬助我抄写，因属
其将已发表之笔记清录一通，以待增订。而老友王伯祥先生主《文汇报·
史地周刊》笔政，索予文字，又抄出笔记若干则，并新撰者投寄之，题曰
《宝树园杂记》。宝树园者，吾族先人所构，八十年前遭乱残毁，予之故居
在焉。

自辛树帜先生任兰州大学校长，频年见邀，去年六月遂又西行，讲
《中国古代史研究》，日课二小时，凡述古籍源流及古史中主要问题十余
端，积稿约二十万言，拟编次为《古史钥》一书，示学者工作门径。及岁
杪归，时局桌兀益甚，竟无术成此系统之著述。会家起潜叔劝予整理归稿
付油印，念此笔记始写于昆明，重理于成都，又续附于苏州，荏苒迄今，
历时十载，若不速令成编，恐即此抗战期间弩末之功亦不得暂留天壤，因
竭尽其力，自四月中旬至七月下浣，在炮声、枪声，炸弹声中，埋首以
为，误者正之，阙者补之，比次为六卷。卷一论地理，继承昔日禹贡学会
工作，为民族史与疆域史之探求者也。卷二述制度，为周秦之政治制度与
社会制度作钩沉，拟以树立古代史之骨干者也。卷三考名物，此十年中学
虽不进而舟车之辙迹弥广，即今可以证古，即边疆可以证中原，对于大小
名物时有会悟，创为新解者也。卷四评史事，卷五绎文籍，皆衍《古史
辨》之绪，欲作一番洗刷工夫，期揭出其真相者也。卷六记边疆，吾游西
北、西南，见蒙、藏、回、爨诸民，相其文化，叩其历史，知实为绝好工
作园地，而自恨不能久居也，爰就实际之见闻书之，倘能使读者兴起，慷
慨远行，为学术界增益新材料乎？都凡百二十二则，十七万言。其中亦有
新撰文字，则皆十余年来蕴积于心而至今始得写出者耳。以急于付印，不
及细按，其中必有他人所已言而吾犹矜为创获者，亦必有他人已考定之事
实而吾尚执滞旧说者，又必有欲创新说而反自陷于谬误者，是皆有待于爱

我者之指正与他日之修订矣。

村居所书，实不仅此。有以问题较大，一时不易得结论而未收者，大抵皆制度也。有以所记过琐细而未收者，大抵皆名物也。此外尚有论宗教者，论文艺者，俱以待补充而未编集。将来稍解菽水之虞，得徜徉于文史之圃，当更编为四卷，制度一，宗教二，文艺三，杂记四，为《浪口村续笔》。其抗战前所为，亦拟别录为数编。俟我暮年，更将一生笔记删削合并，取英人牛顿之言，命之曰《拾贝编》，窃附于王鸣盛《蛾术》、李赓芸《炳烛》之后。噫，学海无涯，贝壳种类又极繁夥，予其能拾得特异之数贝以有裨于生物学界耶？抑予所得之贝自夸为特异者，自专家视之犹常贝耶？是不可知已！是不可知已！

书既成，因记其经历如右。念此零星短札，不难集事，而在此大时代中裒合之艰苦，犹如此，使无多方面之助力，岂不消灭于无何有之乡，为之掷笔而长叹。至云大、兰大两种讲义，一述古代史，一论古史学，有若车之两骖，必当求其步伐之齐一，而完稿何时，殊未可料。呜呼，予自毕业大学，立志从事古史，迄今垂三十年，发表文字已不止百万言，而始终未出一整个系统，非不欲为，惧学力未至，徒欺人也。然而起人期望，受人责备，为日久矣。年已老大，苟不早从考索之功进于独断之学，若实斋所谓蚕食叶以成茧者，则此生终有一大事未了，将对虞渊之日景而长号，故内心之要求亦迫且切矣。两大学中所讲，特粗引其绪，至于确然立一系统，示后学而无疑，其事尚远。倘此后岁月容予翱翔，自当悉力以赴，期于无负此生与启迪我之时代。世有惠而好我者乎，愿共推动而督责之，庶几微薄之志犹有晚成之望也。

顾颉刚。三十八、七、二十五，台风袭沪之日。

# 卷之一　地理类二十则

## 华

华山一名太华，在今陕西华阴县，此不疑之事实也。然读《左传》与《国语》而觉其有歧焉。

《左传》僖十五年记晋惠公入国，许赂秦伯以河外列城五：“东尽虢略，南及华山，内及解梁城。”杜《注》“华山在弘农华阴县西南”，仍以华阴之山释之。孔《疏》云：“河自龙门而南，至华阴而东。晋在西河之东，南河之北；以河北为‘内’，河南为‘外’。……自华山而东，尽虢之东界，其间有五城也。”按晋国在今山西西南部，此华山如在华阴，则必当言“西及”，何为而言“南及”？且是时晋疆未达渭水流域，又何得割华阴之城以与秦？是知此所谓“华山”者应在今河南灵宝、阌乡间，晋之桃林之塞也；以其与华阴之山一脉相属，遂以“华”名加之耳。

此华山何在，索之史籍不能得，顾得之于《山海经》。《山经·中次六经》记河以南地，中有阳华之山，云：“杨水出焉而西南流注于洛，门水出焉而东北流注于河。”杨水虽未详，而门水则见于《水经注》，在灵宝西南，洌为东北注河者。是则阳华之山即晋之华山矣。

《庄子·天地》篇：“尧观乎华，华封人曰：‘嘻，圣人！……’”陆德明《音义》引司马《注》曰“华，地名也。封人，守封疆人也”，无以实指其所在。按尧都向说在晋境，此华倘即阳华之山耶。

晋南有华，郑南亦有华。《郑语》记史伯之言曰：“若前华后河，右洛左济，主芣、騩而食溱、洧，修典刑以守之，是可以少固。”按，此指郑东迁时之疆域。郑诚后河，右洛，左济，而前则伏牛山也，伏牛则嵩山之脉也，何以谓之“前华”？韦昭以其不可解，强为之说曰：“华，华国也。”华为何人封国，兴亡何时，有可稽否？《郑语》又云：“济、洛、河、颍之间，……子男之国，虢、郐为大。……若克二邑，鄢、弊、补、舟、依、鄢、历、华，君之土也。"是知虢、郐二国之间，有地名华。东虢都荥泽，今郑县，郐故城在今密县，并在郑都西，为郑所灭，则华地必在熊耳山之东端无疑。《史记·秦本纪》，昭襄王三十三年，"客卿胡阳攻魏，……击芒卯华阳，破之。"《集解》引司马彪曰："华阳，亭名，在密县。"《正义》引《括地志》曰："故华城在郑州管城县南三十里。《国语》云：史伯对郑桓公虢、郐十邑，华其一也。华阳即此城也。"是《郑语》之华至战国为魏地，名犹未变。《吕不韦列传》曰："秦昭王……四十二年，以其次子安国君为太子。……安国君有所甚爱姬，立以为正夫人，号曰华阳夫人。"其以此地为其食邑乎？名曰"华阳"，以山名为近是。至史伯言"主芣、騩"，韦《注》："芣、騩，山名，为之神主，"其地亦未详。按《山经·中次三经》亦记河以南地，中有苊山。又有騩山，苊"与"芣"俱为奉纽，其即芣欤？

郑南有华，郑宋之间亦有华。《汉书·地理志》，汝南郡有西华县，莽曰华望。《水经》颍水云："颍水出颍川阳城县西北少室山；……又东南过汝南瀙强县北，洧水从河南密县东流注之；又东过西华县北。"《注》云："有东，故言'西'矣。"西华今尚名县，春秋时当郑、宋二国界。如郦氏说，以境域之广，分画为东西两部；而东华之地不可考，当在宋境矣。

一华名也，而东延于宋，西被于秦，中贯郑与晋，其纬度差同，何耶？倘果如韦昭之说，华为国名者，得毋如晋之绛，楚之郢，随地而迁名者乎？

## 箕子封国

《史记·宋世家》云："武王乃封箕子于朝鲜而不臣也。"史公此语，盖本之《尚书大传》。《大传》云："武王胜殷，释箕子之囚。箕子不忍为周之释，走之朝鲜。武王闻之，因以朝鲜封之。"至《大传》更本之何书，抑或出于汉初传说，今不可知。然其事于故籍无证；且朝鲜离当时中土绝远，非周武之所得而封，则可断也。推想所以有此传说之故，当由秦汉间之朝鲜王为箕氏（见《三国·魏志·东夷涉韩传》），因作此臆测耳。然箕准王朝鲜为一事，武王封箕子又为一事，不当以姓氏之偶合而遂凭前一事以断说后一事固无疑。

　　窃谓箕子封地，可藉《左传》之文而知之。僖十五年记秦穆公之言曰："吾闻唐叔之封也，箕子曰：'其后必大。'晋其庸可冀乎！"夫箕子诚封于朝鲜则与唐叔封唐了无关涉，既辽远不相闻问，如何作此豫测之言？即有此豫测之言，亦何缘远播晋秦，习于人口？是则箕之与唐固大有连境接壤之可能。

　　按晋地有箕。僖三十三年《经》"晋人败狄于箕"，《传》云"狄伐晋，及箕"，又昭二十三年《传》"鲁取邾师，邾愬于晋，晋人执叔孙婼，馆诸箕"，知箕为晋邑。成十三年《传》，晋侯使吕相绝秦，曰："君亦不惠称盟，利我有狄难，入我河县，焚我箕、郜，芟夷我农功，虔刘我边陲。"知箕为晋边河之邑。杜《注》"败狄于箕"云："太原阳邑县南有箕城。"太原于襄公时未为晋有，故顾炎武《日知录》（卷三十一《箕》）驳之云："《传》言'狄伐晋，及箕'，犹之言'齐伐我，及清'也，必其近国之地也。"又太原不滨河，故江永《春秋地理考实》亦驳之云："按此年狄伐晋，白狄也，白狄在西河，渡河而伐晋，箕地当近河。……今山西蒲县本汉河东郡蒲子县地，东北有箕城，……晋人败狄于箕当在此。若太谷（阳邑为今太谷）之箕，去白狄远，别是一地。"然则箕子所封，当在今山西境矣。依杜、江二家说，太谷与蒲县并有箕城，两城一在汾东，一在汾西，有相当之距离，或箕国曾迁徙乎？太谷之箕密迩初封之唐，蒲县之箕亦近后迁之翼，其以壤地毗连而被灭于晋乎？

　　抑晋国非特有箕邑而已，又有箕氏。《晋语四》云："胥、籍、狐、箕、栾、郤、柏、先、羊舌、董、韩，世掌近官。"韦《注》："十一族，晋之旧姓。"是则晋之旧姓有箕，其为箕子之后，亡国之余乎？《左传》文七年云："乃背先蔑而立灵公，以御秦师，箕郑居守。"又八年《传》云："夷之蒐，晋侯将登箕郑父。"昭二十二年《传》云："晋箕遗……济师，取前城。"此箕氏中之可稽者也。

## 燕国曾迁汾水流域

　　召公封国，《史记·周本纪》但书燕，《燕世家》但书北燕，未确指其地。《汉书·地理志》云："广阳国蓟：故燕国，召公所封。"始考定其国都在今河北大兴县境。近年傅孟真先生疑之，谓周初封国不当如是之遥。按金文燕皆作"郾"，知今河南郾城县为其旧封，蓟则后迁者耳。（见《小东大东说》，《中央研究院史语所集刊》第二本第一分。）其说出后，世无异论。然春秋时迁国邢、卫、许、蔡俱去故居不远，何以燕之本封在汝水流域，而一迁即至浑河流域，相去殆三千里，则犹可疑也。

予意，燕之始迁在今山西境，再迁乃至河北境。按《尔稚·释地》十薮，"燕有昭余祁"。《周官·职方》亦云："正北曰并州，……其泽薮曰昭余祁"。《汉书·地理志)》云："太原郡邬：九泽在北，是为昭余祁，并州薮。"是并州中有燕国之泽曰昭余祁也。汉之邬县故城在今山西介休县东北，而祁县犹以"祁"名，则古时此泽实跨今祁、平遥、介休三县，为太岳之北、汾水之东一大湖泊。《吕氏春秋·有始览》次九薮，"燕之大昭"居其一。《淮南·地形篇》小变其文，曰"燕之昭余"。虽泽名详略有殊，而定其地望于燕则无异也。

《地形》又记诸水之所自出，云："汾出燕京。"高《注》："燕京，山名也，在太原汾阳。"《汉志》云："太原郡汾阳：北山，汾水所出。"北山即燕京，汉之汾阳县治在今山西阳曲县西北，是汾西有山名燕京，与昭余祁隔水相望于百里之间。《山经》曰："《北次二经》之首，在河之东，其首枕汾，其名曰管涔之山，……汾水出焉。"郭《注》："在今太原郡故汾阳县秀容山。"郝懿行《笺疏》云："《太平寰宇记》引郭《注》有'管音奸'三字，今本盖脱去之。《记》文又云：'土人云"其山多菅"，或以为名。'是《经》文'管'当为'菅'矣。山在今山西静乐县北。"以《地形》校《山经》，则"菅岑"① 为"燕京"之音变。故《水经·汾水篇》"汾水出太原汾阳县北管涔山"，郦《注》云："《十三州志》曰'出武州之燕京山'，亦管涔之异名也"。汾水出于管涔北峰下，而管涔山脉迤逦而南，与汾水并行，至静乐县鹿径关始折而西。疑古所谓燕京山者即近鹿径关，故《汉志》《水经》及高、郭二注同谓为在太原郡汾阳县，而不谓在雁门郡楼烦县（即今神池县一带，其西南为管涔主峰，汾水之

---

① "岑"，疑为"涔"。

源）耳。

《后汉书·西羌传》曰："太丁之时，季历复伐燕京之戎，戎人大败周师。"此事盖录自《竹书纪年》。燕京之戎明系居燕京之山而得名者。

合此数事观之，泽以燕名，山以燕名，戎以燕名，是则太岳之北，管涔之南，汾水之上游，曾一度为燕之领土可知也。燕人其由郾城越嵩渡河，循沁水以至汾川者耶？他日之迁蓟，其东向而行，自滹沱出井陉，而浮涞、易以北行者耶？抑东北遵桑干以行，遂至于蓟丘者耶？其所以迁徙之故，为乐居平土耶？抑戎狄逼迫耶？书缺有间，俱不可详矣。

或曰：燕封自召公，迁更在后，而王季之时先有燕京之戎，可乎？曰：《魏纪年》，战国时所作，彼据后出之地名以称前代之事，犹之今谓孔、孟为山东人，又若谓明、清建都于北平耳。

于此可以解决一问题。《大雅·韩奕》，韩侯受锡与娶妻之诗也。篇中首举其地望曰："奕奕梁山，维禹甸之。"次述其觐王之事曰："韩侯出祖，出宿于屠。"次叙其妻之家世曰："韩侯取妻，汾王之甥，蹶父之子。"次颂其射猎之乐曰："孔乐韩侯，……有熊有罴，有猫有虎。"又次赞其城之伟曰："溥彼韩城，燕师所完。"又次美其属国之多曰："王锡韩侯，其追其貊，奄受北国，因以其伯。"韩国所在，《诗》中虽未明言而可藉上列诸语以推之。《毛诗传》但著训诂，无补于考史。郑《笺》云："梁山于韩国之山最高大，为国之镇，祈望祀焉。……梁山，今左冯翊夏阳西北。韩，姬姓之国，后为晋所灭，故大夫韩氏以为邑名焉。……汾王，厉王也。厉王流于彘，彘在汾水之上，故诗人因以号之。"汉夏阳为今韩城，盖至郑玄而始确定其国在今陕西韩城县境。然燕都于蓟，离韩绝远，何以韩城为燕师所完？既不可解，则曲说之曰："燕，安也。大矣彼韩国之城，乃古平安时众民之所筑完。"将"燕"字解作静词而不作名词以掩饰之。又《后汉书·东夷传》云："句骊一名貊耳，有别种……名曰小水貊。"是貊人在今朝鲜，离韩又绝远，何以周王得锡之于韩侯？则又曲说之曰："其后追也貊也，为俨狁所逼，稍稍东迁。"本肊测也，而以叙述之辞气出之，遂若实有其事者。朱氏《集传》于追、貊不究其处，仅云"夷狄之国也"，而"燕师"则特改郑《笺》之说曰："韩初封时，召公为司空，王命以其众为筑此城，如召伯营谢……之类也。"解燕为国名，自视郑《笺》

为进。（按以燕作国名解，始见于《潜夫论·志氏姓》，曰："昔周宣王亦有韩侯，其国也近燕，故《诗》曰'普彼韩城，燕师所完'。"王符在郑玄前已如此言，郑岂有不心知燕为国名者，特以无术解释其地，乃遁而作平安时之说耳。）然何以燕众得越一千余里之地而为韩筑城，此问题仍不可解。故顾亭林《日知录》（卷三《韩城》）驳之曰："召伯营申亦曰'因是谢人'，齐桓城邢不过宋、曹二国。"知不当过远也。以此，顾氏主张韩国在今河北固安县之说。按《水经·圣水篇注》云："圣水又东南迳韩城东，《诗·韩奕章》曰：'溥彼韩城，燕师所完。……'王肃曰：'今涿郡方城县有韩侯城。世谓之寒号城，非也。'"汉方城县在今固安县南，密迩在今大兴县之燕，定韩于此，则燕师筑城与王锡追、貊皆无牴牾，宜为至确当之解释矣。然而又有不安者，顾氏虽举良乡县有梁山以为说，而居庸之南，太行之东，浩浩平原，纵有冈阜，培塿而已，既不可谓之"奕奕"，又非"熊、罴、猫、虎"之所得生，然则所谓"孔乐韩土"者不亦虚乎！是知圣水韩城本名寒号城，以其近燕，故王肃循《韩奕》之诗，取同音之字而改"寒"为"韩"，复去"号"以强符之耳。

予按，《春秋》成五年："梁山崩"，《左传》有"晋侯以传召伯宗"之事。《尔雅·释山》："梁山，晋望也。"梁山为晋之大山，自当以奕奕形容之。《左传》昭十五年记籍谈之言曰："晋侯……景霍以为城，……戎狄之民实环之。"惟居深山故有熊罴，惟环戎狄故有追、貊。《晋语二》有屠岸夷，《赵世家》有屠岸贾，因地为氏，知晋地有屠，韩侯出宿者即此也。燕立国于汾水旁，韩亦于是，相去既近，故燕师得筑韩城。又以相攸之便，故韩侯娶汾王之甥。（汾王是否厉王，尚难遽定。宗周之北即有丰王、毫王。）《左传》襄二十九年记女叔侯之言曰："虞、虢、焦、滑、霍、扬、韩、魏，皆姬姓也，晋是以大。"韩灭于晋，故僖十五年"秦晋战于韩"，而《左氏》称曰"韩原"。凡《韩奕篇》所举地名——梁山、屠、汾、燕——皆在今山西境也。

或曰：《括地志》云："同州韩城县南为古韩国。"是韩实在河西矣。曰：韩城县者，隋之所置，彼时执政者但以《汉志》郑《笺》谓梁山在是，由梁以定韩，遂将《韩奕》之古典名词名此县耳，周之韩城固不必在隋之韩城县也。《左传》韩之战，叙秦伯之占，曰："涉河，侯车败。"为晋惠戎马还泞而止之先兆，又述晋侯"三败及韩，曰'寇深矣'"，知韩必近绛都。夫秦师涉河，绛感威胁，是韩必在河东可知。（说本江永《春秋地名考实》）

或曰：《汉志》云："左冯翊夏阳：《禹贡》梁山在西北。"班氏之说当有据，是梁山固宜在河西矣。曰：班氏此说由夏阳为魏少梁邑，邑以"梁"名，故推《禹贡》梁山在此耳。夫《禹贡》以山川为州界，冀州虽独未标限，而云"黑水、西河惟雍州"，则河西之不属冀州可知。《职方》代言其界曰："河内曰冀州。"《尔雅》又代言之曰："两河间曰冀州。"则冀州之不越河亦可知。《禹贡》之文曰："冀州……治梁及岐。"知梁山必在河东也。蔡氏《集传》以吕梁山当之，是矣。吕梁省称梁，犹泰华省称华，岱宗省称岱耳。否则少梁于春秋初为梁国，而梁于僖十九年亡于秦，魏文侯时始夺秦河西地而城之，梁山岂得为晋望耶！且果如是，则梁山之崩，秦之事耳，晋侯又何必为之降服撤乐耶！又韩城若果在少梁者，当秦晋战时，梁伯尚未亡，岂战于梁国之境耶！

或又曰：貊为东北夷，自来无异说。貊者，"貉"之俗书。《周官》序官"貊隶"，郑《注》："征东北夷所获。"《汉书·高帝纪》，四年，"北貉燕人来致枭骑助汉"，颜《注》"貊在东北方，三韩之属皆貊类也"，是貊人即今朝鲜人可知。其地离今山西甚远，安得为韩之属国耶！曰：是亦不然。貊者，北族之通名，不惟涉貊一种而已。《职方》云："辨其……四夷、八蛮、七闽、九貊、五戎、六狄之人民。"此数目字之分配虽未必可信，要之表见其种类之多，言"七闽"者犹之言百越，言"九貊"者亦犹之言五胡耳。《鲁颂·閟宫》云："淮夷蛮貊，……莫不率从。"岂鲁曾越海而播其声教于朝鲜耶！《秦策一》，苏秦说秦惠王曰："大王之国，……北有胡、貊、代马之用。"秦北有貊，其非朝鲜更明矣。《孟子·告子下》："白圭曰：'吾欲二十而取一，何如？'孟子曰：'子之道，貊道也。……夫貊，五谷不生，惟黍生之，无城郭宫室，……无百官有司，故二十取一而足也。'"此所谓貊，非涉貊而实匈奴。匈奴地寒土瘠，不能艺稻粱，故孟子云然。若朝鲜诸地，则《后汉·东夷传》于夫余国云"宜五谷……有宫室、仓库"，于挹娄云"有五谷、麻、布，……其邑落各各有大人"，于高句骊云"好修宫室"，于东沃沮云"土肥美，……宜五谷，善田种，有邑长帅"，于涉云"知种麻，养蚕，作绵布，晓候星宿，豫知年丰约"，于马韩云"知田蚕，作绵布"，于辰韩云"土田肥美，宜五谷，知蚕桑，作缣布"，无一地不与孟子所述貉事相刺谬者。以此，赵岐《注》曰："貉在北方。"示孟子所言之貉在中土之正北而非东北也。（参焦循《孟子正义》）太原之北，春秋时为代国。赵襄子既灭代，得霍山天使书曰："余将赐女林胡之地。至于后世，且有伉王，……奄有河宗，至于休溷诸貉。"（见《史记·赵世家》）越七世而有武灵王，应此谶书，变俗习骑射，北破林胡、楼烦而置云中、雁门诸郡。是则林胡、楼烦者，即天使书中所谓"诸貉"者也。韩境以吕梁为望，北去代与雁门不远，王锡之貉不亦宜乎！至追之为族，后此弗闻，代之为国，前亦无征。按"追"与"代"音甚近，得无《韩奕》之追即《赵世家》之代耶？是亦一可涵泳之问题也。

由韩国之考定，而燕师所在更足与燕山、燕泽、燕戎相证成。知二国曾同处今山西西部：燕居于北，故有管涔；韩居于南，故有吕梁。其后一灭一迁，而地尽归于晋。此结论之获得，度亦论古史者之一快也。

## 平阳与韩原

自予发表上文，二十九年六月九日，姚名达先生自江西中正大学贻长函，讨论韩原与梁山所在地，立义甚卓。兹录出之：

颉刚先生：

《责善》五期收读。大作《燕迁汾水考》提及韩原非今之陕西韩城，弟甚赞同。鄙意可由平阳之所在以定韩原之位置。《史记·韩世家》："韩武子事晋，得封于韩原，宣子徙居州，贞子徙居平阳。"鄙意以为韩都三迁皆当在浍水、绛水流域。《战国策·秦四》："汾水利以灌安邑，绛水利以灌平阳。"《水经注》："绛水出绛山，西北流注于浍。"又："绛县南对绛山。"此绛县当即今曲沃，但非晋都新田。新田又称新绛，既非今日汾水北岸之新绛县，亦非绛山南麓之绛县，鄙意疑其在汾、浍交流之三角洲上。《左传》成公六年，韩献子称其"土厚水深，有汾、浍以流其恶"，足证俗说新田在曲沃西南二里之非。新田之义。似为新近冲积之田，既兼濒汾、浍，则决不仅濒浍水。浍水南岸即绛山北麓，绛水流经其间，则平阳应于此间求之，约略当今侯马南方附近之地。俗说谓唐尧所都之平阳为在今临汾县，鄙意决为非是。盖《史记·晋世家》已明言"遂封叔虞于唐，唐在河、汾之东，方百里"。又言"曲沃邑大于翼，翼城，晋君都邑也"。"献公城聚都之，命曰绛，始都绛"。俗说既承认翼与绛皆在浍水及其支流绛水流域，则此流域应为周初所灭古唐国之旧域，《帝王世纪》所称之尧都平阳亦应在此旧域求之，不得更于北方百里外嫁之临汾也。《战国策·秦四》既明言"绛水利以灌平阳"，则更证明此平阳确为唐尧之古都，亦即韩贞子之新都，至三家灭智氏时仍未他迁者。鄙意上古地面气温较高，雨量较富，故大河之濒多储渟为大泽。汾水上游有昭余祁泽即其一证。古人定都设邑，因此多在小河之流域。例如陕西之雍水、汧水为周秦古都，而泾、渭之发达反在较后。故唐尧患水之时，决不致定都于汾水泛滥之临汾。晋迁都三次亦皆不出浍水流域，亦即不出唐之旧域。而其自上游逐渐移居下游，则与周秦相似，可为河水渐干之证。此固闲话，然平阳既为韩贞子之都，则其故都韩原亦当在附近。由周、秦、晋迁都皆自上游趋下游之例推之，则韩原当在平阳之东方，浍水上游之南岸。而晋都故绛则犹在其上游。盖秦穆公渡河伐晋，必循汾水、浍水南岸以指故绛，晋惠公"三败及韩"，急云"寇深矣"，则韩原距离故绛必极近也。江永疑为"盖在山西河津、万泉之间"，似亦非是。

除上述理由外，梁山之所在亦可为一证。鄙意梁山当在浍水发源之地。《左传》成公五年："梁山崩。"因"山崩川竭"，故次年"晋人谋去故绛"而迁于"土厚水深"之新田。《大雅·韩奕》所恭维之"奕奕梁山"必在韩原举目能见之地。晋人因山崩而迁都，则此梁山即《韩奕》之梁山。盖故绛濒浍，梁崩而浍竭，故不得不迁都于浍水下游与汾水交流之三角洲上也。尊说欲以吕梁山当此梁山，鄙见未敢赞同。一则吕梁在晋、韩北方，相距四五百里，为人目所不能见，当不致尊为国之镇山；再则吕梁山崩颓，汾水枯竭，与晋之国都无直接影响，不致无故迁都。鄙意翼城、浮山两县界上有山高至一千五百公尺以上，当为浍水导源于是，似足当梁山之称，为晋、韩之镇。

上述平阳之说，仍有二点须解辩：一，《左传》昭公二十八年："赵朝为平阳大夫。"则平阳此时实为赵邑。然此时韩宣子方卒，及其子贞子始徒居平阳，安知韩不以马首易赵之平阳？盖昭公二十八年"韩固为马首大夫"，马首在今寿阳县，接近赵之晋阳，平阳接近韩之韩原，互相调换，以便统治。《左传》所裁，不乏先例。易得平阳之后，始移治之，此理固可通也。二，《战国策·燕二》："秦正告韩曰：'我起乎少曲，一日而断太行；我起乎宜阳，而触平阳，二日而莫不尽繇；我起乎两周，而触郑，五日而国举。'"此平阳当在宜阳附近，当非复绛水旁之平阳矣。此点自宜注意。秦之侵韩，以少曲为左翼，宜阳为右翼，两周为中军，甚合当时战略。宜阳在河南，则此平阳当在宜阳之东，只二日程，似曾为韩都。《史记·楚世家》："秦破韩宜阳而韩犹复事秦者，以先王墓在平阳，而秦之武遂去之七十里，以故尤畏秦。"亦以宜阳、平阳连类而称。可知韩在去绛水之后，迁阳翟之前，似曾在伊水或汝水或颍水之上游建都，仍名平阳。此种迁都而不易名之事不乏先例，商都之亳多至四处，郑东迁后仍名郑，即其明证。不仅平阳为然，即魏都安邑亦非首在姚暹渠流域之夏县也。鄙意安邑初在汾水旁之霍县附近。《史记·六国年表》："秦武王后九年，取赵中都、西阳、安邑。"此安邑当为魏之故都而后来易与赵国者。《左传》闵公元年："晋献公灭耿，灭霍，灭魏；赐赵夙耿，赐毕万魏。"《史记·魏世家》："魏武子治于魏，魏悼子移治霍。"魏、霍连类而称，两地相距必迩。俗说乃以魏为在今之芮城，本无证据。霍在汾水东岸，魏或在其附近之支流。魏绛徙治之安邑亦当在魏、霍不远濒汾之地，故魏桓子惧智伯决汾水以灌之耳。三家共灭智氏之后，三分其地，魏始分得解池附近及河西之地，然后徙都于今夏县之北，仍名安邑。盖智城在今解县或虞乡县，《史记正义》引《古今地名》及《括地志》，似无疑义。智氏于晋六卿为最强，其力能远征赵之晋阳，当不容魏处解池之东共享池盐之大利也。鄙意不仅汾水有安邑，河西亦似有安邑，不仅河东夏县一地而已。《史记·六国年表》："秦孝公十年，卫公孙鞅为大良造，伐安邑，降之。"此安邑，据《秦本纪》，知其属魏。既已降秦，不闻秦还之于魏。同年为魏惠王十九年，"魏筑长城塞固阳"，用意当在拒秦。而次年"卫鞅围固阳，降之"。此固阳，俗说乃推之往绥远，甚可笑。据战略地理求之，必在渭、洛之间，扼秦、魏之冲，是时魏在河西尚有二郡数十县，迟至二十余午后始割让与秦。秦既尚未占有河西。则亦无能逐陷河东之安邑。秦军首陷安邑而后陷固阳，则此安邑似在固阳之西。鄙意虽不愿坚持此说，但亦不妨提出备考，且用为安邑不限一处之证耳。在卫鞅围降此安邑之后六十六年，魏割河东四百里与秦之后四年，魏又纳安邑及河内与秦，一若此安邑不在河东而在河内者然。今虽未暇深究，然最初之安邑必在汾水流域则固可深信不疑也。

凡此皆未定之论，敬乞先生指正。此颂撰安。

弟姚名达上。

此函所说，以韩都平阳定韩原，以韩原与故绛定梁山，妙绪如环，读之心折。末论韩都平阳与魏都安邑俱迁地而不易名，更为战国史上重要之发见。惜名达来此函后，即以慰劳前敌将士，夜半为敌人所枪杀，此一问题竟成其论学之绝笔，痛哉，痛哉！

## 骊戎不在骊山

《左传》庄二十八年："晋伐骊戎，骊戎男女以骊姬。"杜《注》："骊戎在京兆新丰县，其君姬姓，其爵男也。"杜氏此文，盖约韦昭《国语注》为之。《晋语一》："献公卜伐骊戎。"韦《注》："骊戎，西戎之别，在骊山者也，其君男爵，姬姓。秦曰骊邑。汉高帝徙丰民，更曰新丰，在京兆也。"更探韦《注》之原，则出《汉书·地理志》。《志》曰："京兆尹新丰：骊山在南，故骊戎国。秦曰骊邑。"班说既出，韦、杜承之，骊戎为居于骊山之戎遂成铁案。

案地以骊名者不多，骊戎、骊山既同字，班氏合之为一，良易得人听信。然彼时晋献公都绛，西未灭耿，西南未灭魏，南未灭虞、虢，不审其将由何道渡河转渭以伐此居于骊山之戎也？且平王迁洛而后，秦国势力即渐自岐东展。《秦本纪》记文公败戎而收周余民，宁公逐亳王而灭荡社（《史记正义》引《括地志》，谓在三原之界），武公伐彭戏氏至于华山下，又县杜、郑，其事皆在晋献前。当晋献之世，今之陕西华县（郑）已为秦之县矣，晋又安得劳师鄙远，越秦境而伐居于今临潼县（汉之新丰）之戎耶！故此一事也，自晋言之则无术以达骊山，自秦言之则不容他国耀武于其腹地，其缪于事情，一言可决。然而二千年来，学者皆习而安之，何也？

予意，骊戎之国当在今山西南部。《晋语四》，周襄王避叔带之乱，使来告难，子犯劝晋文纳王以求诸侯，"公说，乃行赂于草中之戎与丽土之狄以启东道"。此草中之戎与丽土之狄所在之地虽不可详，而云"以启东道"，则在晋都之东析城、王屋一带可知也。下文云："二年春，公以二军下次于阳樊。"阳樊在今河南修武县。由绛至阳樊当东出析城，至今清化镇而又东，若今道清铁路之所经。丽土之狄，即是骊戎。古者字体或繁或简，本无定式。即以骊山而言，《史记·始皇本纪》二十七年"自极庙道通郦山"，则字作"郦"矣。三十五年"乃分作阿房宫，或作丽山"，则又作"丽"矣。《左传》宣二年："初，丽姬之乱，诅无畜群公子。"《庄子·齐物论》："丽之姬，……晋国之始得之也，涕泣沾襟。"是骊姬作"丽姬"固有明文。骊姬既然，骊戎岂曰不然。至于戎之与狄，古人亦复互称。《后汉书·西羌传注》引《竹书纪年》："周王季伐西落鬼戎，俘二十翟（狄）王"，既谓之"戎"，又谓之"狄"，其显证矣。

骊戎居于析城、王屋之间，离晋不远，故晋献得而伐之，晋文得而赂之。《左传》闵二年及《晋语一》并记太子申生伐东山皋落氏之事。皋落氏亦晋国附近戎狄之一种，而冠以"东山"，明在绛东。晋文之启东道与之同方，知绛东之戎其族类固甚繁矣。如班氏之例，但以一字之同辄并合之，则汉张掖郡有骊靬县，右北平郡有骊成县，又何尝不可取以为说耶！

又《左传》曰："晋献公……娶二女于戎，大戎狐姬生重耳。"《晋语四》记郑叔詹之言曰："今晋公子……天将启之。同姓不婚，恶不殖也。狐氏出自唐叔。狐姬，伯行之子也，实生重耳，成而俊才。"知大戎为唐叔之后，与晋同祖，故狐氏之女系姓曰姬，徒以远离大宗，同化于环居之夷裔，故曰大戎。按骊戎亦为姬姓，其居处亦与晋近，得无与大戎有同样之情状，自晋、霍、韩、魏诸姬姓国所分出者乎？此亦一可注意之问题也。

## 梁州名义

《禹贡》九州，其西南之一州曰梁，此名为亘古学人所不能解。昔者但谓州有梁山，故名曰梁，乐史《太平寰宇记》，胡三省《通鉴注》，毕沅《关中胜迹图志》皆如是说，梁山所在则南郑县东南百八十里。然山以梁名者甚多，安徽和县、山东寿张、山西长子、陕西郃阳、湖南武陵……莫不有之。南郑之山无岳名，安从取得代表一州之资格，而乃完全蔑视他州之梁山耶？

近年始有创义解之者。白鸟库吉《见于大秦传中的中国思想》云："按照木星十二星次，大梁星座在此方角，故取此名。"（见王古鲁"塞外史地论文译丛"）是谓此州之名得之于星座也。高重源《尚书禹贡篇的真伪》云："九州之域，秦岭以南谓之梁州，案古时谓渡水之桥为梁，如《诗·大明》'造舟为梁'，又谓山之横亘者为梁，如《孟子》'去邠，逾梁山'，《史记》'吕梁未凿'之类。《春秋传》及《国策》多言巴蜀事，不以梁州称蜀也。史称秦人图蜀，凿金牛路，盖即架设栈道事也。按栈道与昔人所谓飞桥之意略同。桥、梁同义，《禹贡》梁州之称即因凿栈道得名也，"（见武汉大学《文哲季刊》一卷四期《中国古史上禹治洪水的辨证》）是谓此州之名得之于栈道也。

予比年北游秦陇，南历蜀滇，徘徊于梁境者久矣，深以为此州名义一经揭破，实极简单。盖梁有兀然高出之义：水际以堤与桥为最高，故称堤与桥曰梁；屋宇以脊为最高，故名承脊之木曰梁；山以颠为最高，故山颠亦曰梁，梁声转而为岭，今言岭古言梁也。九州之中以梁州为最多山，有山即有颠，山多则群峰乱目，言梁州者犹之言"山州"耳，亦犹之称吴越间曰"江乡水国"耳。

溯我得悟之因，有可言者。二十六年，由皋兰至临洮，度一高山，名曰七道子梁，谓此岭通道凡七也，由是知彼地尚沿古梁名。二十七年，由西安乘飞机至成都，见终南之南，山头攒簇，曾无终极，因识古梁州之大势。及至重庆，一宵由南岸返城，中流望见绝顶灯火烂然，询同舟人，彼处是何街市，答曰："是大樑子也。"樑本俗字，更知蜀人亦尚名山顶曰"梁"。更询之人，则"梁子上"为蜀中称山头之通名。他处之山，高伟迤逦固皆有之，而绵密攒聚，使人于一望之顷惟见峰峦而不见其他者，则惟秦岭之南有是壮观耳。此《禹贡》作者所以特名之曰梁州也。（广西为《禹贡》所未及，其地有"六万大山""十万大山"之目，则其峰峦之密集可知。）

# 朱圉

《禹贡·导山章》云："西倾、朱圉、鸟鼠，至于太华。"由西而东，其序至显。《汉志》于陇西郡首阳云："《禹贡》鸟鼠同穴山在西南。"于天水郡冀云："《禹贡》朱圉山在县南梧中聚。"《水经注》仍之。首阳为今甘肃渭源县，冀为今甘肃甘谷县。甘谷在渭源之东，然则《禹贡》何以不云"西倾、鸟鼠、朱圉"乎？

予于二十七年五月自临潭至卓尼，行箧中适携有《石遗室诗话》，于卷十四中得王树枏"望朱圉山过羲皇故里"一诗，其辞云："伏羌之西朱圉山，先儒传注相留传。朱圉反在鸟鼠下，导山次序毋乃颠？昔与陶君（拙存）讨山脉，陈子（子康）为说洮西偏，中有一山类伏虎，两峰夹之雄且殷。'朱圉''祝敔'本同义，'卓尼'字变音流迁。土司取名实可证，有若'猪野'讹'居延'。古来地舆失图学，《禹贡》误说尤连篇。……"朱圉之与卓尼，猪野之与居延，同为音之微变，而地望既改，导山次序乃复井然，颇觉惬心餍理。

到卓尼后，询当地番人以地名意义，则曰："番语卓尼，马尾松也。

当吾族先人迁斯时，见山头有马尾松一株，即指以名是地尔。"然则此名虽以汉字译之而不当以汉字之义解之耶？抑番人初至是地，闻汉语地名，以其与番语马尾松相似，乃仍其名而易其义耶？疑莫能明也。

住卓尼数日，感于陈子康有山类伏虎之言，与王君树民觅之，果于上卓尼之南得一山，自南望之颇似虎踞，山麓断层尤类虎爪，惟虎头则不可见耳。登之以望，群山围峙，有若"圌"形；山色殷然，无疑"朱"号：意者其诚为是山耶？询之土人，知上卓尼番民以是山为其山神，每年阴历五月十五日集喇嘛唪经祭神以祈年，十里以内之居民都到，然山名则土人皆未能言之也；上卓尼番民仅有十户，是山之名亦不甚著也。树民谓倘能考得古时卓尼之大小，即可以定古时是山声名之大小。今以卓尼为名者，有卓尼城，有上卓尼，有卓尼沟（在河阴），推想古时之卓尼或不甚小，此可以作一假设。

然予又有疑者，洮水流域古时为羌狄所居，在秦长城之外，中原人士不易涉足，何以西倾、积石、朱圌、鸟鼠诸山名已皆为汉名汉义，且若是其雅驯耶？抑原为土名之音译或义译，而经文人润色者耶？其故洵未易求。至卓尼土司之名，自明永乐间授洮番杨如松为土官指挥佥事始，然此特正式见于记载之始耳，非彼时以前未有此地名也。

## 岷 江

予于二十七年五月行经岷县，假得康熙时汪元绹（长洲人，士铉之父，任岷州抚民同知十余年）所修《岷州志》览之。其卷二《舆地门》曰："岷山，在城北一里，江水所出。"又曰："岷江，在城东南四十里分水岭下，南流之水为岷江。"诧曰："岷江乃在此乎？何以与宿昔所闻出于松潘西北者异也？"及读其下，曰："至西固界为白水江，由阶、文入蜀。"则又诧曰："是固白水江也，何以又谓之岷江也？"

至临潭，遇雨不能出门，案上有慕少堂先生（寿祺）所著《甘宁青史略》样本，取而读之。其《山水调查记》中载《岷江》一条，文云："其源有三。岷县西南二百余里为西倾之巅，有番地名多拉者，其西麓所出之水即为岷江，南行经蜀之松潘、茂州，至重庆，汇白水江。为岷江之正流。其东麓所出之水亦曰岷江，即白水江，东南行三百里，经西固西南，转而东南行，至武都之西，汇岷县哈达铺荔川所出之水，亦曰岷江，东经武都城南，东南行三百里，经文县碧口入蜀昭化界，为岷江之支流。"乃知所谓"岷江正流"者，陇外人所云之岷江也；所谓"岷江支流"者，陇中人所云之岷江也。

陇中人所谓之岷江有二。其一，出岷县荔川，即《岷州志》所谓岷江，今曰白龙江，其水甚小而短，至武都西北即入白水江矣。其二，亦出松潘西北而东南行，至武都西北而合白龙江；自此南行，至文县东南而合白水河，故曰白水江；自此入蜀，至昭化北而合于嘉陵江。此三水者，一谓之岷江，首尾俱在四川；一谓之白龙江，首尾俱在甘肃；一谓之白水江，则首伸于四川，腹蜓于甘肃，而尾又止于四川也。一经说明，本无疑惑。世俗乃好"用名以乱名"，遂多牵缠而起问题。

记此后翻《甘宁青史略》，其《副编》卷二"四川汶江发源于岷山"条云："汶江自甘肃岷县至四川灌口为一小会，洞壑岐流殆以百数，盖所谓'其源滥觞'者也。及出灌口，则左收崇宁、温江、郫、双流、成都、华阳之水，右收崇庆、大邑、名山、邛、蒲江、新津之水，至江口为一大会，而江之势浸盛焉。"汶江即岷江，如何能在甘肃岷县发源？既在甘肃岷县发源矣，又如何能至四川灌口？可见用名以乱名之结果，竟使专家发生错觉，合不相干事以为一事。名之不可不慎也如是夫！

又案：前文谓白龙江为岷江支流，亦未合理。支流者，或为正流所岐出，或小水之入于正流者也。白龙江与岷江藐不相关，即以入白水江与嘉陵江言，亦只能谓白龙江为白水江之支流，白水江为嘉陵江之支流，嘉陵江为大江之支流耳。

又案：范希天君《中国的西北角》（大公报馆出版）中《成兰纪行》之第十章云："岷河源出岷县东南之分水岭，至两河口合白龙江处，计长二百三十里，本为白龙江之支流。但《辞源》误岷河为白龙江，不知真正之白龙江其源在四五百里以外，若干地图亦载之甚详。最有趣者，岷县南六十里之哈达铺在岷江上源，距分水岭三十里，此地本为藏人地方，'哈达铺'即藏文地名。此地文人因哈达铺今已入文物之邦，番名不能任其长存，乃根据《辞源》，认岷河为白龙江，哈达铺在白龙江源上，因改名为

'白龙镇'，并立煌煌大匾以记之。此所谓'尽信书不如无书'者也。"又曰："白龙江源出处河正南之郎木寺，自叠山与羊膊岭中流出。"是名岷县之岷江曰"岷河"，名白水江为"白龙江"也。然哈达铺人固据《辞源》以改镇名，而以白龙江名岷河却不始于《辞源》。《嘉庆一统志》巩昌府山川门已曰"岷江水在岷州东南，一名白龙江，源出分水岭"矣。嘉庆以前亦必有记载可寻，容他日续检。

## 桓　水

　　洮水长八百余里，为吾国西部一大水，顾不见于《禹贡》，而《禹贡》之桓水今亦不存其名，遂启后人无穷之猜测。《水经》《汉志》且以为桓水出蜀山，西南行羌中入南海，然则将为怒江或澜沧江乎？康熙《岷州志·舆地门》云："洮河，在城北一里，……源出西倾山，经岷山下，过溢乐铁城，至临洮府界北入于黄河，《禹贡》'西倾因桓是来'即此。"是以洮河为桓也。其下一条即云："叠藏河，源出古叠州番境，经城东一里，北流入洮，即桓水是也。"是又以叠藏河为桓也。一卷之中牴牾如此，洵不可解。且叠藏小水，而以为桓，适与桑、班所言直注南海之大川趋两极端。

　　按以洮水为桓，始于宋薛季宣之《书古文训》，陇中人士信之者至多。例如乾隆《狄道州志》卷一《山川门》桓水下云："在州西南三十里，源出西倾山，东入于洮。"又引吴镇（号松崖，狄道人，乾隆举人）之说曰："《书》云'西倾因桓是来'，马融《注》：'西倾山桓水是来，言无余道也。'夫既言'无余道'矣，岂桓水之外又有一洮水，而洮水之外又有一桓水乎！按洮水一名桓水，意'恒''桓'字形相近，而洮水即桓水也。不然，则洮水之大远过泾、渭，且为积石必经之路，岂《禹贡》反不载耶！"此说似甚近情，然而有绝不可解者。《禹贡》"因桓"之下又有"浮于潜，逾于沔，入于渭，乱于河"之文，无论谓桓即洮水本身，抑或为入洮之桓水，而洮于皋兰县境已入黄河矣，何待更浮潜、逾沔、入渭而后乱于河耶？又《禹贡》以"西倾、朱圉、鸟鼠至于太华"为雍、梁二州分界山脉，洮水入河之地明在雍州，而"因桓是来"何以乃为梁州事耶？此皆无可解释者。

予将离甘肃时，临洮杨景周先生赠予冯国瑞先生新辑邢澍《守雅堂稿》一册，于其《文集》卷二中得《桓水考》，遍辨旧说，其结论曰："由洮州、西固、阶州、文县以入蜀境而合于嘉陵江，则有之矣，阶州之白龙江是也。"（按邢氏所谓白龙江，今谓之白水江，说见上条。）其说所承者为蒋廷锡之《尚书地理今释》及齐召南之《水道提纲》。数说之中，惟此为安。据此以读《禹贡》，则"西倾因桓是来"者，谓居于今甘青间之人沿白水江上流而东南行也；"浮于潜"者，谓由白水江而至于嘉陵江也；"逾于沔"者，自广元经宁羌而至汉水也；"入于渭"者，由汉中至宝鸡也；"乱于河"者，由宝鸡至潼关风陵渡也。得此一解，涣然理顺矣。洮水与白水江之发源地相去原不远，故皆可谓之"西倾"。然中隔大山，交通艰阻，故一则北流，一则南行，正如江与河之同出巴颜喀喇而各成一流域，不可以其俱来自西倾而混同之也。至于洮水，则《禹贡》作者涸忘之矣。

## 《禹贡》导江

《禹贡》云："岷山导江，东别为沱；又东至于澧；过九江至于东陵。"按岷江东流会合之水莫大于嘉陵，乃不一言，何耶？澧，马、王以为水名当何在？郑以为陵名，即长沙醴陵县，则与江又何关？自"东别为沱"，而至于"过九江"，中间何其疏略？意作者但知蜀而不知巴，更不了于三峡间耶？

九江如为洞庭，则"东至于澧"之澧当以今湖南澧县为是。然则《禹贡》作者对于长江之知识，成都而下，宜昌而上，殆甚渺茫。盖虽明知其为一江，而两方交通多阻，知识上犹未易联贯，犹之导河积石，遂至龙门，中间亦有一段隔阂在也。

《禹贡·梁州》一章，言岷，言沱，言蒙，皆在汉之蜀郡界；言嶓，言潜，则在陇西、武都、汉中诸郡界；言和夷，若指羌人，亦在武都、陇西界中。末云"西倾因桓是来，浮于潜，逾于沔，入于渭，乱于河"，是其交通线亦在武都、汉中与汉之三辅间，仍为北路而非南路也。如行南路者，便当云"浮于江，逾于汉，入于洛，乱于河"矣。以此知三峡一段江程，当时尚未畅行无阻，大抵均由剑阁行，而川西之进于中原亦视川东为早也。

三峡之道非无交通。《战国·楚策》记张仪说楚王之言曰"秦西有巴、蜀，方船积粟，起于汶山，循江而下，至郢三千余里。舫船载卒，一舫载五十人，与三月之粮；下山而浮，一日行三百余里。里数虽多，不费马汗之劳，不至十日而距扞关"是也。疑其专供军用，无裨民生，若今中印公路然，盖积粟载卒，非有大规模之军事设备必未能游行自如耳。

## 秦人导蜀水

二十八年七月，钱宾四先生以所印雷学淇《竹书纪年义证》见赠。此书向无刻本，北京大学购得钞本，宾四转钞得之，集资排印。印成时，北平已沦陷，故予至今始得见也。

读至卷三十六梁惠成王十年，"瑕阳人自秦道岷山青衣水来归"，证曰："岷是山之大名，今自陕甘巩昌府岷州西南抵四川成都府西北，凡大山重谷皆古之岷也。青衣水即今青衣江，一名蒙山溪。《水经》曰：'青衣水出青衣县西蒙山，东与沫水合，至犍为南安县入于江。'注云：'县故古青衣，羌国也。'今水出四川雅州芦山县西北番疆山谷中。盖自雅州西北接于松潘，皆《禹贡》蒙山之域。岷、蒙二山并见《禹贡》，虽南北相距数百里，而连冈叠嶂，难得区分。后世以近北者为岷，近南者为蒙。其实'岷'有'蒙'音，自古混淆。如《夏纪》'桀伐岷山'，或作'蒙山'（按作'蒙'者为《楚辞·天问》）。此纪谓'岷山青衣水'，亦其证也。'来归'者，谓自夷地道入华夏也。……青衣水旧出徼外，自瑕阳人道使入江，乃为中国之水矣。"

按今本《纪年》此条录自《水经注》青衣水所引《纪年》，一字未易。《纪年》本条记载至为重要。青衣水即今大渡河，本不入岷江。战国中叶，北方人至蜀，乃导之入江，由是以通中国。于此见三事焉。

其一，可见《禹贡》所谓"导河""导江"，在战国为实有其事。当时水利学及治水技术发达之结果，必曾有人拟一大计划，欲将宇内河流全体整理一过，而作《禹贡》者乃总托之于禹。观乎《禹贡》言河水北播为九河而同为逆河，汉人欲证实之而不能，则王横谓其已为海水所沦，郑玄谓其已为齐桓公所塞。自今日观之，则战国时水利专家之计划然耳。

其二，可见当时西北与西南之交通。瑕阳在今河南陕县西南，与秦皆在蜀北，而岷山与青衣水则在蜀之西南，其事先于李冰之凿离堆且近百年。西北人之为西南开水利者久矣，不始于李冰也。又梁惠王之十年为西元前三六一年，是时秦已遣人为蜀开辟水利，下距秦惠文王之取蜀（西元前三一六年）凡四十五年，亦见秦之蓄意谋蜀至少亦有五十年以上之历史。

其三，可见"岷"与"蒙"即是一音，《禹贡》作者判以为二，实非是。今云峨嵋，"嵋"亦岷与蒙之音转，而"峨"则其发声，如句吴、于越之类尔。

## 成都二江

《史记·河渠书》云："蜀守冰……穿二江成都之中。"二江之专名，史迁所未言。《正义》引《括地志》云："大江，一名汶江，一名管桥水，一名清江，亦名水江，西南自温江县界来。"此一江也。又云："郫江，一名成都江，一名市桥江，亦名中日江，亦曰内江，西北自新繁县界流来。"此又一江也。又引杜预《益州记》云："二江者，郫江、流江也。"按江名古今不同，综《益州志》与《括地志》所言已十有一名，自唐以来又益多。以今日俗称考之，自新繁县流至成都者，柏条河也，是为内江正流；自温江县流至成都者，走马河也。二江皆发源于灌县而东南流者。柏条河自分为毗河后，称曰府河。

《汉书·地理志》蜀郡"郫"下云"《禹贡》江、沱在西，东入大江"，是以今柏条河为江沱也。又"汶江"下云"江沱在西南，东入江"，是以今汶川河为江沱也。汶川河不必论。柏条河则始凿于李冰，而班氏视为《禹贡》之江沱，使其说而确，则《禹贡》成书于李冰守蜀后矣。今之沱江为蒲阳河与柏条河之合流，蒲阳亦内江分支。

# 河 患

自七七事变起，予只身离平，与童君丕绳不相闻问者一载余。嗣于二十七年十月中得其一札，乃知其读书枞川，未以乱离而荒其旧业也。书云："黄河问题，涉览之结果，窃谓自有史籍以来（指有正式记载之时代，从西周起），西周时代黄河水患不见于记载，良以西周都陕西，西北地高，河为山陵所束，故水患较鲜。春秋以来，河患亦少见。《左氏传》载大水凡九，而未特提河患。又周定王五年，河徙砱砾，亦未致大灾。当是沿河耕地尚少，河身尚宽，故水患较后世为少，贾让所谓'古者立国居民，疆理土地，必遗川泽之分'，是也。战国以后，人口增多，齐、魏、赵等国争作堤防以辟农地，河身渐束，与水争地之政策行，甚至以邻国为壑，于是河患乃盛。至汉以后，遂成中原累世不休之巨害矣。此以禹传说之发展证之，尤易明了。豫、陕间之古九州为山河蟠结之区，在古代龙门（河南之龙门）伊阙未辟，水利毫未兴举之时，当有山洪暴发大水成灾之现象。加以西来之洪水传说（此传说必自西方来），初民知识幼稚，遂生禹填塞洪水错置九州之神话。春秋晚期以来，大政治家迭起，子产首事沟洫，列国竞效。战国时，齐、魏、赵、韩、秦诸国争疏河流以利农作，其详均见《史记·河渠书》及《汉书·沟洫志》。盖当此时始以河患水利为重要之国是（参《论语》《孟子》《荀子》《墨子》《韩非子》《管子》《吕氏春秋》等书）。疏导之法既易，而禹填水之神话遂变为禹导水之史实矣。《禹贡》一书，以《河渠》等书勘之，战国君臣治水之策昭然具著。其法要在疏导下流，免致横决。自此以后，除事实上因人口增多，圩田需要愈广，不得不大量筑堤壅水之外，历代国策类以疏导为治水善计。但言易而行实难，积重难返，遂致'运用不来黄河'（钱宾四先生语）之果耳。"

此书所论极是。忆前数年长江常泛滥，论者多归咎于洞庭湖沿岸新辟之田亩日多，江水无所潴聚所致，河患之来亦当尔也。至于春秋时所以绝不闻有河患，除此所举之外，尚可提一假设。盖当时诸夏所居，自虎牢以东即为济水流域，黄河下游则悉委于戎狄，河虽有患而诸夏亦无从知之耳。丕绳又谓洪水之说必自西方来，此说予亦信之。盖西方攒峰狭谷，秋霖一下，必发山决，又无潴水之湖，势又急暴，其成灾至易，其给人以可怖之印象亦深。予累经洮河岸，见山腰俱有水渍痕，上下截然异色。此当为史前事，当时水平高于今日数丈。然亦足贻人以暗示，谓古代曾有一洪水时期，其怀山襄陵乃至于此也。

记此后见明丘濬《大学衍义补》引邵国贤《治河论》云："禹之治水，……所空之地甚广。……导河自大伾以下，分播合同，随其所之而疏之，不与争利，故水得其性而无冲决之患。……今河南、山东郡县棋布星列，官亭民舍相比而居，凡禹之所空以与水者今皆为吾有，盖无容水之地而非水据吾之地也，固宜其有冲决之患也。"此说大足与丕绳所言相印证。

## 山东运河

侯仁之君，山东恩县籍，学于燕京大学研究院，其论文题为"《续补天下郡国利病书》山东之部"，益有志整理亭林未成之作，先从其乡里下手也。二十八年春夏间，自北平贻书云："于山东省中运河今日之功用，获得一颇有意思且含有重要性之问题。虽漕运已废，而今日运河之为用不减漕运时代之重要，其交通运输功用犹其次者。水泉洼水之输泄与吞吐，于农田最关重要。漕运废，疏导之工亦废，于是鲁南之湖尽淤，鲁北之支渠亦尽淤。疏流不通，河水泛滥，每夏皆然，已视为常态矣。每年农产损失于此者不知凡几。试举一事为例：自故城至庞庄（仁之之老家距此约三十五里，中隔运河）之大洼，几乎每年必淹，我家亦有地十八亩在焉。农夫通年劳苦，冀一幸获而已。此种现象不能表现于地图，亦未尝见诸记载，更不能如黄河、长江决口泛滥之动人听闻。然一县如此，县县如此，此地若干顷，彼地若干里，合而计之，区域之广，数县之地不止也。一年如此，年年如此，一年之损失有限，数年之损失不赀也。先前四女寺（距故城甚近，临河上）本有滚水埧一，泄过溢之水，沿鲁冀交界一导水河入海；今埧与河并废矣，遂致于此；他处亦同之也。若聚沿河诸县及沿导水旧渠诸县之地方志比而观之，为害之状，因果俱显。Cressey 氏谓未来之华北必仍以农业为基础。今山东之水利不治，农业之改进何得而谈。此后沿河之调查、整治、测量、疏导、堤防，正待吾人抉其病原，发其利害，以唤起国人之注意，且督促当事者之工作，则来日之大建设犹可期也。"

此函胪陈剀切，其所作论文以书本知识与实地经验合而为一，深信问世之后必可供建国之用。运河始于吴通邗沟而成于隋炀，元世祖承接其绪，遂开运输之大利。清末海运畅通，以为从此无所籍于运河，不复措意于此，而不知日就淤塞之结果，秋水时至，无所宣泄，便至遍地汪洋。肉食者鄙，未能远谋，一何可叹！

# 秦长城

世人常误以明长城为秦长城，每次平绥路车过居庸关八达岭，座客从车窗中窥见长城之高伟险峻，恒惊服秦始皇魄力之雄，相顾嗟叹。有友谓予曰："世贵汉砖，我辈只须一登居庸关，便可挟得秦砖下矣。"彼盖不知秦汉之砖但用于墓圹，尚不以之筑屋，安论筑城；至于甃砖为城，乃是宋以下事耳。

昔读《史记》，见蒙恬以三十万众筑长城，起临洮至辽东，常慨想其遗迹，而秦之长城其详不见于舆图，未能审其所谓"用险制塞"者，二十六年十一月初至临洮，询之彼都人士，知城东三十里外尚有其址，地名长城坡，道远未能游也。二十七年二月至渭源县。渭源在临洮之东，闻县北十里即长城，喜其近便，于十七日乘车至东郊锹家堡，跨骡登北山。山道绝峻，盘旋十数道始达其颠，则见长城如带如蛇，蜿蜒起伏于诸峰之上，虽颓坏已多而完整处犹可观。城基宽约三丈余，高则有至二三丈者，亦有仅存二三尺者，版筑遗痕历历在目。南望岷县，群山簇簇，积雪皑皑，是长城起处也。岷县亦临洮水，故于秦汉得临洮名，今之临洮则秦汉所谓狄道也。城自岷折而北，东行至渭源，又西北至今临洮，又北至皋兰，沿黄河至宁夏而北而东，与赵长城相衔接。于是飙风怒发，扑人欲倒，道陡不敢骑而下山，遂步行而下。

二月二十四日，由渭源西返临洮，经庆坪镇，宿于窑店。庆坪之东北，山峰峭削，其上长城隐隐可辩。窑店之西北，即长城坡也，若断若连，与庆坪同。

四月二十三日，又到渭源。闻李县长怡星言，渠以事下乡，所见长城有极完整处。惜予急于赴岷县，未能更游。达岷县后，叩城址，无能举者。检康熙《州志》，古迹类中虽亦记及，而未实指其地，疑已毁坏净尽矣。

八月初还皋兰，宿小西湖，地滨黄河，有旧墙一堵，可十余丈，说者谓即秦城遗迹。又甘肃省府之北墙即借兰州城墙，其后花园曰节园，有拂云楼立于城上，倚楼望河为绝胜处。女墙上大书"万里长城遗迹"六字，是则兰州之北城亦即因于秦城也。

洮水两岸为沃壤，秦城筑于洮东，若屏其地于域外者，当时颇以为讶。思之思之，乃审其故。盖古者设防，不特赖城坚，又凭藉水阻。屈完对齐桓之言曰："楚国方城以为城，汉水以为池。"孟子言地利，亦以"城非不高，池非不深"对举。城与池固同有捍御之用也。秦城起于临洮。因山设险，是诚御敌之一道。而洮水横于其西，波澜壮阔，大足为长城之外卫。其所以筑城于黄河之南，意义犹是。故长城者，秦之第二道防线，非即其国界也。

# 陆梁地

《史记·秦始皇本纪》："三十三年，发诸尝逋亡人、赘婿、贾人，略取陆梁地，为桂林、象郡、南海，以适遣戍。"桂林、象郡、南海何以谓之"陆梁地"，无人能解，故裴骃《集解》无释。司马贞《索隐》强为之说曰："南方之人，其性陆梁，故曰陆梁。"以为其地之称谓由于其人之性情。然性情之悍名以"强梁"则有之，谓为"陆梁"则未闻。以此，张守节《正义》加以修改，而曰：岭南之人多处山陆，其性强梁，故曰陆梁。"以"陆"示地，以"强"属人，意故无殊，词则较顺。然北之胡，西之羌，何莫不处山陆而性强梁，何以南越独得此名，仍不可解也。

按《华阳国志》曰："李冰为蜀守……穿郫江、检江，……溉灌三郡，开稻田，于是蜀沃野千里，号为'陆海'。旱则引水浸润，雨则杜塞水门，故记曰：'水旱从人，不知饥馑。'时无荒年，天下谓之'天府'也。"《水经注》记此事，亦曰："世号'陆海'，谓之'天府'。"是则"陆海"即"天府"之异名，皆盛言其物产之丰阜。"陆海""陆梁"二名，颇有映带之趣。梁即山，一谓陆上之海，一谓陆中之山，山海皆藏珍蕴奇之所也。

《淮南王书·人间篇》曰："秦皇……利越之犀角、象牙、翡翠、珠玑，乃使尉屠睢发卒五十万，为五军，三年不解甲弛弩，以与越人战，杀西呕君译吁朱。"即述始皇平南越之事。其曰"利越之犀角、象牙、翡翠、珠玑"，即其地所以名"陆梁"之故也。

## 西汉都会户口

《汉书·地理志》于郡下皆记平帝元始二年之户口；县下则记者绝少，仅得九处耳。今依其众寡之序，录出如下：

一、京兆尹长安，户八万八百，口二十四万六千二百。

二、蜀郡成都，户七万六千二百五十六。

三、右扶风茂陵，户六万一千八十七，口二十七万七千二百七十七。

四、鲁国鲁，户五万二千。

五、左冯翊长陵，户五万五十七，口十七万九千四百六十九。

六、颍川郡傿陵，户四万九千一百一，口二十六万一千四百一十八。

七、南阳郡宛，户四万七千五百四十七。

八、颍川郡阳翟，户四万一千六百五十，口十万九千。

九、楚国彭城，户四万一百九十六。

此九处中，户口全记者仅五处。就其所记者比较之，长安户虽最多而口实未密，且次于傿陵，盖辇毂之下客居者众也。长陵亦有此现象，平均一户只三口余。此一京二陵（长与茂）之盛，帝王之力也。阳翟为商业都会，户口相差最巨，平均一户只二口余，岂行商为多耶？南阳颍川，《史记·货殖传》所谓"西通武关、郧关，东南受汉、江、淮"者，宜人户密集若是。彭城为西楚都会，鲁国颇有桑麻之业，并为商业中心。成都户数仅次于长安，地居西隅而能若是，想见彼时商工业之繁盛。《货殖传》所谓"巴蜀亦沃野，地饶卮、姜、丹沙、石、铜、铁、竹、木之器。南御滇、僰、僰僮，西近邛、筰、筰马、旄牛。然四塞栈道千里，无所不通，惟褒斜绾毂其口，以所多易所鲜"。以今日之情形视之，固历二千年而犹未变也。

以上一目，失记二地。其一，临菑。《史记·三王世家》记武帝语曰："关东之国无大于齐者，齐东负海而城郭大，古时独临菑中十万户，天下膏腴地莫盛于齐者矣。"《齐悼惠王世家》又记主父偃之语曰："齐临菑十万户，市租千金，人众殷富，巨于长安，此非天子亲弟爱子不得王此。"是临菑为当时第一大都会也。其二，薛。《史记·孟尝君传赞》曰："孟尝君招致天下任侠奸人入薛中，盖六万余家矣。"招致者六万余家，合以土著，其庶可知，故始皇立薛郡。汉属鲁国，户口容有流亡，谅不至过于萧条也。

## 陶弘景说地理

陶弘景为道教大师，而著有《古今州郡记》三卷，并造《西域图》，则亦地理学家也。沈约《答陶华阳书》中载陶氏之言曰："四夷之乐，裁出要荒之际，投诸四裔，亦密迩危羽之野；禹迹所至，不及河源，越裳白雉，尚称重译：则天竺罽宾久与上国殊绝。衰周以后，时或有闻，故邹子以为赤县于宇内止是九州中之一耳。汉初长安乃有浮图，而经像眇昧；张骞虽将命大夏，甘英远届安息，犹弗能宣译风教，必其发梦帝庭乃稍兴显：此则似时有通碍，非关运有起伏也。"此言古代中外交通，自夏至周本不广，至周末乃能及远，然至汉代仍复时通时塞，所见极真。云"禹迹所至不及河源"。尤敢言人所不敢言。云佛教入中国在明帝前，汉初长安已有浮图，亦佛教史上好资料也。

## 黄帝四至

《史记·五帝本纪》云："黄帝……披山通道，未尝宁居：东至于海，登丸山及岱宗；西至于空桐，登鸡头；南至于江，登熊、湘；北逐荤粥，合符釜山，而邑于涿鹿之阿。"史公此说，虽未著其所自出，而四方所至，各举名山川以实之，无神农大九州之荒诞，又与《禹贡》九州广袤约略相当，故后之学者多深信不疑，作沿革地图者且绘《黄帝疆域图》，以为中国之统一始于此矣。

按史公于《五帝纪》末赞曰："百家言黄帝，其文不雅驯。……余尝西至空峒，北过涿鹿，东渐于海，南浮江、淮矣，至长老皆各往往称黄帝、尧、舜之处，风教固殊焉。"取校《纪》语，东西南北地望无异，乃知司马迁虽决然不信方士诡言，而终不能不信地方传说。以彼足迹之广远，所至闻黄帝之故事，访黄帝之遗迹，故信其自身所至即黄帝所至焉。假令迁东至朝鲜，西至西域，北至匈奴，南至南越，而于彼处又有所闻，则黄帝之境域固当恢扩于是矣。此尚是余十年前读书所得而未尝著之于篇，今且以实我笔记。

或曰：传说十口相传，失真固宜，遗迹则斑斑可指，崆峒有黄帝访道处焉，犹不可信乎？应之曰：是难言也。予昔考孟姜女故事，涉猎方志，则东北至辽宁，西北至陕西，东南至浙江，西南至湖南，俱有其遗迹，或生于是，或死于是，言之凿凿，将谓杞梁之妻遍历九州而哭其夫耶？汉中有张骞支机石而成都亦有之，将谓为别一织女所贻耶？予至归化，登王昭君墓，积土若山，而包头又有一墓则累石而成，匈奴单于无陵寝之制，将谓特为此宁胡阏氏起大冢，而又分葬其尸耶？安徽有乌江，项羽自刎于是，贵州亦有乌江，波涛险恶，不易建桥。予自滇至蜀，经历其地，登车于舟而渡，同舟者因述项王故事，为兴英雄末路之悲。予闻而忍俊不禁，知若干古迹之由来正类此尔。至于苦行潜修之佛菩萨，亦辄为指定一山而宅之，故普陀居观音，五台居文殊，峨眉居普贤，九华居地藏，四明居弥勒，膜拜者亿万人，若信然矣，然则佛教其发于中国者耶？宇内建塔无数，皆云请得如来舍利，然则释迦真能化身为千万而一一荼毗之耶？故知所谓古迹者，苟有人焉综合而考之，则其矛盾支离之状将不可言也。

## 大九州

邹衍创大九州之说，《史记·孟荀列传》述之曰："中国名曰赤县神州；赤县神州内有九州，禹之序九州是也，不得为州数。中国外如赤县神州者九，乃所谓九州也，于是有裨海环之，人民禽兽莫能相通者如一区中者乃为一州。如此者九，乃有大瀛海环其外，天地之际焉。"如其说，禹之九州不为州数，裨海之内有九州，大瀛海之内有大九州。

《淮南·地形》曰："何谓九州？东南神州曰农土。正南次州曰沃土。西南戎州曰滔土。正西弇州曰并土。正中冀州曰中土。西北台州曰肥土。正北泲州曰成土。东北薄州曰隐土。正东阳州曰申土。"《后汉书·张衡传》录衡作《思玄赋》云："越印州而愉敖。"章怀《注》引《河图》，文与此同。惟"農"作"晨"，"次"作"印"，"沃"作"深"，"并"作"开"，"中"作"白"，"台"作"柱"，"泲"作"玄"，"薄"作"咸"，"申"作"信"。《初学记》引《河图·括地象》，"次"亦作"印"，"台"作"括"，"泲"作"济"。此九州名不审何自来，而东南曰神州与《史记》"中国名曰赤县神州"合，故说《淮南》者谓是邹衍说。然此实相当于裨海内九州之名，尚非大九州也。

《淮南·览冥》曰："女娲炼五色石以补苍天，断鳖足以立四极，杀黑龙以济冀州，积芦灰以止淫水。"女娲为传说中之古帝王，而其所治者为冀州，是冀州即禹九州之合称。故高诱《注》曰："冀，九州中，谓今四海之内。"此与《地形》之"正中冀州曰中土"相应。然则中国之地为神州欤？抑为冀州欤？盖埶海而言，中国东与南两方皆濒海，说为"东南神州"固宜，然中土、中国、四方、四海之观念久深入人心，则置之"正中冀州"亦复恰当。邹氏当日作何处置，惜其书不传，莫可详矣。

《博物志》引《河图括地象》曰："昆仑山……于天最居中，……中国东南隅居其一分。"是以中国居东南也。而《初学记》亦引其文曰："昆仑之墟，下洞含右。赤县之州，是为中则。"以赤县为中则，似又以中国居中央。其本意如何，亦不可晓。

《周礼·职方氏》贾《疏》曰："自神农已上有大九州，柱州、迎州、神州之等。至黄帝以来，德不及远，惟于神州之内分为九州，故《括地象》曰：'昆仑东南万五千里，名曰神州'是也。"以大九州为黄帝前制，似其创说。其曰迎州，则印州之异文。

# 卷之二　制度类二十二则

## 畿　服

　　古代王者有本土，名之曰"畿"；又有附属之地，因其远近而殊其控制之术，名之曰"服"，服者事也，谓政事之设施也。《诗·商颂·玄鸟》曰："邦畿千里，维民所止。"此指王者直接管辖之区，犹秦汉之"内史""三辅"矣。《大雅·文王》曰："商之孙子，其丽不亿，上帝既命，侯于周服；侯服于周……"此言胜国之胄为侯服于兴朝，自治其国，王者藉其力以间接管辖其土地人民也。此本极简单之事理，不劳解释者。

　　畿服制之系统记载，殆始于《周语上》祭公谋父之言。其言曰："先生之制：邦内甸服；邦外侯服；侯卫宾服；夷蛮要服；戎狄荒服。"合王畿、侯国与力所不及之区域而言之，凡分五部，皆名曰服。其曰甸服即《商颂》之邦畿，侯服、宾服即《大雅》之侯服，更别夷蛮戎狄为要与荒，斯盖就当时事实作更精密之分析，更整齐之规画，而新定其称谓，原非事实上确有此极严整斩截之界线也。今试释之：甸者，田也，王朝所赖以食者。侯，诸侯也，王所封建以自卫者。宾者，客也，前代王族之有国者，以客礼待之，薪其能安于新政权，亦为我屏卫也。夷蛮者，非前代之王族，而久居中原，其文化程度已高；特与新王室之关系较疏，故屏之使不得齐于华夏之列，然犹服我约束，故谓之要服，要者约也。戎狄者，未受中原文化之陶冶之异族，性情强悍，时时入寇，虽欲齐之华夏而不可得，故谓之荒服，荒犹远也。以周代事举实例：郑与虢皆畿内国，甸服也；齐、鲁、卫皆封建之国，侯服也；杞、宋、陈皆先代遗黎，宾服也；邾、莒、徐、楚皆中原旧国，惟非夏商周之王族与姻亲，辄鄙之曰蛮夷，要服也；至于山戎、赤狄、群蛮、百濮之伦，来去飘忽无常，异于要服诸国之易于羁縻，惟有听其自然，斯为荒服矣。此之分别犹合当时局势，非凭空想。（邾之与鲁，击柝相闻，其文化水准当与鲁不相上下；故至战国而"邹〔即邾〕鲁"并称，推为旧文化最高之地。然核《左传》所载，鲁人始终称邾为蛮夷，如昭十三年《传》，鲁侵邾、莒，邾、莒诉于晋，子服景伯对叔向曰："君信蛮夷之诉，以绝兄弟之国，弃周公之后，亦惟君"是。其实邾为祝融之族，昆吾、大彭为夏商侯伯，邾之进于中国远较鲁公室为早。蛮夷云者种族之成见耳。楚国文化绝高，秦汉统一之基且为楚人积渐所奠，而彼时中原人视之是亦蛮夷也，甚至生于战国中叶轮毂大通之日之孟子犹未泯此成见；独不思己为邹人，亦久被蛮夷之名者乎？）

祭公既言此五服之区画，又举其对王之职责曰："甸服者祭；侯服者祀；宾服者享；要服者贡；荒服者王。"又示其职贡之时间曰："日祭；月祀；时享；岁贡；终王。"近者频来而远者稀至，规律井然。以祭祀为国之大事，故舍荒服之外悉令供祀事之需。召陵之役，齐桓责楚之辞曰："尔贡包茅不入，王祭不共，无以缩酒，寡人是征。"知要服所贡者亦以助王祭也。然此文所列"祭、祀、享、贡、王"五级未必为确然无疑之事实，观《商颂·殷武》曰："昔有成汤，自彼氐羌，莫敢不来享，莫敢不来王，曰商是常。"氐羌当属要荒，而既云"享"又云"王"，知二事不必分属二级矣。

试更以《国语》及《左传》之文校之。《周语中》，周襄王曰："昔我先王之有天下也，规方千里以为甸服，以供上帝、山川、百神之祀，以备百姓、兆民之用，以待不庭、不虞之患。"此甸服之为用也。《左传》昭十三年，子产曰："卑而贡者，甸服也。"畿内之国爵恒卑，而以其近于王也贡特重。桓二年《传》，师服曰："今晋，甸侯也。"定四年《传》，祝佗曰："曹为伯甸。"晋何以在甸服？盖汾、沁之域，王季已伐燕京之戎，西伯已戡黎，厉王亦流彘，宣王又料民太原，足证其为周之王畿；叔虞封晋，自在甸服中也。曹在济水流域，其地已在周王畿外，称曰"伯甸"，洵不可解，意者初亦封于近畿，后乃徙至陶丘乎？昭二十三年《传》，沈尹戌曰："古者天子守在四夷；天子卑，守在诸侯。"谓王朝强则四夷为守，以要服为疆界，弱则四夷携贰，惟赖诸侯，其国境仅及侯服耳。又《周语上》记内史过之言曰："犹有散迁懈慢而著在刑辟，流在裔土，于是乎有蛮夷之国。"《鲁语上》记里革之言曰："夫莒太子杀其君而窃其宝来，……为我流之于夷。"是知要服之地实为流放罪人之所,所谓"进诸四夷,不与同中国"也。

读以上诸文,知甸服也,侯服也,要服也,皆古代所实有;宾服也,荒服也,则文家所析出。《大雅》明云"商之孙子,……侯服于周",是宋公虽前代王族而亦周之侯服也。《周语》谓穆王征犬戎,得四白狼、四白鹿,"自是荒服者不至",确认犬戎为荒服,而祭公之言曰:"吾闻夫犬戎树惇,能帅旧德而守终纯固。"则非无文化礼教可言者;又曰:"今自大毕伯仕之终也,犬戎氏以其职来王",则又非不可约束者,列于要服,谁曰不宜!知自侯服中析出宾服,要服中析出荒服,谓之条理趋于精密则可,若谓事实上如此分析则为古人所欺诳矣。

《史记·秦始皇本纪》记诸臣议帝号之辞曰:"昔者五帝地方千里,其外侯服、夷服诸侯或朝或否,天子不能制。"地方千里者,甸服也。其外侯服,又其外夷服。夷服,即要服也。实三服制而非五服制。《礼记·王制》:"千里之内曰甸;千里之外曰采,曰流。"采者,封君食采之地,即侯服。流者,流放罪人之地,即夷服。亦三服制而非五服制。王者自据千里之内为王畿,亦曰甸服,而伸其势力于千里之外,定其易于统治者为侯服,其未易同化者为夷服,亦曰要服,如是而已。《王制》作于汉文帝时,可见此义历秦汉而犹未变也。不期《禹贡篇》出而观念为之一变。

031

《禹贡》于九州制之后列五服制,其文曰:"五百里甸服:百里赋纳总;二百里纳铚;三百里纳秸服;四百里粟;五百里米。五百里侯服:百里采;二百里男邦;三百里诸侯。五百里绥服:三百里揆文教;二百里奋武卫。五百里要服:三百里夷;二百里蔡。五百里荒服:三百里蛮;二百里流。"此文粗视之似与《周语》无殊,细按之乃大相径庭。盖《周语》但列五服之名而已,地不必齐,域不必方,大有赢缩之可能;而此则确定界画为每服五百里,五服为二千五百里,两面数之则方五千里,各服之中又都按里以定事,秩序至严峻。试问人世间真能有此呆板之界画否耶?《春秋》之义,中国而夷狄则夷狄之,夷狄而进于中国则中国之,诚以文化推进为不可抗拒之势力,而郅治之盛,期于大同,既来之则安之,不当严人我之别也。今于绥服中"奋武卫",是已将中国境界硬性规定为方三千里,虽有圣王之兴,国境不能更扩矣;夷蛮之流虽心慕圣化,志切瞻依,努力自振拔,终不可为中国人矣。如此 詘 詘①然拒人于千里之外,夫岂王政之应有事耶!甸服之中,五百里内则尽输其米,四百里则不去糠皮而输之,三百里则连其茎,二百里则半其稿,百里则连本拔取,颗粒无余,薪刍悉尽,而又亲自赍送,不予转运之费,哀哀吾民,不幸生于王畿,有不饿而死耶!秦二世皇帝"度不足,下调郡县,转输菽粟刍稿,皆令自赍粮食;咸阳三百里内不得食其谷",此极暴之政,乃与《禹贡》甸服之文若合符节,然则二世亦大可托经术以自解说矣。王朝卿大夫之采地本在甸服之中,兹乃列于侯服而云"百里采",亦前之所未闻也。若曰此采乃诸侯之封地,则下文"二百里男邦,三百里诸侯"又作何解?绥服一名,变宾服来。宾服为前代王族封地,此则非王畿,非侯国,而云"三百里揆文教,二百里奋武卫",奋武卫自是边防义,所以御要荒之内侵,揆文教则未识其对象为何,岂尚有不臣于天子诸侯之自由民居于斯耶!《周语》曰:"夷蛮要服,戎狄荒服。"明夷与蛮居一服也。此乃析而二之,列夷于要而降蛮于荒,戎与狄则无闻,何也?《周语》又曰:"著在刑辟,流在裔土,于是乎有蛮夷之国。"此以蔡列要服,流列荒服,未知此二名有何分别?若云以远近别,则《左传》昭元年、定四年并云"杀管叔而蔡蔡叔",以管蔡慆问王室,犯大罪恶,管叔既处死刑,蔡叔之罪必仅下死刑一等,是蔡为流刑中至重者,何以此文又轻于流耶?凡此种种,足证《周语》尚近事实而《禹贡》纯出想象,非事实所许可矣。

且也《禹贡》九州,北冀、雍,南荆、扬,建都于冀,诚使以五服图盖于九州之上,则北方嫌太促而南方又太舒。太促故绥、要诸服无所施;太舒,故荒服以外尚有余,其有余者,于九州则有贡,于五服乃无名。蔡沈《集传》曰:"尧都冀州,冀之北境并云中、涿、易亦恐无二千五百里。藉使有之,亦皆沙漠不毛之地;而东南财赋所出则反弃于要荒:以地势考之,殊未可晓。"诚哉其未可晓也!

《禹贡》之五服已支离矣,而《周官·职方》之九服更谬戾。《职方》曰:"乃辨九服之邦国:方千里曰王畿;其外方五百里曰侯服;又其外方五百里曰甸服;又其外方五百里曰男服;又其外方五百里曰采服;又其外

---

① "詘",今常用字多为"诎"。

方五百里曰卫服；又其外方五百里曰蛮服；又其外方五百里曰夷服；又其外方五百里曰镇服；又其外方五百里曰藩服。"是王畿之外中国之境有"侯、甸、男、采、卫"五服，异族之境有"蛮、夷"二服，最外有"镇、藩"二服，泱泱乎混一寰宇之规模也。九服凡方九千里，加以方千里之王畿为方万里，其广袤较《禹贡》五服轶出三倍；然而九州之广犹是，将什九皆九州外地耶！更观其立名，则既有王畿，又有甸服，二者将如何分别？男者侯之附庸也，兹乃于侯服外别出男服，且男服在侯服二千里外，各不相关，何耶？采者王朝卿大夫之采地也，必取其便，兹在王都三千里外，则食采云何？夷视蛮为进化，故《禹贡》定夷于要而著蛮于荒，兹则蛮服在内而夷服在外，倒行而逆施之，何耶？蛮夷之外必非中国境矣，而更有镇、藩二服，不知其所镇压与藩卫者为谁？亦不知将使谁为镇之藩之？此皆不可解也。凡此十名，除不列于服之"方千里曰王畿"确合于古外，余皆左右窨塞，无术疏通，只须稍具理智，便绝难接受矣。

　　然则此诸名何自来？窃意其源有二。一则取于《禹贡》，镇藩二服固即绥服之"揆文教，奋武卫"，所以防边者。移蛮夷于边内，则《禹贡》拒人之讥可消，且亦示王者无外之大义。其二，《书·康诰》曰："侯甸男邦采卫。"《酒诰》曰："越在外服，侯甸男卫邦伯，"《召诰》曰："庶殷侯甸男邦伯，"《顾命》曰："庶邦侯甸男卫。"其文为两千年来所不能解。《职方》作者见此，以为是乃畿服制也，于是沿袭其文，以"侯、甸、男、采、卫"相次。后世之说《书》者又转以《职方》之文释之，遂若确有实据者然，亦可哂也。

　　不意抗战之前，《矢令方彝》出土，事乃大明。彝之文曰："明公朝至成周，徆令。舍三事令：眔卿事寮，眔者（诸）尹，眔里君，眔百工；眔者（诸）侯，侯甸男，舍四方令。"卿事寮、诸尹、里君、百工，受三事令者也；以《酒诰》之文校之，即"越在内服，百僚、庶尹、惟亚、惟服、宗工，越百姓、里居（君）"也。诸侯，侯甸男，受四方令者也；以《酒诰》之文校之，即"越在外服，侯甸男、卫、邦伯"也。三事四方，文为平举。三事对王朝言，内服也；四方对封国言，外服也。外服之中，有诸侯，有侯甸男，皆执行王命以达于其疆土。王甸为邦畿，侯甸为封域；曰侯甸男者，侯之附庸也。《鲁颂·閟宫》："王曰：'叔父，建尔元子，俾侯于鲁，大启尔宇，为周室辅。'乃命鲁公，俾侯于东，锡之山川，土田附庸。"此建侯而锡以男邦之一幅写真也。故"侯甸男"者，乃一整个之名词，非可析之为三服；而《康诰》《酒诰》诸文"甸南"之上脱一"侯"字，盖重文作"＝"，笔迹不显，写者不了其义，掉以轻心，遂致脱落耳（此本傅孟真先生说）。本义既明，则《职方》之挦扯误文以为说者不必言矣。

至于"采卫"一名，见于《郑语》。《郑语》之序祝融八姓，曰："妘姓，邬、郐、路、偪阳，曹姓邾、莒，皆为采卫，或在王室，或在夷狄，莫之数也。"所谓采卫虽未易作确诂，然观"或在王室，或在夷狄"之言，殆祝融之裔有食采于王室者，故谓之采，亦有散在夷狄而足为中朝之外围分子者，故谓之卫，犹《周语》所谓"侯卫"也。是则名以采卫，殆介于宾服要服之间，示游离之族，与王朝有相当关系，克保其固有势力者。以秦廷诸臣语推之，即夷服也。

《周官》一书，好谈畿服，职方氏之外，又见于大司马及大行人二职。于大司马曰："乃以九畿之籍施邦国之政职：方千里曰国畿；其外方五百里曰侯畿；又其外方五百里曰甸畿；又其外方五百里曰男畿；又其外方五百里曰采畿；又其外方五百里曰卫畿；又其外方五百里曰蛮畿；又其外方五百里曰夷畿；又其外方五百里曰镇畿；又其外方五百里曰蕃畿。"改服名曰畿，则兼国畿言实有十畿，乃曰"九畿"，何也？于大行人曰："邦畿方千里；其外方五百里谓之侯服，岁一见，其贡祀物；又其外方五百里谓之甸服，二岁一见，其贡嫔物；又其外方五百里谓之男服，三岁一见，其贡器物；又其外方五百里谓之采服，四岁一见，其贡服物；又其外方五百里谓之卫服，五岁一见，其贡材物；又其外方五百里谓之要服，六岁一见，其贡货物；九州之外谓之蕃国，世一见，各以其所宝贵为挚。"此只六服，盖谓要服以内为九州之域，当责其贡，此外则听之而已。废蛮服蛮畿之名，从《周语》《禹贡》曰要服，一书之中，先后牴牾，将孰为正名乎？《周语》甸服日贡，侯服月贡，宾服时贡，要服岁贡，荒服终王；此所定贡期，侯服以岁，甸服以二岁，男服以三岁，采服以四岁，卫服以五岁。要服以六岁，迥乎不同，惟蕃国世一见有类荒服终王耳。《周语》《周官》同说为周制而其异若此，又安得令人弗疑！

合《禹贡》与《周官》观之，可知自战国以至西汉，为畿服说者凡分二派。其一，以方五千里为天下，方三千里为中国者，《禹贡》派也。《禹贡》中国之境，迄于绥服之"奋武卫"；天下之境，迄于荒服之"流"。此义也，《皋陶谟》之作者信持之，故书禹语曰："予荒度土功，弼成五服，至于五千。"谓天下也。《吕氏春秋》之作者亦信持之，故《慎势篇》曰："凡冠带之国，舟车之所通，不用象、译、狄鞮，方三千里。古之王者择天下之中而立国。"谓中国也。《王制》之作者亦信持之，故曰："凡四海之内九州，州方千里。"又曰："自恒山至于南河，千里而近；自南河至于江，千里而近；自江至于衡山，千里而遥。自东河至于东海，千里而遥；自东河至于西河，千里而近；自西河至于流沙，千里而遥。西不尽流沙，南不尽衡山，东不尽东海，北不尽恒山。凡四海之内，断长补短。方三千里。"此亦谓中国也。故《禹贡》之九州、五服虽以国都偏北，不可叠合，然九州方三千里，五服中之内三服亦方三千里，以定中国之广袤，则固言之成理。至于《逸周书·王会解》曰："方千里之内为比服，方二千里之内为要服，方三千里之内为荒服，虽亦方三千里，而以天下为说，则失《禹贡》本义矣。其二，以方万里为天下，方六千里为中国者，《周官》派也。《职方》自王畿以至卫服，《大司马》自国畿以至卫畿，《大行人》自邦畿以至卫服，皆中国也。《职方》自蛮服至藩服，《大司马》自蛮畿至蕃畿，《大行人》自要服至蕃国，皆四夷也。以其说为后起，故经子书中无与同调者，仅东汉以下之经师尽力扬其余波耳。

言天下者有方五千里与方万里二说，方五千里为二千五百万方里，方万里为一万万方里，是四倍也。言中国者有方三千里与方六千里二说，方三千里为九百万方里，方六千里为三千里百万方里，亦四倍。何以扩大至于如斯？盖亦有其历史背景在，战国之世，大国凭其武力，疆土日拓，有不及千里者，韩、魏是也；有不止千里者，楚、秦是也；有适为千里者，齐是也。七国之境，大致为方三千里，方三千里则为方千里者九。故孟子谓公孙丑曰："夏后、殷、周之盛，地未有过千里者也，而齐有其地矣。"又谓齐宣王曰："海内之地方千里者九，齐集有其一。"至于七国之外异族所居之地，若秦之羌、胡，楚之百越，约计其地尚可二千里。是知中国方三千里，天下方五千里，为战国之世言之也。其后秦皇兼并六国，更取河套、南越之地；汉武开广三边，东至朝鲜，西至西域，西南至夜郎、滇国，郡国百余：中国之广远轶周末。故《汉书·地理志》云："地，东西九千三百二里，南北万三千三百六十八里。"是面积已至一二四·三四九·一三六方里。其中新辟之郡尚多未浸润于中原文化者，故以蛮、夷、镇、藩请名加之。是知中国方六千里，天下方万里，为西汉之世言之也。《禹贡》《周官》之文虽甚戾于事实，而其想象之中亦未尝无事实为之素地，此整理古籍之所以难也。

　　凡予所说，均就历史系统为之条理，似无大差池矣。然前代经师志在释经，凡不能通者亦必曲说求通，但作表面之涂泽而不计其内部之矛盾，故于畿服之说欲求《禹贡》与《周官》之两通，苦心调停，不知调停之结果乃更增其纷歧。郑玄作《尚书注》，于《皋陶谟》"弼成五服，至于五千"，说之曰："五服已五千，又弼成为万里。敷土既毕，广辅五服而成之，至于面方各五千里，四面相距为万里。……去王城五百里曰甸服；其弼当侯服，去王城千里。其外五百里为侯服，当甸服，去王城一千五百里；其弼当男服，去王城二千里。又其外五百里为绥服，当采服，去王城二千五百里；其弼当卫服，去王城三千里。又其外五百里为要服，与周要服相当，去王城三千五百里，四面相距为七千里，是九州之内也；要服之弼当其夷服，去王城当四千里。又其外五百里为荒服，当镇服；其弼当蕃服，去王城五千里，四面相距为方万里也。"（《尚书疏》等引）按此以《周官》说《禹贡》也。《皋谟》文明云"五服"而郑则以九服释之，明云"五千"而郑则以万里释之，就一不可详之"弼"字以张其说，毋乃不惮劳乎？郑樵《六经奥论》曰："《禹贡》有五服，各五百里，是禹之时地方五千里。《职方》有九服，亦各五百里，并王畿千里，则周之时地方五千里矣。禹之五服各五百里，自其一面而数之；周职方九服各五百里，自其两面而数之也。周畿千里不在九服之内，王畿即禹之甸服，侯、甸即禹之侯服，男、采即禹之绥服，卫、蛮即禹之要服，夷、镇即禹之荒服，大率二畿当一服。而周人镇服之外又有五百里藩服，去王城二千五百里，乃九州之外地，增于《禹贡》五百里而已。"按，此以《禹贡》说《周官》也。《禹贡》《周官》"五百里"之文同，而郑氏创为"一面数""两面数"之说，以为《禹贡》一服两面皆五百里，而《周官》一服两面各二百五十里，合两面数之方得五百里也。然《周官》之文明云"方五百里"，方五百里则二十五万方里也；若以各二百五十里计，则六万二千五百方里耳，方五百里之谓何！况又有必不能曲纳之藩服在，郑说虽巧，其如两制仍不能合何！又《大行人》之文明以"九州之外谓之藩国"列于要服之后，是九州尽于要服也；郑乃以夷、镇二服入之九州，而云惟蒲服在九州外，是则就《周官》言亦成误说。其劳而无功，与郑玄何异哉！

《禹贡》五服本五千里而郑玄以《周官》说之为万里，《周官》九服本万里而郑樵以《禹贡》说之为五千五百里，彼盖视古代疆域广狭有定制，周之地即为禹之地，不容其或殊。使果如此者则亦已矣，而郑玄之异想犹未止也。彼亦颇欲以疆域沿革说明其变迁，于《王制》注曰："禹承尧、舜，……要服之内地方七千里。……夏末既衰，夷狄内侵，诸侯相并，土地减，国数少。殷汤承之，更制中国方三千里之界，亦分为九州。……周公复唐虞之旧域，分其五服为九，其要服之内亦方七千里。"又曰："此大界方三千里，三三而九，方千里者九也，……此殷制也。周公制礼，九州大界方七千里，七七四十九，方千里者四十有九也。"夫《禹贡》要服之内四千里耳，兹乃确定为七千里，盖犹是"弼成五服"之伎俩，以《周官》解《禹贡》。试问夏衰土狭，殷汤制中国方三千里之界，见于何史？周公复唐、虞之旧域，又见于何史？而乃凿凿言之，如目睹然。至于殷代方千里者九，周公一出，顿化为方千里者四十九，以何武功而致斯突盛？其造伪史之果敢，诚使人舌挢而不能下矣！

# 职 贡

言古代之封建，有最要之问题二：一曰诸侯凡分若干等级？二曰其各等级间之经济关系若何？前一问题为其形式，后一问题为其作用。《左传》昭十三年曰："昔天子班贡，轻重以列，列尊贡重，周之制也。"列尊者贡重，列卑者贡薄，二者成正比例，知两问题实一事之两面也。

关于第一问题，自《春秋》《孟子》以至《王制》《周官》，无不曰爵有五等：公、侯、伯、子、男是也。而晚近研究金文日精，知此五名固为古代诸侯之称，然一人之身可备众号，实无秩然五等之制。至《春秋》一经所以秩然有此五等者，乃笔削之结果，非鲁史之原文。且笔削者虽大段齐整，而一不经意仍复歧异，不掩其笔削之迹象。《矢令方彝》出土，始知周代封国实有"诸侯"与"侯甸男"二级，然后《周书》所谓"侯甸男卫"一语可读而解。侯甸者，侯之封域。男者，侯之附庸。详举其文则曰"侯甸男"，简言之则但曰"男"。故前人所谓五等，惟"侯"与"男"为爵名，此外则"公"是通称，"伯"乃大宗，"子"为君之子耳。虽义有迁变，若称未成君者亦曰子，称蛮夷首长亦曰子，称列卑如男者亦曰子，然其非王者所命之爵甚显然也。

惟"伯"有一特殊之义，似近于爵。伯者，长也，故族中之大宗曰伯，侯国之领袖亦曰伯。后一名之正式称谓实为"侯伯"。《左传》襄二十八年，"王命尹氏……策命晋侯为侯伯"，谓侯之长也，犹《康诰》之称"孟侯"矣。此名义为天子所致，故曰似近于爵，然其本爵固犹为侯也。以其班列最前，若在侯之上者。

此说既明，便可论第二问题。

诸侯对于天子，义当有贡。《周语》记祭公谋父言五服之区画，谓居甸服者日必有贡，侯服月一贡，宾服三月一贡，要服年一贡，荒服则终其世一贡。其组织层次之严密如此，各方国献纳之多又如此，宜其有郁郁乎文之盛也。

《禹贡》《职方》并古地理书，而《禹贡》名"贡"，《职方》名"职"，盖遍相宇内土地之宜，令其进输有常经。故"职贡"一名为春秋时人所习用。晋之灭虞也，"归其职贡于王"（僖五），郑游吉之对晋人也，曰："以敝邑居大国之间，共其职贡。"（昭三十）皆是也。

春秋之世，王纲解纽，齐、楚、晋、秦、吴、越各争为伯主。其所以争者，非特以会盟执牛耳为荣也，亦以便于榨取弱小。襄二十九年《传》记晋女叔侯之语曰："鲁之于晋也，职贡不乏，玩好时至，……史不绝书，府无虚月。"昭十三年《传》记郑子产争于晋，曰："行理之命无月不至，贡之无艺。……贡献无极，亡可待也！"鲁与郑皆服于晋，而不胜晋之诛求，月必有贡，鲁、郑贡之无艺，晋人府无虚月，质以《周语》之文，是直以王者待晋而以侯服自待。鲁、郑如此，同时他国之服属于伯主者何莫不然，此伯国之所以日侈而小国之民之所以不堪。襄二十七年弭兵之会，子木谓向戌，"请晋、楚之从交相见也"，谓晋所属国亦贡于楚，楚所属国亦贡于晋，易言之，两伯既志在争贡以兴战祸，弱小诸国惟有双方纳贡以求弭患耳。故是时季武子使谓叔孙以公命，曰："视邾、滕。"杜《注》："两事晋、楚则贡赋重，故欲比小国。"即据此一事观之，弱小之受经济侵略，其严重宁可言耶！

小国之贡物不特车乘玩好而已，又有以人户者。定十三年《传》，赵鞅谓邯郸午曰："归我卫贡五百家，吾舍诸晋阳。"杜《注》："十年赵鞅围卫，卫人惧，贡五百家，鞅置之邯郸。"知一为伯国，则子女玉帛惟其所欲矣。

职贡之事，他处材料多零碎，惟哀十三年《传》有系统之说明。黄池之会，吴人将以鲁公见晋公，鲁子服景伯对吴使者曰："王合诸侯，则伯帅侯牧以见于王。伯合诸侯，则侯帅子男以见于伯。自王以下，朝聘玉帛不同。故敝邑之职贡于吴，有丰于晋，以为伯也。今诸侯会，而君将以寡君见晋君，则晋成为伯矣，敝邑将改职贡。鲁赋于吴八百乘；若为子男，则将半邾以属于吴，而如邾以事晋。且执事以伯召诸侯，而以侯终之，何利之有焉！"所谓"如邾"者，哀七年《传》，鲁伐邾，茅夷鸿请救于吴，曰："鲁赋八百乘，君之贰也；邾赋六百乘，君之私也。"明鲁为侯国，邾则子男也。

此文凡列"王、伯、侯、男"四级而各贯其三，故伯帅侯以见王，侯帅男以见伯。王所合者伯与侯，伯所合者侯与男。此政治地位尊卑之异也。侯对王与伯俱有职贡，其量丰；男对伯与侯俱有职贡，其量寡。鲁，侯也，视吴为伯而贡八百乘。若吴帅鲁以朝晋，则晋为伯而吴为侯，鲁惟有降而为男。男位既最卑，则贡于伯者当六百乘，贡于侯者才三百乘耳。此经济负担轻重之别也。此文所述，表现当时诸侯之等级及其于贡赋之关系，至明白矣。

女叔侯言鲁贡于晋，"史不绝书"。而《春秋经》中于职贡之事概乎未之有闻，惟有记天王求赙、求金、求车三事耳。然晋史既书，鲁史不容不书，想笔削之际，以鲁与晋、楚、吴同为列侯，分不当供职贡，故删汰之也。故苟但以《春秋经》治《春秋》史，则当时之中心问题将不可知。《左氏书》之传，洵《春秋》史之大幸而刘歆之大功哉！

# 书 社

《史记·孔子世家》云："楚昭王兴师迎孔子，……将以书社地七百里封孔子。"按孔子一生未至楚，书社亦不能以里计，崔述于《洙泗考信录》辨之，是也。予前作《春秋时代的县》（《禹贡》七卷六期），亦尝考核及之。今乃悟此为齐国特有之地方制度，非他国所同然。

《左传》昭二十五年，齐景公谓鲁昭公："自莒疆以西，请致千社，以待君命。"请致社鲁君者为齐，一也。

哀十五年《传》，子服景伯对陈成子云："昔晋人伐卫，齐为卫故，伐晋冠氏，丧车五百，因与卫地，自济以西，禚、媚、杏以南，书社五百。"与卫地者为齐，二也。

《晏子春秋·杂下篇》云："昔吾先君桓公以书社五百封管仲。"《荀子·仲尼》篇云："齐桓公……见管仲之能足以托国，……与之书社三百，而富人莫之敢距也。"数目虽异，齐以书社封管仲则同，三也。

《吕氏春秋·知接篇》云："公（齐桓）又曰：'卫公子启方事寡人十五年矣。……'明年，公有病，……卫公子启方以书社四十下卫。"启方取齐之书社以归卫，四也。

盖齐之地方制分析最小，故齐侯锡叔夷以县三百（《叔夷钟铭》），锡鼍叔以邑二百九十九（《子仲姜宝镈铭》），而管仲且夺伯氏骈邑三百（《论语·宪问》），此所谓"县"与"邑"者疑即书社之异名耳。

后人不察此制所自，推之于其他国家，以为莫不如此，而《吕氏春秋》遂云越有书社（《高义》），《史记》更以为楚亦有书社矣。若谓齐与他国不妨同其制度，则以《左传》记载之繁富，何得于他国不一言耶！

又按《管子·版法解》云："武王伐纣，士卒往者人有书社。"《商君书·赏刑篇》云："汤与桀战于鸣条之野，武王与纣战于牧野之中。大破九军，卒裂土封诸侯，士卒坐陈者里有书社，……此汤、武之赏也。"《吕氏春秋·慎大览》云："武王……入殷，……三日之内，与谋之士封为诸侯，诸大夫赏以书社，庶士施政去赋。"皆谓汤、武得天下后，以书社赏从战之士卒与大夫，更推此制于千载之前，实则齐东之野语也。

# 古代兵刑无别

《尧典》载舜敕命皋陶之辞曰："蛮夷猾夏，寇贼奸宄，汝作士，五刑有服，五服三就……"《史记集解》引马融《注》云："士，狱官之长。五刑，墨、劓、剕、宫、大辟。三就，谓大罪陈诸原野。次罪于市朝，同族适甸师氏，既伏五刑，当就三处。"按马《注》训士为狱官，非也。墨、劓等五刑皆为市朝之刑，固狱官所司，但何为而又有"陈诸原野"之大罪？且此五种刑以治"奸宄"则可，又何当于"蛮夷猾夏"？盖《尧典》此文实由古代兵刑不分而来，马融生于兵刑已分之后，遂错解之耳。

夫蚩尤造兵，苗民制刑，今日视之，截然不同，而《吕刑》乃连类述之，以为其事相承而来，证一矣。《左传》僖二十五年，苍葛呼曰："德以柔中国，刑以威四夷。"夫膺惩四夷者惟兵，何为曰"刑"？是则刑即兵可知。证二矣。《晋语六》记范文子语曰："君人者刑其民，成而后振武于外，是以内和而外威。……夫战，刑也，刑之过也。"刑之为用，于内致和，于外振威，故战即为刑之一部。证三矣。《鲁语上》记臧文仲之言曰："刑五而已：大刑用甲兵，其次用斧钺；中刑用刀锯，其次钻笮；薄刑用鞭扑，以威民也。故大者陈之原野，小者致之市朝，五刑三次。"夫甲兵斧钺，战所用也，故曰"陈之原野"，原野即战场也，明以征伐为大刑。刀锯、钻笮、墨、劓、剕、宫、大辟所用也。"刑人于市，与众弃之"，惟大辟致之于市。墨、劓、剕、宫及鞭扑则在朝之刑。三次者，原野为一，市为一，朝为一。是证四矣。马融合市、朝为一，又依《周官》增甸师氏，误甚。《尧典》之出已迟，此数言疑即本之《鲁语》，犹得古代兵刑不别之实，故命皋陶为士而畀以征诛之权也。又按，《鲁颂·泮水》，平淮夷之诗也，其五章曰："明明鲁侯，克明其德。既作泮宫，淮夷攸服。矫矫虎臣，在泮献馘。淑问如皋陶，在泮献囚。"此审讯所虏获者，乃战败国之士卒，非罪人也，而独举皋陶以颂问官，亦兵刑合一之证，知皋陶不仅作狱官矣。

或曰：两周列国有司马之官主军旅，又有司寇之官主刑罚，何也？曰：万事莫不由渐而变。兵刑不分，古代之事也，兵刑分而为二，秦汉以下之事也。周介其间，必有同乎古代而未全变者，亦必有开始蜕化而已略同乎秦汉以下者，言固不可以一端泥。况司寇主刑罚而厥名曰"寇"，仍未脱兵戎之面目乎！

## 贵族与平民之升降

春秋时由贵族降为平民之实例，于《左传》中凡得三条。哀二年："周人与范氏田，公孙尨税焉。赵氏得而献之。吏请杀之。赵孟曰：'为其主也，何罪！'"公孙尨为范氏之臣，故为其主税田，而其氏公孙，明系公族也。哀七年："曹伯阳即位，好田弋，曹鄙人公孙强好弋，获白雁，献之，且言田弋之说，说之。因访政事，大说之。有宠，使为司城以听政。"公孙强为野鄙之人，而亦氏公孙，知曹之公族有降于畎亩间者，然以其先世曾为贵族，故能言政事，曹伯悦之而授以政，则又由平民升为贵族，开张仪、虞卿之先例矣。哀十六年，白公胜谓石乞曰："市南有熊宜僚者，若得之，可以当五百人矣。"按熊为楚王之氏，明宜僚为楚公族，然其人居于市南，白公欲借其力以报仇，与荆轲，聂政同其求索，是亦一平民矣。合之僖三十三年之"冀缺耨"及昭三年之"栾、郤、胥、原、狐、续、庆、伯降在皂隶"诸条，足见彼时贵族失位降为平民之事固甚普遍。

又定九年《传》："鲍文子谏曰：'臣尝为隶于施氏矣，鲁未可取也。'"鲍文子于鲁为施氏之臣，于齐乃居大夫之位，或当时地位可以自由升降者耶？

又哀十六年《传》："子伯季子初为孔氏臣，新登于公。"杜《注》："升为大夫。"《论语·宪问》云："公叔文子之臣大夫僎与文子同升诸公。"文子以己之家臣荐升公朝，与己同列。定八年《传》："阳虎欲去三桓，以……己更孟氏。"是其欲自家臣升作世卿。是皆春秋末年突破阶级制度之好例。《鲁语上》云："晋文公解曹地以分诸侯。僖公使臧文仲往，宿于重馆。重馆人告曰：'晋始伯而欲固诸侯，故解有罪之地以分诸侯，诸侯莫不望分而欲亲晋，皆将争光。……若少安，恐无及也。'从之，获地于诸侯为多。反，既复命，为之请曰：'地之多也，重馆人之力也，……请赏之！'乃出而爵之。"韦《注》："重，鲁地。馆，侯馆也。人，守馆之隶也。出，出之于隶也。爵，爵为大夫也。"其说果信，则当晋文之世已有出于隶而爵为大夫之事，阶级制之倒坏又不待春秋末也。

## 武士与文士之蜕化

吾国古代之士，皆武士也。士为低级之贵族，居于国中（即都城中），有统驭平民之权利，亦有执干戈以卫社稷之义务，故谓之"国士"以示其地位之高。《左传》成十六年叙鄢陵之战，"伯州犁以公卒告王，苗贲皇在晋侯之侧，亦以王卒告，皆曰：'国士在，且厚，不可当也。'"明"公卒"皆以"国士"充之，犹后世之侍卫也。后世无此一阶级，乃以国士之名移称最勇敢之将士。又《左传》昭二十七年云："楚……师救潜，左司马沈尹戌帅都君子……以济师。"《吴语》云："越王……以其私卒君子六千人为中军。"谓之"君子"与"都君子"者，犹曰国士，所以表示其贵族之身分，为万民所仰望者也。

《孟子》曰："设为庠、序、学、校以教之，……序者射也。"其实非特序如此，他三名皆然。校即校武之义，今犹有"校场"之称。庠者，《王制》言其制曰："耆老皆朝于庠，元日，习射上功。"是庠亦习射之地。学者，《静敦》铭曰："王命静司射学宫。"又曰："射于大沱，静学无斁。"知所谓学者即射，学宫者即司射之地耳。（达巷党人叹孔子之"博学"，而孔子以射御之事当之，犹承此意。）《周官》大司徒以乡三物教民，"三曰六艺：礼、乐、射、御、书、数"，而《礼》有《大射》《乡射》，乐有《驺虞》《狸首》，御亦以佐助田猎，皆与射事发生关联。其所以习射于学宫，驰驱于郊野，表面固为礼节，为娱乐，而其主要之作用则为战事之训练。故六艺之中，惟书与数二者乃治民之专具耳。

儒家以孔子为宗主，今试就孔子家庭及其门弟子言之。《左传》襄十年记晋、鲁诸国围偪阳，"偪阳人启门，诸侯之士门焉；县门发，郰人纥抉之以出门者。"纥为孔子父，县门今谓之闸，偪阳人诱敌启门，及诸侯之士既集，忽下闸以闭之，截其众为二，叔梁纥独力抉门以出被闭者，其勇可知也。《吕览·慎大》云："孔子之劲，举国门之关，而不肯以力闻。"此疑由其父抉门故事之传讹，而自遗传言之要亦有此可能。观《论语》记孔子言曰："君子无所争，必也射乎。"（《八佾》）又曰："吾何执？执御乎，执射乎？吾执御矣。"（《子罕》）《礼记·射义》亦云"孔子射于矍相之圃，盖观者如堵墙"，知孔子于射御之事俱优为之。有若，似孔子者也，哀八年《传》，吴伐鲁，"微虎欲宵攻王舍，私属徒七百人，三踊于幕庭，有若与焉"，则亦敌忾御侮之壮士也。冉有，孔子许以政事者也，哀十一年《传》，齐伐鲁，"季孙之甲七千，冉有以武城人三百为己徒卒，老幼守宫，次于雩门之外"，则亦率师赴难之勇将也。《史记·孔子世家》记其事曰："冉有为季氏将帅，与齐战于郎，克之。季康子曰：'子之于军旅，学之乎，性之乎？'冉有曰：'学之于孔子。'"使其言信，则孔子固知兵，卫灵公问陈而答以"军旅之事未之学"者，其托词矣。至于子路之勇，《论语》中屡状之，哀十五年《传》写其"结缨而死"之事，更为可歌可泣之武士典型。《世家》又云："公叔氏以蒲畔，蒲人止孔子。弟子有公良孺者……有勇力，谓曰：'……宁斗而死！'斗甚疾，蒲人惧，"因以解围。此言而实，孔门又多一敢死之士矣。孔子答子路问成人，其条件之一曰："卞庄子之勇；"又言其次焉者，曰："见危授命。"（《宪问》）足见其时士皆有勇，国有戎事则奋身而起，不避危难，文武人才初未尝界而为二也。

自孔子殁，门弟子辗转相传，渐倾向于内心之修养而不以习武事为急，浸假而羞言戎兵，浸假而惟尚外表。《荀子·非十二子》篇云："弟佗其冠，神禫其辞，禹行而舜趋，是子张氏之贱儒也。正其衣冠，齐其颜色，嗛然而终日不言，是子夏氏之贱儒也。偷儒惮事，无廉耻而耆饮食，必曰'君子固用力'，是子游氏之贱儒也。"子张、子夏、子游之本身固未必如此，然其末流之弊至于如此则可信。夫曰"终日不言"，曰"固不用力"，而专注意于衣冠、辞色、饮食之间，以与春秋之士较。画然自成一格局，是可以觇士风之丕变矣。其最显著者，则为孟子所记冯妇事。《尽心下》云："晋人有冯妇者，善搏虎，卒为善士。则之野，有众逐虎，虎负嵎莫之敢撄；望见冯妇，趋而迎之。冯妇攘臂下车，众皆悦之；其为士者笑之。"夫虎食人伤物，搏虎除害正是武士本分，然冯妇以"为善士"而不复搏虎，冯妇救人于野而"为士者笑之"，则当时人心目中所谓"善士"者岂非即荀子所讥为一事不作之"贱儒"乎！此辈善士相竞于禹行舜趋而轻笑兴利除害之徒，不特无用而已，直无丝毫同情心可言，正孟子所谓"无恻隐之心，非人也"，胡为而孟子亦以冯妇为当笑耶！冯妇，晋人也，山居之民宜乎刚劲，而其气质犹不胜环境之压迫而变化若此。然则居于平原之齐、鲁、宋、卫间人物可知矣。

讲内心之修养者不能以其修养解决生计，故大部分人皆趋重于知识能力之获得。盖战国时有才之平民皆得自呈其能于列国君相，知识既丰，更加以无碍之辩才，则白衣立取公卿矣。公卿纵难得，显者之门客则必可期也。《吕氏春秋·博志篇》曰："宁越，中牟之鄙人也，苦耕稼之劳，谓其友曰：'何为而可以免此苦也？'其友曰：'莫如学，学三十岁则可以达矣。'宁越曰：'请以十五岁：人将休，吾将不敢休，人将卧，吾将不敢卧。'十五岁而周威公师之。"宁越，农夫，本无所知，又未有求知之冲动，何以竟肯孳孳矻矻至十五年之久？亦曰可因是以求官，视学术为敲门砖耳。《史记·苏秦传》曰："出游数载，大困而归，兄弟嫂妹妻妾窃皆笑之，曰：'周人之俗，治产业，力工商，逐十二以为务，今子释本而事口舌，困，不亦宜乎！'苏秦闻之而惭，自伤，乃闭室不出，出其书遍观之，曰：'夫士业已屈首受书，而不能以取尊荣，虽多亦奚以为！'……期年以出揣摩，曰：'此可以说当世之君矣！'"宁越不务农，苏秦不务工商，而惟以读书为专业，揣摩为手腕，取尊荣为目标，有此等人出，其名曰"士"，与昔人同，其事在口舌，与昔人异，于是武士乃蜕化为文士！

然战国者，攻伐最剧烈之时代也，不但不能废武事，其慷慨赴死之精神且有甚于春秋，故士之好武者正不少。彼辈自成集团，不与文士溷。以两集团之对立而有新名词出焉：文者谓之"儒"，武者谓之"侠"。儒重名誉，侠重意气。墨子之徒可使赴汤蹈火，田横之客闻横死而自刭者五百人，意气之极度表现也。鲁仲连曰："所贵于天下之士者，为人排患、释难、解纷乱而无所取也。"其所谓"天下之士"，恰立于孟子所谓"善士"之反对地位。吾人读《史记·刺客》《游侠》诸列传，见其视人如己，视死如归，千载之下犹禀禀有生气，而为之大感动。然此等人岂突生于战国时耶！古代文武兼包之士至是分歧为二，惮用力者归儒，好用力者为侠，所业既专，则文者益文，武者益武，各作极端之表现耳。《中庸篇》云："宽柔以教，不报无道，南方之强也，君子居之。衽金革，死而不厌，北方之强也，而强者居之。"此正为儒侠两种面目写照。分之为南北者，燕、赵、秦之士居太行、崤函，其性悍，多为侠；齐、鲁、宋、卫居济、淮流域，其性柔，多为儒也。《韩非·五蠹》云："儒以文乱法；侠以武犯禁。"则就儒、侠对于国家社会之影响言之。

　　儒、侠对立，若分泾、渭，自战国以迄西汉殆历五百年。《史记·郦食其传》记郦生谒沛公，"沛公方洗。问使者曰：'何如人也？'使者对曰：'状貌类大儒，衣儒衣，冠侧注。'沛公曰：'为我谢之，言我方以天下为事，未暇见儒人也。'使者出谢，……郦生瞋目案剑叱使者曰：'走，复入言沛公！吾，高阳酒徒也，非儒人也！'使者惧，……复入报曰：'客，天下壮士也！……'沛公遽雪足杖矛曰：'延客入！'"又《叔孙通传》云："通之降汉，从儒生子弟百余人，然通无所言进，专言诸故群盗壮士进之，子弟皆窃骂。……（通）曰：'汉王方蒙矢石争天下，诸生宁能斗乎！故先言斩将搴旗之士。诸生且待我！'"此两事皆绘形绘色，分野显然。及汉代统一既久，政府之力日强，厌游侠之不驯难制，景帝诛周庸，武帝族郭解，而侠遂衰；举贤良，立博士，而儒益盛。然灌夫一流人犹不喜文学而好任侠，迄哀、平间犹有原涉、漕中叔等以侠名。范晔作史，不传游侠，东汉而后遂尔无闻。然儒显于上，侠匿于下，近世有邦会，隐若绍其绪者。第其人以武犯禁则有余，杀身成仁则不足，且上层分子加入者仅，与古代所谓"国士"与"都君子"者适反其道。至于掌握政权者皆由读书而来，肩不能担，背不能负，一旦失业更无他技可以自活，故贪污以起，皆借权势以资其储蓄，此孟子所谓"无恒产者无恒心"也。呜呼，观于士之演变之迹而吾民族强弱之理亦大可见矣！

## 商人释名

### ——与吴庆鹏同学书

三十一，二，十四，成都

庆鹏同学：

　　前在重庆得来书，甚欲贡其意见，而困于人事，卒卒无执笔之暇。顷回崇义桥，尘劳稍息，因即书此以报。

承询"商人"问题，此语虽我所曾言，而此义则非我所发，最早提出此一义者，为徐中舒先生。渠于民国十六、七年间作《从古书中推测之殷周民族》一文，刊入清华大学《国学论丛》第一期（《朱芳圃《商史编》第一卷亦收入）。文中有云："周公迁殷民于成周。成周居四方之中，可耕之土田少，又压迫于异族之下，力耕不足资生存，故多转而为商贾。商贾之名，疑即由殷民而起。……商为异族，故周人贱之。其后汉律贱商，即由此意衍出。"二十三年，胡适之先生作《释儒》（《胡适论学近著》第一集），承其说云："大概周士是统治阶级的最下层，而殷士是受治遗民的最上层。一般普通殷民自然仍旧过他们的农工商的生活。……商之名起于殷贾，正如儒之名起于殷士。"此固一种猜想。而弥觉其可能性之不弱。

罗蔗园先生根据旧说驳正，自有其立足点。惟《周礼》非西周之书，已有定论，其分商与贾为二不足以说明古代之事实。《说文》之赍，周金文中但用作赏赐之赏。至于殷金文及甲骨文中，则赏赐字亦作商。《殷契佚存》中载宰丰刻辞曰："商戠兕"，即赏戠以兕。《续殷文存》中所载尤多，如"王商宗唐豊贝二朋"（六），"王先商□□贝"（四八）皆是也。

容希白先生《金文编》云："赍，古作商，不从贝。《般甗》，'王商作册般贝'，即《书·费誓》'我商赍汝'之商。……《说文》，'赏，赐有功也。赍，行贾也。'今经典赏赐字皆作赏，而金文作赍，是赍为赏赐之专字，行贾之训殆不然矣。"故自殷言之，商与赍非异字；自周言之，则赍与商虽别，而赍仍非商贾之谊。叔重之说，两无所当。其所立者既已破，则赍与贾非对待名词可知。行卖者为商，坐卖者为贾，此盖汉人妄生分别之解释。试观罗先生所举"肇牵车牛远服贾"一言，牵牛远行而曰服贾，不曰服商，则此说之不能成立已无疑义。又《左传》昭十六年载买环事，先曰"郑商"，次曰"贾人"，继曰"商人"，一人也，一时也，而忽商忽贾无定准若此，亦可知其绝无行与坐之别矣。

按《酒诰》云："妹土，嗣尔股肱，纯其艺黍稷，……肇牵车牛远服贾。"妹土为商之都邑，《酒诰》为武王诰康叔治商民之辞。武王述妹土之民之职业不为艺黍稷之农，则为牵车牛之贾，是商遗民之为贾有明证矣。贾为职业之称，商为作此职业者之族类，似为可信。《左传》昭十六年记子产之言曰："昔我先君桓公与商人皆出自周，庸次比耦以艾杀此地，斩之蓬蒿藜藋而共处之，世有盟誓以相信也，曰：'尔无我叛，我无强贾，毋或丐夺；尔有利市宝贿，我勿与知。'恃此质誓，故能相保以至于今。"郑桓公迁国于虢、郐之间，商人为之斩蓬蒿以立国，此即"艺黍稷"也；商人有利市宝贿，此即"牵车牛"也。明商代既亡，其民职业不出农与贾二途，故周王戒妹土之民云然，郑桓公建新国亦云然。

《左传》记贾人之故事凡三。其一为僖三十三年犒秦师之"郑商人"弦高，其二为成十三年谋脱荀罃之"郑贾人"，其三为昭十六年韩宣子买环之"郑商"；皆郑人也。弦高自郑以适周，为荀罃谋之郑贾初在楚，已而如晋，其后适齐，知郑商人之足迹东西南北无不至。郑之商业何以如此发达？其商路何以如此广远？则以其国居天下之中，利于四达，又居晋、楚大国之间，楚材多晋用，宜于转贩；而郑桓公之开国，与商人盟誓以相信相保，使其得国家之保护，不受非法之摧残，亦一重要之理由也。

048

至于成周，则周公迁殷顽民之大本营，其服贾者当更多。《史记·苏秦传》曰："苏秦者，东周雒阳人也，……出游数岁，大困而归。兄弟嫂妹妻妾皆窃笑之，曰：'周人之俗，治产业，力工商，逐什二以为务。今子释本而事口舌，困，不亦宜乎！'"又《货殖传》曰："周人既纤，……贫人学事富家，相矜以久贾，数过邑不入门。"《汉书·地理志》亦曰："周人之失，巧伪趋利，贵财贱义，高富下贫，喜为商贾，不好仕宦。"凡此诸端，皆见成周人之服贾有长期之训练与经营，故能化民成俗若此。观汉初用强本弱末之术，迁齐诸田于关中，而《货殖传》云："关中富商大贾大抵尽诸田，"则以后例前，殷顽固当如此耳。

惟徐中舒先生谓"成周居四方之中，可耕之土田少，又压迫于异族之下，力耕不足资生存，故多转而为商贾"，私意以为未尽然，观上文所引《酒诰》及子产之言，商人亡国后农贾并事可知。郑近于成周，而当西周之末，尚庸次比耦以艾杀，斩蓬蒿藜藋而共处，则可耕之土田尚不少又可知。故鄙意，商人之多为贾人，当归根于周室之政治方案。

《尚书·多士篇》，周公告商王士之言也，其言曰："今尔又曰：'夏迪简在王庭，有服在百僚。'予一人唯听用德。……非予罪，时维天命。"此商士谓殷革夏命之后，夏士多为商王所简拔而列于百僚，何周革殷命而不依先例。周公乃斥之曰：以尔不德故不用，此非我之罪，乃天命如此耳。《多方篇》，周公告商之与国及商遗民者也，其言曰："尔乃自时洛邑，尚永力畋尔田，天惟畀矜尔，我有周惟其大介赉尔，迪简在王庭，尚尔事，有服在大僚。"此周公谓商民如肯安于力耕以得天之矜怜，我周室自将大赏而位之王庭也。夫商士求官而周公以为天命所不予，商人迁洛而周公谓必俟天矜之后乃得为官，周王庭与商王士绝缘可知矣。盖周人富于组织力，又多干材，克商之后，外而封国，内而王朝，皆一族所独占，不必藉胜国遗民之力以平治天下，遂使商士无从政之机会。（按商臣转为周臣者，据战国而下记载，有辛甲、向挚，皆史官，有太师疵，少师强，皆乐官，与政权无与。《酒诰》有"殷献臣"及"殷之迪诸臣惟工"语，当指殷之旧臣而言，非新朝佐命也。）故商人对周，似不恨其革商之命而惟怨其不肯如夏士之迪简在王庭，换言之，即以周人之政权不公开而致其愤。周公对付彼辈之术，则惟有称天以临之，归其责于冥漠之中，以杜塞遗黎无穷之口。然天何言哉，所谓"畀矜"云者终不过一纸不兑现之支票耳。是则周室对于商人早有其政治方案无疑也。

周王虽不予商人以政权，却未尝夺取商人之产业，故《多士》《多方》篇中一则曰"尔乃尚有尔土，尔乃尚宁干止"，再则曰"今尔惟时宅尔邑，继尔居"，三则曰"今尔尚宅尔宅，畋尔田"。商人拥有优厚之田园而不得作政治活动，愚拙者固务其农耕，才俊之士不安于保守，则起而服贾，仗其财力，比于封君，亦得与政权相抗衡。此商人之所以多为贾人，贾人之所以号为"商人"也欤？

以一代之名为一类人之通名者昔有之矣，汉是也。汉本刘氏之代名，而五胡称华夏之名曰"汉儿""汉子"，遂衍为"老汉""穷汉""好汉"，成男子之通名。以一姓为一类人之通名者亦有之矣，姬是也。姬本周人一族之姓，至战国、秦、汉之间而推广之于他族，因有"越姬""虞姬"，遂衍为"姬侍"，"宠姬"，作妾媵之通名矣，商为代名而转为贾人之类名，毋乃类是？

抑更有进者，安阳殷墟自经大规模之发掘，克睹其遗物之繁富与文化之高超。李济之先生于《六次工作之总估计》（《安阳发掘报告》第四期）文中尝谓"殷人能采南国之金，制西方之矛，捕东海之鲸，游猎于大河南北",识其文化为多元。又谓"出土品确与中亚及西亚有关者为青铜业、矛、空头镞等,显然与南亚有关者为肩斧、锡、稻、象、水牛等"。又商人用玉孔多,既取之为玩好,复系之为服佩,又登之于祭祀。《周书·世俘》记纣环天智玉五及他玉四千以自焚,俘玉至亿有百万,虽未必为信史,而当时人之生活与玉发生密切关系可知。然玉出昆仑,其地在今甘肃、青海间,离商绝远。他如松绿石、黄金、大龟,诸发掘所得,或出西北,或出江南,均非其本国所有。夫此类文化之传播,物品之运输,或由间接而来,如邛竹杖之由身毒入大夏。或由朝贡而至,如切玉刀、火浣布之达于魏文帝,皆未可知。然物以间接来者必介以商,汉之未通西南夷也,蜀民已窃出商贾,由夜郎以通南越,南越食唐蒙以蜀枸酱矣。其以朝贡至者,信使往来则贸易随之,故匈奴与汉和亲,而中行说谓单于曰:"汉物不过什二,则匈奴尽归于汉。"夫入胡之汉物岂尽汉帝所遗哉,贾人之力为之也。以商代交通之广远,农桑及陶铜诸工之发达,料想当其未亡之际即已具有綮然之商业。且运输之事赖乎服牛乘马,而王亥作服牛远在成汤之前八世,是商人之业贾又必不待至迁殷之后。然则商亡而其遗民多为贾者,一方面诚因新朝压力之严重,一方面亦由其商业基础之巩固。此犹诸田入关,为大贾甲关中,亦以齐国擅桑麻鱼盐之利,当其未入关时即已手握一国之富,深娴居积逐时之术矣。

上所说者倘有当乎?幸与罗先生更商讨之。

### [附一] 吴庆鹏君来书

颉刚师座有道:自违尊颜,时切遥思。仰望蜀中,无任神往。忆前在云大听授《上古史》时,吾师尝云今之"商人"(即做买卖者)一词源于商朝遗民,盖彼辈亡国后既无权过问军政,于是择取贸易之业以为生,因是周之民皆谓司贸易者为商人矣。百代而下,习而称焉。今春受业服务大夏,且为校内文史研究室编《文史半月刊》,重申吾师教言,作《商人名词溯源》一文揭载。不久,有罗蔗园君提出异议。惜此间甚少参考书,致未能与之详辩,仅略作书面答复而已。但迄今受业对此问题仍惑而不知其所以然。近幸探悉吾师讲学中大,谨附原函呈览,乞不吝赐教，以启蒙愚为幸。候复，即叩教安。

受业吴庆鹏拜上。
三十年十一月八日，贵阳大夏大学

**［附二］罗蔗园君《商人非商朝遗民考》**

予读《文史》第二号吴庆鹏君《商人名词溯源》一文，窃以为"商人""商民"等名词未见经传，所见者仅"商旅""商贾"等而已。因取《周礼·天官·大宰篇》读之，觉周代于商贾之事有教有治，其为商贾计者纤悉必备，而当时之商贾亦无从垄断市场。因杂考诸书以释之。

按商朝之商字，《说文》属冏部。商人之商字，《说文》作賨，与贾人之贾为对待名词，均属贝部。《广韵》云："本作賨，俗作商，非"者是也。《周礼·天官·大宰》九职："六曰商贾，阜通货贿。"注："行曰商，处曰贾。"《司市》下则云："凡市伪饰之禁在民者十有二，在商者十有二，在贾者十有二，在工者十有二。"均以民、工、商、贾相提并论。《易·复卦》则云："商旅不行。"《说文》賨下注云："行贾也"；贾下注云："市也；一曰坐卖售也。"均足证明行商处贾之义。

又贾即价值之价。《论语》："求善贾而估诸。"《类篇》贾下云："售直也。"至《书·酒诰》云："肇牵车牛远服贾。"则贾亦通乎商。《左传》桓十年："吾焉用此贾害。"注："贾，买也"，则贾亦不尽为坐卖售者矣。观于上列诸证，则商人之商与商代之商，字意各别，其非商朝遗民也明甚。惟商人、商民等名词之始见者为何书，则尚有待于贤达之考证耳。

五月二十七日，于安顺面粉合作社。

# 女子服兵役

《墨子·备城门》篇云："守法：五十步，丈夫十人，丁女二十人，老、小十人；计之，五十步四十人。"又云："广五百步之队，丈夫千人，丁女子二千人，老、小千人，凡〔四〕千人，而足以应之。此守术之数也。"《号令》篇云："诸男女有守于城上者，什六弩四兵，丁女子、老、小人一矛。……女子到大军，令行者男子行左，女子行右，无并行，皆就其守，不从令者斩。"是古代女子亦服兵役，执干戈，且从事守城者倍多于丈夫也。《备城门》篇又云："诸作穴者五十人，男女相半。"是军中工事，女子与男子同等操作也。《号令》篇又云："男子有守者，爵人二级。女子赐钱五千。男、女、老、小先分守者，人赐钱千。复之三岁，无有所与，不租税。此所以劝吏民坚守胜围也。"女子不可得爵，故虽有守城之功，只赐钱也。

与《墨子》之言相应者有《商君书》。其《去疆篇》云："疆国知十三数：竟内仓口之数，壮男、壮女之数，老、弱之数。……"《境内篇》云："四境之内，丈夫、女子皆有名于上……"何以壮男之外犹登记壮女、老、弱之数与名也？《兵守篇》云："壮男为一军，壮女为一军，男女之老弱者为一军，此之谓三军也。壮男之军，使盛食厉兵，陈而待敌。壮女之军，使盛食负垒，陈而待令，客至而作土以为险阻，及耕格阱，发梁撤屋，给从从之，不洽而燔之，使客无得以助攻备。老弱之军，使牧牛马羊彘，草木之可食者收而食之，以获其壮男女之食。"是则战斗之事，壮男主之；工作之事，壮女主之；饷糈之事，老弱主之。壮女之工作，有筑土、撤屋、纵火等等，凡不直接参加战斗而可用种种方法以妨碍敌人之进展者皆壮女一军之所有事也。《兵守篇》又云："慎使三军无相过。壮男过壮女之军，则男贵女而奸民有从谋而国亡喜，与其恐有蚤闻，勇男不战。壮男、壮女过老、弱之军，则老使壮悲，弱使强怜，悲怜在心则使勇民更虑而怯民不战。故曰：慎使三军无相过，此盛力之道。"此即《墨子》所云"女子到大军，令行者男子行左，女子行右，无并行，隔绝男女壮弱以祛其不战之心也。《墨子》但言其事，《商君书》更陈其理，益明白矣。

一部《左传》中记事不少，而绝未有壮女服兵役之痕迹。仅哀十一年，齐伐鲁，鲁人"老幼守宫"，似有符于老弱之军而已。揣想之，殆战国时常作大规模之战争，丁男不足，以丁女继之，壮年不足，以老弱继之，必至全国动员而后已，乃有此等变古之组织。《墨子》《商君》两书，古今人已提出若干问题，谓非墨子、商君自著，甚或出于汉人之手。（见朱希祖《墨子备城门以下二十篇系汉人伪书说》等文。）然战国、秦、汉时代密迹，但能写得当时社会之真相，即为珍贵之材料，其著作者为谁何固不必加以甚深之计较也。

以战国事证之，知《墨》《商》所言固实。《史记·田单传》云："田单知士卒之可用，乃身操版插，与士卒分功，妻妾编于行伍之间，尽散饮食飨士，令甲卒皆伏，使老弱女子乘城。"又《平原君传》云："秦急围邯郸，邯郸急，且降，平原君甚患之。……李同说平原君曰：'……今君诚能令夫人以下编于士卒之间，分功而作，家之所有尽散以飨士，士方其危苦之时易德耳。'……邯郸复存。"田单、平原皆贵族也，其妻妾尚可以编行伍，则平民可知矣。

至楚、汉间，亦复如是。《史记·项羽本纪》云："楚、汉相持未决，丁壮苦军旅，老弱罢转漕"，知转漕为老弱之军之任务也。又云："于是汉王夜出女子荥阳东门，被甲二千人，楚兵四面击之。"其事亦见《陈丞相世家》，云："陈平乃夜出女子二千人荥阳城东门，楚因击之，陈平乃与汉王从城西门夜出去。"此即壮女之军，本不作战，特欲以给项王，夜令被甲以出，楚师不晓，从而击之，汉王乃得与其骑脱走成皋耳。此女子凡二千人，数不为少，若非平时组织训练有素，何以能被甲假作男子耶！

《列女传·鲁漆室女篇》云："三年，鲁果乱，齐、楚攻之，鲁连有寇，男子战斗，妇人转输，不得休息。"是则壮女亦作老弱之事，从事于挽运粟刍。《汉书·严助传》谓秦时"丁男被甲，丁女转输"，是漆室女事虽未必实，而女子之为军事转输工作则固战国、秦、汉间所确有者也。

## 宦士宦女

《越语上》记勾践"宦士三百人于吴，其身亲为夫差前马"。前马，今吴中谓之"顶马",所以开路者。宦士,韦《注》:"将三百人以入事吴,若宦竖然。"则即供使令之奴隶也。《左传》宣二年,灵辄"宦三年矣",而犹饿于翳桑之下,可知其非尊贵之职。《礼记·曲礼》"宦学事师",盖即如今工商业中之学徒,执贱役以事其师,于服劳之余学得若干技能耳。《左传》僖十七年:"惠公之在梁也,梁伯妻之。梁嬴孕,过期,卜招父与其子卜之,其子曰:'将生一男一女。'招曰:'然,男为人臣,女为人妾。'故名男曰圉,女曰妾。及子圉西质,妾为宦女焉。"所谓宦女,犹今言婢女也。宦士宦女,文正相对。

## 委质为臣

古者相见必有"质",文亦作"挚"与"贽"。《仪礼·士相见礼》记宾主奉挚、受挚、还挚之礼綦详,其物则曰:"冬用雉,夏用腒。"腒者,干雉也。《尧典》记舜巡守四岳,诸侯来觐,"五玉、三帛、二生、一死贽"。二生者,羔与雁,一死者,雉也。《论语·述而》:"子曰:'自行束修以上,吾未尝无诲焉。'"修,牛脯也,十脡为束。孔子举之,以示不以物薄而吝教诲,则一束之牛脯为至薄之贽仪矣。

惟臣于君亦然,凡投身为臣者必先委质,君受之而书其名于策,名分遂定。《士相见礼》之《记》云:"始见于君,执挚至下,容弥蹙。庶人见于君,不为容,进退走。士大夫则奠挚。再拜稽首,君答一拜。"郑《注》:"庶人之挚,鹜。"又云:"若他邦之人,则使摈者还其挚。"贾《疏》:"君所不臣。礼无受他臣挚法。"《孟子·万章下》:"在国曰'市井之臣',在野曰'草莽之臣',皆谓庶人。庶人不传质为臣,不敢见于诸侯,礼也。"又《滕文公》下:"古者不为臣不见。"读此数条,知凡君所臣之人,其阶级虽有大夫士庶之差,皆当有挚;其不为臣者,虽奉贽而不受也。

既委质为臣矣,则对于其君必竭力致死,无有二心。《左》《国》所载,有大足感动者。《左传》僖二十三年,晋怀公命朝臣之家属不得从重耳出亡,以狐突不召其子毛及偃而执之。狐突对曰:"子之能仕,父教之忠,古之制也。策名委质,贰乃辟(罪)也。今臣之子,名在重耳,有年数矣。若又召之，教之贰也。父教子贰，何以事君……"公遂杀之。襄二十三年《传》，晋栾盈及其士潜归曲沃，胥午伏之而觞曲沃人，"乐作，午言曰：'今也得栾孺子何如？'对曰：'得主而为之死，犹不死也！'皆叹，有泣者。爵行，又言；皆曰：'得主，何贰之有！'"栾盈知其可用，出而遍拜之，遂帅曲沃之甲入绛。《晋语九》，晋中行穆子灭鼓，执鼓子苑支归，"今鼓人各复其所，非僚勿从。鼓子之臣曰夙沙厘，以其孥行。军吏执之。辞曰：'我君是事，非事土也。名曰"君臣"，岂曰"土臣"！今君实迁，臣何赖于鼓！'穆子召之曰：'鼓有君矣，尔心事君，吾定而禄爵。'对曰：'臣委质于狄之鼓，未委质于晋之鼓也。臣闻之，委质为臣，无有二心。委质而策，死，古之法也。君有烈名，臣无叛质，敢即私利以烦司寇而乱旧法！'"穆子敬叹，乃使之行。由上述三事观之，则委质为臣，不以生死易其志，盖有如此。从知当时封疆之内之所以得团结为一者，原非由于国家意识之强烈，而实赖其忠君观念之坚定。狐突曰："策名委质，贰乃辟也。"孔《疏》："策，简策也。……古之仕者于所臣之人，书己名于策，以明系属之也。"夙沙厘曰："委质而策，死，古之法也。"韦《注》："言委贽于君，书名于册，示必死也。"又知当时人视书名于册之重如此。

又《史记·儒林传》云："陈涉之王也，而鲁诸儒持孔子之礼器往归陈王，于是孔甲为陈涉博士。……缙绅先生之徒负孔子礼器往委质为臣者何也？以秦焚其业，积怨而发愤于陈王也。"则孔甲等持孔子礼器归陈涉，即以礼器为其质仪，质固不限于玉帛羔雉也。

## 焚　书

《左传》记焚书事凡两次。襄十年："子孔当国，为载书，以位序听政辟。大夫诸司门子弗顺，将诛之。子产止之，请为之焚书。……乃焚书于仓门之外。"襄二十三年："初，斐豹，隶也，著于丹书。栾氏之力臣曰督戎，国人惧之。斐豹谓宣子曰：'苟焚丹书，我杀督戎。'宣子喜曰：'而杀之，所不请于君焚丹书者有如日！'"盖竹木易毁，故凡简策所载于政治有不利者即焚之以安众心，其事固非秦始皇所创为。孟子所谓"诸侯去籍"，要亦为六国焚书耳。竹简之文书以丹，盖丹为漆色（宣二年："丹漆若何"），丹书即漆书也。观邓析作竹刑而赵鞅作刑鼎，亦以竹易焚而金难销，铸刑法于鼎所以示其确定而不可变尔。

## 歌诵谱牒

爨人俱有家谱而庋存于长房，逢婚丧事则取出诵之，示不忘本也。

按《楚语上》"庄王使士亹傅太子箴。……申叔时曰：'教之《世》而为之昭明德而废幽昏焉。'"韦《注》："《世》，谓先王之《世系》也，……为之陈有明德者世显而闇乱者世废也。"又《鲁语上》："工史书《世》，宗祝书昭穆。"韦《注》："工，瞽师官也。……世，次先后也。"《周礼·春官》："瞽蒙掌播鼗，……讽诵《诗》，世奠《系》，鼓琴瑟。"又"小史掌……《系世》，辨昭穆"。郑《注》于"瞽蒙"引杜子春云："'世奠系'谓《帝系》，诸侯卿大夫《世本》之属是也。小史主次序先王之《世》，昭穆之《系》，述其德行。瞽蒙主诵《诗》，并诵《世》《系》以戒劝人君也"。知汉族古代对于谱牒尤所笃重，定为贵族必修之课，小史记之，瞽蒙歌之。小史所记，若今存之《帝系》与《世本》皆是。《史记》诸本纪、世家所以历数代无一事可记而仍得保存其世次君名者，实赖于此。瞽蒙所歌则已无传，猜想其形式，或如《荀子》之《成相》乎？

近人每笑吾国历史为帝王家谱，不知吾国历史之构成其背景如斯，固宜有此成就也。

## 自号武王

近年研究金文者皆知文、武、成、康实为生时之谥，同于后世之所谓徽号。《史记·楚世家》曰："熊通怒曰：'……成王举我先公，乃以子男田令居楚，蛮夷皆率服，而王不加位，我自尊耳！'乃自立为武王。"如其说，是楚武王亦自号者也。春秋末期尚有生而赐谥之事。《左传》昭二十年曰："卫侯赐北宫喜谥曰贞子，赐析朱鉏谥曰成子，"可见此风至孔子时尚未歇也。

《史记·尉佗传》："秦已破灭，佗即击并桂林、象郡，自立为南越武王。"高后时，"佗乃自尊，号为南越武帝"。又《东越传》："余善刻武帝玺自立。"是至于秦汉而此风犹未泯也。开国必以武功，故既独树一帜，即当自号为"武"。

然周以前虽已有谥法之萌芽，如武乙、文丁之属，而终未有以谥号与爵位并称者。《诗·商颂·长发》云："武王载旆"，此原春秋时人以周制推之于商王耳。《史记·殷本纪》乃云："汤曰：'吾甚武，号曰武王。'"盖司马氏一方面闻经师之说，知《长发》之武王为汤，一方面又睹尉佗、余善之成例，合其事而为一，遂代汤立言，造成此一故实耳。

## 叔伯与侯伯

桓叔，叔也，封于曲沃，故谓之"曲沃桓叔"。其子鳝嗣位，不复曰叔而曰"曲沃庄伯"者，其族在晋为支庶，而在曲沃则大宗也。此可见古代宗法之义。

康叔封为武王之弟，在周为叔；及其受封于康，则曰"康侯"。其子髡号曰"康伯"者，虽承父业，居卫以监殷，而其正式之封国仍为康，髡在其国则大宗也。其后康叔一系监殷已久，以临时之差使化为封疆之定局，舍康邑而不居，其国号遂改曰卫，其爵位自受封时即为侯，迄未有变，故《春秋》称之曰："卫侯。"史迁不知其故，乃于《卫世家》曰："顷侯厚赂周夷王，夷王命卫为侯。"以弥缝康伯为"伯"而顷侯为"侯"之故；而不知其于王朝之爵为侯，本国之宗为伯也。且如史迁之说又何解于康叔为"侯"，而康伯为"伯"之事乎？

## 公　主

春秋时称天子之女曰"王姬"，庄元年《经》"王姬归于齐"，是也。称诸侯之女曰"女公子"，《左传》庄三十二年"雩，讲于梁氏，女公子观之"，是也。自秦以下，称天子之女曰"公主"，《史记·李斯传》"诸男皆尚秦公主"，《吕后纪》"太后独有孝惠与鲁元公主"，是也。

何以谓之公主？汉人已不得其解。《公羊传》之作者缘王姬归齐而《经》书"单伯逆王姬"，因曰："单伯者何？吾大夫之命乎天子者也。……逆之者何？使我主之也。曷为使我主之？天子嫁女于诸侯，必使诸侯同姓者主之，诸侯嫁女于大夫，必使大夫同姓者主之。"谓周庄王嫁女于齐襄公，遵循礼制，故令同姓之鲁庄公为主其婚姻。所以然者，何《注》释之曰："不自为主者，尊卑不敌，其行婚姻之礼则伤君臣之义，有君臣之礼则废婚姻之好，故必使同姓有血脉之属宜为父道与所适敌体者主之。"虽未明揭公主一名，而公主意义则指陈已显。然此特就文敷义耳，一部《左传》记当时宫庭事甚多，一部《诗经》又记当时结婚情形不少，何以皆无公侯大夫代人主婚之痕迹在？故刘敞驳之曰："使大夫为主，何不谓之'夫主'乎？"（《监本汉书高帝纪》十二年《注》引《刊误》）古今几曾见有公侯之女而称夫主者，故知《公羊》所言乃汉人肊说。

按春秋时称大夫为"主"，《左传》襄十九年曰："事吴敢不如事主"，主谓中行献子也。重其辞气则曰"主君"，《左传》昭十九年："齐侯使高张来唁公，称'主君'。子家子曰：'齐卑君矣！'"杜《注》："比公于大夫，"是也。古者男女不嫌同称。《书·顾命》"皇后凭玉几"，皇后谓成王，以及"夏后""后稷""三后"皆男性；而《春秋经》桓八年"祭公来，遂逆王后于纪"，称纪季姜为"王后"，自后后之一名遂为女性地位最高者所独有。他若"君"，男性也，而"小君"则女性；"子"，男性也，而"内子"则女性：并与此同。主既为大夫之称，故大夫之匹偶亦可称"主"。《鲁语下》"季康子问于公父文伯之母，曰：'主亦有以语肥也，'"韦《注》："大夫称主，妻亦如之。"又《晋语二》："优施起舞，谓里克妻曰：'主孟啗我。'"韦《注》："大夫之妻称主，从夫称也；孟，里克妻字。"读此可知"主"之一名实为大夫夫妇之通称。

公侯之子其地位相当于大夫。公侯之女相当于大夫之妻，故亦有以"主"称公侯之女者。《史记·六国表》秦灵公八年"初以君主妻河"，《索隐》："君主，犹公主也。妻河，谓嫁之河伯。"秦灵之时称公女曰"君主"，即齐、鲁间"主君"之倒文，亦犹奋扬称楚平王曰"君王"（《左传》昭二十年），齐襄王"立史氏女为王后，是为君王后"（《田敬仲世家》），加"君"字于阶位之上以宠异之也。由"君主"而转为"公主”，其事弥易。君、公同为见纽，今福州人读此二字宛然一音，故《楚辞·惜往日》称晋文公曰“文君”，《庄子·外物》篇称宋元公为“元君”。秦政尊己为皇帝，而其子女之称谓则迄未提高，男仍曰“公子”，女则由“君主”而传为“公主，故《李斯传》曰：“公子十二人僇死咸阳市，十公主矺死于杜。”自是公主一名遂成帝皇之女之专名矣。此本周、秦数百年间习惯上自然之演变，无关于礼制之大义者也。

又按《春秋经》桓八年："祭公来，遂逆王后于纪。"《公羊》仅云"何以不称使？昏礼不称主人"而已。杜预《左传注》则推《公羊》"单伯逆王姬"之义于此事，云："王使鲁主昏，故祭公来受命而迎也。"又云："天子娶于诸侯，使同姓诸侯为之主，祭公来受命于鲁，故曰礼。"然则不但天子之女曰公主，即天子之配亦当曰公主矣。古代制度随经学家之想象而变化，有如是者。

# 女　士

《诗三百篇》分列男女，恒以"士"与"女"对称。"女曰鸡鸣，士曰昧旦"，夫妇也。"维士与女，伊其相谑，赠之以勺药"，异性之友也。《诗·大雅·既醉》云："君子万年，景命有仆。其仆维何？厘尔女士。厘尔女士，从以孙子。"谓君子受天之祐，故天赐予女士以助之，且长育其子孙也。独以"女士"二字连为一词。郑《笺》释之曰："女而有士行者。"此从德行言之，犹后世所谓"女丈夫"也。

按《史记·外戚世家》曰："及李夫人卒，则有尹婕妤之属更有宠，然皆以倡见，非王侯有土之女士，不可以配人主也。"此"女士"一词明为贵族女子之义，盖王侯有土者之子至少亦做一个士，称其女为女士，犹之称为"女公子"耳。据地位言，当是本义。由地位转属德行，古有之矣，"君子"是也。

# 夫为妻服三年

《仪礼·丧服》，斩衰三年者，子为父，妻为夫，妾为君，诸侯为天子，皆以其至尊也；父为长子，重继体也。齐衰三年者，父卒则为母，恩与父匹而尊不若父也，母为长子，父所重者母不得而轻也。至于父在为母及夫之为妻，则期而已矣。此自来以为无问题者。然读《墨子》与《左传》而有疑焉。

《墨子·节葬下》云："以厚葬久丧者为政，君死丧之三年，父母死丧之三年，妻与后子（为后之子，即长子）死者五，皆丧之三年。"《非儒下》云："儒者曰：'亲亲有术。'……其礼云：'丧父母，三年其（期）；妻、后子，三年。'"《公孟》篇云："丧礼，君与父、母、妻、后子死，三年丧服。"则为母虽有三年（父卒）与期（父在）之异，而夫为妻则与子为父及父为长子同；皆丧之三年者。此墨子所述儒者之教，而与《仪礼》违异者也。《左传》昭十五年："六月乙丑，王大子寿卒。秋八月戊寅，王穆后崩。……叔向曰：'……王一岁而有三年之丧二焉。'"夫太子寿卒而景王有三年之丧，此固与《仪礼》《墨子》所云父为长子同；至穆后崩而景王又有一三年之丧，则夫为妻服三年，独与《墨子》同而并与《仪礼》异。其故何也？

意者儒者初定丧服之制，以为妻者齐也，夫妻当有平等之服，故皆为三年（妻为夫斩衰，夫为妻当为齐衰），墨子遂援是而攻儒，《左传》亦依兹而论事。其后儒者不胜男尊女卑之观念，改夫为妻期，如今《仪礼》之文，墨子之言遂成无的放矢，《左传》所记叔向语亦绝不可解矣。苟此猜测为不误，则《丧服》一经当有二本：甲本如《墨子》及《左传》作者之所见；乙本则汉以来诵习者也。

## 夫妇避嫌

男女之别，《坊记》与《内则》道之详矣，至推广之于夫妇间而益趋偏枯。鲁桓公与文姜如齐，季姬及鄫子遇于防，齐高固及子叔姬来，皆夫妇也，而《春秋》家并讥其非礼，是夫妇不当同行，且不当相遇于道路间也。《坊记》云："寡妇不夜哭。"郑《注》："嫌思人道。"《淮南·说林》云："邻之母死，往哭之；妻死而不泣，有所劫以然也。"高《注》："嫌于情色。"夫妇，至亲也，死丧，至戚也，而古人避嫌一至于此，何其无情耶!

其有事实见于记载者，则为公父文伯之母。《鲁语下》云："公父文伯之母朝哭穆伯而暮哭文伯。"穆伯，其夫，死而不暮哭者，所以示其远情欲也。又云："公父文伯卒，其母戒其妾曰：'吾闻之：好内，女死之；好外，士死之。今吾子夭死，吾恶其以好内闻也。二三妇之辱共先者祀，请勿瘠色，无洵涕，无摽膺，无忧容；有降服，无加服；从礼而静，是昭吾子也！'"于其子之死，乃谆嘱其子之妾妇，不但勿哭，且当无忧容，用以昭其子之不好内，天下不近人情之事犹有逾此者乎！疑有儒家理想之成分在矣。

然观于蒙、番之俗，亦不敢遽断为虚诞。彼地男女间极端自由，放牧牛羊于大自然中，随处可以交配；然夜栖帐幕，则男左女右，中隔以灶，其别至严，虽夫妇不得同枕席。有乱此规则者，群哗笑之以为耻辱。故夫妇同居，亦必野合。此等违背自然之习尚大不可解，然正与古代不必要之避嫌若出一型耳。

## 赘　婿

《汉书·武帝纪》，天汉四年，"发天下七科谪及勇敢士，遣贰师将军李广利将六万骑，步兵七万人出朔方……"七科谪者，张晏曰："吏有罪一，亡人（官本作'亡命'）二，赘婿三，贾人四，故有市籍五，父母有市籍六，大父母有市籍七。"上二科为有罪，继以赘婿，下四科为商贾：名为七科，实惟三事。按《史记·秦始皇本纪》，三十三年，"发诸尝逋亡人、赘婿、贾人略取陆梁地，为桂林、象郡、南海，以适遣戍"。三十四年，"适治狱吏不直者筑长城及南越地"。《汉书·晁错传》载错言守边事云："臣闻秦时北攻胡、貉，筑塞河上，南攻杨粤，置戍卒焉。……戍者死于边，输者偾于道。秦民见行，如往弃市。因以谪发之，名曰'谪戍'。先发吏有谪及赘婿、贾人；后以尝有市籍者，又后以大父母、父母尝有市籍者。"足以说明此事。知汉承秦制，其事不异。商贾与有罪者同科，且殃及三世，所以贱商者至矣。独赘婿则既未犯罪，复非持筹剥削之徒，胡为苛待之如此，未易解也。

按《汉书·贾谊传》载其陈政事疏曰："商君遗礼义，弃仁恩，并心于进取。行之二〔十〕岁，秦俗日败，故秦人家富子壮则出分，家贫子壮则出赘。"谓商君为政厉行小家庭制，子壮必与父异居，凡无资产者子不足以独立成家，则为人之赘婿也。钱大昕《潜研堂答问》九曰："《说文》：'赘，以物质钱，从敖、贝。敖者犹放，贝当复取之也。'《汉书·严助传》：'岁比不登，民待卖爵赘子以接衣食。'如淳云：'淮南俗，卖子与人作奴，名曰赘子。三年不能赎，遂为奴婢。'然则赘子犹今之典身，立有年限取赎者，去奴婢仅一间耳。秦人子壮出赘，谓其父子不相顾，惟利是嗜，捐弃骨肉，降为奴婢而不耻也。其赘而不赎，主家以女匹之，则谓之赘婿，故当时贱之。……今人以就婿为赘婿，亦失之。若卖妻与人作婢，谓之赘妻，《淮南子》云：'赘妻鬻子'是也。"读此，知赘婿直是奴隶。《战国·秦策》载姚贾语曰："太公望，齐之逐夫。"谓太公曾作赘婿也。《史记·滑稽列传》曰："淳于髡者，齐之赘婿也。"淳于髡为赘婿而以"髡"名，即《季布传》之"髡钳衣褐"，奴隶之服色如此。予在四川省立博物馆中见汉墓所出奴俑辫发上翘，极似篆书奚字，因识称奴为奚之由来。凡结发为辫者率剃其四周，故称之曰髡。其人虽无罪，以其贱也，故秦汉皆列之谪戍。

自奴隶制革，不详赘婿之事久矣。近世所谓招赘，皆有女无子之家取以衍统，《礼经》所谓"为人后者"，固立于平等地位。不意边疆中犹存古俗，盖礼失而求诸野矣。李君鉴铭旅居西康多年，审识藏民风俗，书其婚制告我曰："彼地招赘为普遍现象，察其心理，实偏重经济利益。名在一人之下，实则全家之奴。订婚时，亦凭父母命与媒妁言，纳采馈牛于夫家。及婚，新郎偕家族来行礼。宴三日，新郎即作喂猪、理粪、牧畜等奴隶工作，从此衣敝食粗，操重任苦矣。及衰老无力，往往被其夫人开除婿籍，或为子女开除父籍，毫无保障。曾见一、二十余岁有子无夫之女（桃色乱交之社会常有之），其子年已五六岁，突然举行婚礼，招一八、九岁之小童入赘。此童年龄与妻相比则似母子，与子女相比则如兄弟，在此情状之下，其妇安得不如皇帝之登极，以其子女为心腹之臣，令监视其假父耶！子女既以母贵，对此赘父便随意凌虐，其父不敢抗也，惟得妻欢心者始鼓勇高挺双姆指，呼'慈悲！慈悲！'至于性情平和之主妻，见其子女磨折乃父，姑看情面，停转法轮，呵止之曰：'嘛呢当！（惊异咒语）狗哇哇，你把他打伤了谁放牛！'赘父闻此福音，即抱头窜至妻前，挺其双姆：'长寿！长寿！你是度母！'尽其祝谢之诚焉。"又一函云："入赘贫寒之家，以家中人口稀少，推波助澜者寡，夫妻情意相关，尚可得几分温存。惟入赘大家，其苦难以言宣。今略写一事以概其余。道孚有一生自贵族入赘名门者，某日为其年约二十之女所痛摇，年近花甲之老妻复呐喊助威，此年三十有奇之赘婿感觉人生无聊，即将随身带用之佛珠、佛龛、木碗置于卧处，作为生前纪念，以示永诀人间，翌日拂晓潜行逃出。及家人发觉，即开全家紧急会议，女家长当众大骂为黑心，为魔鬼。然赘婿生死虽无关重要，惟恐婿家得知，调集人马致讨，乃四出搜寻。三日后始由樵夫口中知其栖身山洞，哭笑若狂，遂派人前往送饭。然此人决心避谷打七，以求西逝，亦惟有听其杀身而已。"观其所述，彼地赘婿之苦视内地之童养媳尤甚，而秦、汉间此一阶层之情状亦大可比例而得之矣。

又按，赘婿之制，贾谊归罪商鞅，然齐亦有之，淮南亦有之，则自是当时穷人之普通出路。惟秦以政治力量强迫父子分居，则此制当更普遍耳。

## 烝　报

《左氏》书中，凡卑辈取尊辈之妻妾为己偶者，谓之曰烝；亦曰报。桓十六年《传》："卫宣公烝于夷姜。"杜《注》："夷姜，宣公之庶母。"则为其父庄公之妾。庄二十八年《传》："晋献公……烝于齐姜。"杜《注》："齐姜，武公妾。"亦庶母。闵二年《传》："齐人使昭伯烝于宣姜。"杜《注》："昭伯，惠公庶兄，宣公子顽。"则以庶子烝适母。僖十五年《传》："晋侯（惠公）烝于贾君。"杜《注》："贾君，晋献公次妃。"亦惠公适母。文十六年《传》："公子鲍美而艳，襄夫人欲通之而不可，乃助之施。昭公无道，国人奉公子鲍以因襄夫人。"杜《注》："鲍，昭公庶弟文公也。襄夫人，鲍适祖母。"则以庶孙烝适祖母。宣三年《传》："（郑）文公报郑子之妃曰陈妫。"杜《注》"郑子，文公叔父子仪也"，则以兄子烝叔母。成二年《传》："（楚）王以（夏姬）予连尹襄老，襄老死于邺，……其子黑要烝焉。"亦子烝适母。总上七例，可知当时盛行此风，晋、卫、郑、宋、楚皆然。诸例中有一相同之点，则皆在尊辈已殁之后为之。

历代经师对于此事之解释，皆以为卑与尊之通淫。故桓十六年杜《注》曰："上淫曰烝。"孔《疏》曰："训烝为进，言自进与之淫也。"宣三年服《注》曰："淫亲属之妻曰报。《汉律》：'淫季父之妻曰报。'则报与乱为类，亦鸟兽之行也。"（《诗·雄雉正义》引）盖以后世之伦理观念视之，自为乱伦，罪之大者。然当日之伦理观念初不如是，凡寡妇无守其贞操之责任，而身既归于此家，则对此继承之家长即有服从之义务，其于庶子亦有择而事之之权利。否则此等苟且行为，掩饰之不暇，何敢公开，他人方将掉头不顾，亦何肯从旁赞助者；而乃曰"齐人使昭伯烝于宣姜，不可，强之"，曰"国人奉公子鲍以因襄夫人"，以社会之裁制力强其必受耶！

按《汉书·西域传》，武帝以江都公主妻乌孙王昆莫，为右夫人。昆莫年老，欲使其孙岑陬尚公主。公主不听，上书言状。武帝欲与乌孙共灭胡，报之曰："从其国俗。"岑陬遂妻公主。公主死，汉复以楚王戊之孙解忧为公主，妻岑陬。岑陬且死，传国季父大禄子翁归靡。翁归靡既立，复尚楚主解忧。其后翁归靡死，岑陬子泥靡立，复尚解忧。又《匈奴传》，元帝以后宫良家子王昭君赐呼韩邪单于，号宁胡阏氏。呼韩邪大阏氏生四子，长曰雕陶莫皋。呼韩邪死，雕陶莫皋立，为复株絫若鞮单于。复株絫若鞮单于立，复妻王昭君。此即春秋时所谓烝与报之最好说明也。昆莫之夫人，使其孙岑陬尚之，则又一宋襄夫人矣。中国人已以"父子聚麀"为兽行，为大耻，而四裔犹保其先进之风如此。观武帝报江都公主曰："从其国俗。"故知此非淫也，礼也。正犹清室入关，太后下嫁摄政王，在满洲本常事，汉人闻之大哗，以为奇谈，逼得从史书中删去此事以卫护其体面也。

予在蜀中，闻川北有"大转房"之俗。其制，假如一家兄弟四人，伯妻死，季亦死，则叔纳季妻，仲纳叔妻，伯纳仲妻，各异其所居。如伯与季妻俱死，则仲居伯室，季居叔室，亦循序而更易。仲叔之伉俪有先逝者亦如之。此在内地必致骇怪，而边陲之俗，摆脱尊卑名分，不使一家有一人向隅，不使一室见一人愁颜，用意固未尝不善也。

又按，《左传》记此等事皆在上半部，下半部则无之，想见伦理观念之改变当在襄、昭之世。是时社会安定，日益尚文，宋伯姬以傅母不至，逮火而死，季芈以钟建之负，誓以必嫁，贞操之秉持突然严峻矣。

记此后见陶元甘君《读史汉杂记》"烝的消灭"，喜有同心。其所举例有为我所未及者，录之于此。其一，《夏侯婴传》记婴曾孙颇"尚平阳公主，坐与父御婢奸，自杀，国除"。其二，《霍光传》记昌邑王之废，其罪状之一为"与孝昭皇帝宫人蒙等淫乱"，上官太后曰："为人臣子当悖乱如此耶！"其三，《王尊传》记其令美阳，"美阳女子告假子不孝，曰：'儿常以我为妻，妒笞我！'尊曰：'《律》无妻母之文，圣人所不忍书！'取不孝子悬磔著树，使骑吏五人张弓射杀之"。此皆无忝于古礼，而汉人极恨，《汉律》无文，虽宫人婢女，父之所御，即不得近，知是时已无烝之存在，有为之者，便是荒淫大逆，苟不自杀，罪亦在弃市上，此春秋初期人所万不料且必不解者也。

## 一妻多夫

谢承《后汉书》（《御览》二三一引）云："范延寿，宣帝（按《汉书·百官公卿表》，当为成帝）时为廷尉。时燕、赵之间，有三男共娶一妻，生四子，长，各求离别，争财分子，至闻于县，县不决断，谳之于廷尉。于是延寿决之，以为悖逆人伦，比之禽兽，生子属其母。以子并付母，尸三男于市。奏免郡太守、令长等无率化之道。天子遂可其言。"按此为母系社会制度之遗留，当西汉之世，燕、赵间尚有行者，儒者恶聚麀，故以严刑峻法禁之，犹王尊之磔美阳假子也。今西藏之俗，一妻蓄夫四五，以佩巾悬门别其当夕之人，使延寿为法官，宁能尽尸之于市耶！

## 妇人称谓

在父系社会中，妇人必具二姓乃能确定其所属之家族，故近世公牍文字皆称之曰"某某氏"，其自称或曰"某门某氏"，上一字为其夫族之姓，下一字为其父族之姓，约定俗成久矣。（在兰州大佛寺见金大定钟，镌捐钱人名，妇人皆称曰"某宅某氏"。）清末妇人投身社会工作，不得不出己名，乃于名上冠夫父二姓，示其已婚；民国初年仍之，若朱胡彬夏、刘王立明是也。五四后风气转变，皆但出本身名姓，已嫁未嫁不复可别。而在交际场中，称名则嫌其昵，则或系其夫姓而称之曰"某太太""某夫人"，或仍其父姓而称之曰"某小姐""某先生"，或重床叠屋而曰"某太太某先生"。报纸之记事恒作"某某某夫人、某某某女士"，一人也而得十字之长名，亦累赘矣。然"夫人"之称又有不同，口头与报纸所用者固冠夫姓已足，而见之于寿文讣告等隆重文字者，夫在则曰"某室某夫人"，夫亡则曰"某母某夫人"，夫人之上仍书父姓，盖一家之中如仅用夫姓称夫人，则将大母与孙室不别，姒妇与娣妇无殊，故必冠以父姓，示有异也。如宋庆龄为中山先生之妻，全国称之曰孙夫人无异辞，然为别异于前妻卢夫人计则固当称之曰宋夫人焉。

按此固为今日之问题，亦未始非古代之问题。《左传》一书述春秋时事最纤悉，而观其所以称妇人者乃至乱，知当时社会实未尝立一确定之标准也。今试条次之：

一、以父之国与父族之姓称之者，如楚武王之配曰邓曼，晋献公之配曰大戎狐姬、小戎子、骊姬，齐桓公之配曰王姬、徐嬴、蔡姬、卫姬、郑姬、葛嬴、宋华子，皆是也。此类太简单，凡生于此国之女悉得此名，无从更为分析。

二、以父之国与父之名氏称之者，如齐顷公之母为萧君同叔之女，则称之曰"萧同叔子"；齐景公夫人为鲁公子憖之女，憖字子仲，则称之曰"子仲之子"是也。

三、以父族之姓及其姊妹行次称之者，鲁惠公娶于宋曰孟子、仲子，鲁庄公娶于党氏曰孟任，娶于齐曰叔姜，赵衰与晋文公娶于狄曰叔隗、季隗，是也。

四、以父族之姓与母族之氏而又加以本人之谥称之者，襄十九年《传》曰："齐侯娶于鲁，曰颜懿姬，无子；其侄鬷声姬生光，以为大子。"杜《注》："颜鬷皆二姬母姓，因以为号。"是也。二姬出于一家，而一冠颜，一冠鬷，洵不易解；杜以为其母异氏之故，想当尔耳。

五、以夫人之国或氏及父族之姓合而称之者，如鲁女为杞夫人者曰杞伯姬，其为鄀夫人者曰鄀季姬，楚女为江夫人者曰江芊①，晋文公女适赵衰者曰赵姬，范宣子女适栾魇者曰栾祁，季公鸟妹适秦遄曰秦姬，是也。

六、以夫之谥与父族之姓合而称之者，如郑武公娶于申，曰武姜，卫庄公娶于齐曰庄姜，秦穆公娶于晋曰穆姬，晋文公娶于秦曰文嬴，宋共公娶于鲁曰共姬，郑文公娶于楚曰文芊②，是也。

七、别为妇人作谥而与其父族之姓合称之者，鲁惠公继室曰声子，桓夫人曰文姜，庄夫人曰哀姜，僖夫人曰声姜，文夫人曰出姜，宣夫人曰穆姜，成公妾曰定姒，襄公妾曰敬归、齐归，是也。

八、以其本身之谥与其地位合称之者，周景王后曰王穆后是也。以其父族之姓与其夫之地位合称之者，周庄王妾曰王姚是也。

九、以其本身之谥与其父族之姓及姊妹行次合称之者，齐顷公夫人曰声孟子，齐灵公妾曰穆孟姬是也。

十、母以子贵，以子之谥号加于母之谥姓之上者，成风为鲁庄公妾，生僖公，《春秋经》称之曰"僖公成风"是也。又《经》有"惠公仲子"，《公羊》与《左传》虽俱以为惠夫人而《谷梁》则以"僖公成风"例之，以为惠公之母，孝公之妾也。

十一、亦有直称妇人之名者，宋芮司徒之女曰弃，卫襄公之嬖人曰婤姶，是也。

从上诸例，可知所以称妇人者，或以其父，或以其母，或以其夫，或以其子，或以其身，或以其姊妹行，至不一律。惟五、六两项，兼顾父夫二方，有类于今世所谓"某室某夫人"者，而第十项则"某母某夫人"也。

称名既无标准，自易纷纭乱目。如卫灵公女为孔文子妻者曰孔姬，而孔文子女为太叔疾妻者乃曰孔姬，同一孔也，而一为夫氏，一为父氏，使不知孔之为姞姓者将何以别之？秦穆公女为晋子圉妻者曰怀嬴；子圉归国，重耳入秦而穆公又以怀嬴与之，则嬴与圉夫妇之义绝矣。及重耳返

① "芊"为"芈"的异体字。
② 同上。

晋，杀圉而代之，谥圉曰怀，是时嬴嫁重耳久矣，何得蒙圉之谥而曰怀嬴？且自有其名曰辰嬴，何怀之有！是知当时礼制一任自然之演变，无一人焉为之厥协而整齐之也。

# 卷之三　名物类二十二则

## 旻天、昊天

《尔雅·释天》曰："秋为旻天。"此文本于《今文尚书》欧阳说,见《周礼·大宗伯疏》引《五经异义》。《异义》又引《尚书》说曰："仁覆愍(闵)下则称旻天。"则闵为哀矜之义,不专属秋。然按之经典,两说俱非。

《诗·小旻》云："旻天疾威,敷于下土。"《召旻》云："旻天疾威,天笃降丧。"《书·多士》云："弗吊旻天,大降丧于殷。"《左传》载鲁哀公诔孔子之词云："旻天不吊,不憗遗一老。"《孟子》载万章问:"舜往于田,号泣于旻天。"比类而观,可知旻天者,天降不祥时之称谓也。《毛公鼎铭》:"旻天疾威。"旻作啟,从攴民声,自含有打击之意,非仁闵也。至以旻天专属之秋,则《多士篇》首明云"惟三月,周公初于新邑洛用告商王士",时尚春也。《左氏·续经》云:"夏四月己丑,孔丘卒。"时乃夏也。且舜之终身慕父母者,亦岂仅号泣于秋天耶!"疾威""不吊"固非秋之所得而专,旻天安得为秋天之异名!许慎取《尚书》说而反《尔雅》,盖不知其皆虚。郑玄云:"《六艺》之中诸称天者,以己情所求言之耳,非必于其时言之。"其说是也,而云"秋气或生或杀,故以闵下言之",则又非也。

至于"昊天""皇天"等名,所以形容天之伟大,而上帝为最大之神,其状与同,故连骈称之则曰"昊天上帝"或"皇天上帝"。《云汉》之诗,周民困于大旱,将无孑遗,怨悱甚矣。然而言及上帝则只能曰"昊天上帝则不我遗""昊天上帝宁俾我遯",必不得易之曰"旻天上帝"也,此可以识其故矣。

又按,《异义》引欧阳说云:"春曰昊天。"许氏已以《尧典》之文匡正之矣。今检《云汉》之诗云"赫赫炎炎",云"如惔如焚,我心惮暑",明其作于夏日,而篇中六言"昊天",亦为昊天非春之证。今本《尔雅》作"夏为昊天",当是孙炎、郭璞之流觉其不安而改之,否则许君何得云:《尔雅》同欧阳,而郑氏亦因仍其说耶!汉儒最喜排列,偶得异名即妄生分别,遂至愈整理而愈乱,天号其一端也。

# 明 堂

明堂之说,喧呶二千载,成为古帝王最博大之制度。读惠栋《明堂大道录》一书,明堂诚无代蔑有,亦无所不包矣。然吾侪立于史源学之地位以观之,则固一必当怀疑之问题也。

明堂之名,《诗》《书》《易》《春秋》无有,乃至《论语》《墨子》亦未见。最初所见,乃在《孟子·梁惠王下》:"齐宣王问曰:'人皆谓我毁明堂,毁诸,已乎?'孟子对曰:'夫明堂者,王者之堂也,王欲行政则勿毁之矣。'"及齐宣问以王政,则答以文王治岐,关市不征,泽梁无禁,及施仁于鳏寡孤独等事。孟子只欲告时君以王道,随事激之,期其作王政之问,既已问王政矣,则明堂云云遂如得鱼兔而忘筌蹄,早已舍去不顾矣。此本孟子惯用之方术,书中随处可见。世儒不知仰观寥廓,而仅俯视薮泽,乃因"明堂者王者之堂"一语而幻出七宝楼台。兹先求齐宣所以问毁明堂之故。

按赵岐《注》:"谓泰山下明堂,本周天子东巡狩朝诸侯之处也。齐侵地而得有之。人劝齐宣王诸侯不用明堂,可毁坏,故疑而问于孟子。"此注原无任何事实根据,不过赵氏想当然之词。然七国称王,本欲争得天子法统,观其歆羡九鼎可知。泰山下如竟有周天子之明堂,则齐宣得之,群臣方将称贺之不暇,何得谦居诸侯而请毁?如其请毁,则明堂已无实际价值(历史价值为古人所不了),王毁之存之,一心可决,何以竟迟疑不断而质之于孟子?孟子既谓明堂为王者之堂而不当毁,则自应胪陈王政与明堂之关系史实,使此古建筑得以保存,又何以戛然而止,绝不道及周天子只字?

予谓齐人欲毁之明堂,非周天子之古建筑,乃宣王建而未成之新建筑也。其事犹在《吕氏春秋·骄恣篇》中，曰："齐宣王为大室，大益百亩，堂上三百户。以齐之大，具之三年而未能成。群臣莫敢谏王。春居问于宣王曰：'荆王释先王之礼乐而乐为轻，敢问荆国为有主乎？'王曰：'为无主。''贤臣以千数而莫敢谏，敢问荆国为有臣乎？'王曰：'为无臣。''今王为大室，其大益百亩，堂上三百户，以齐国之大，具之三年而弗能成，群臣莫敢谏，敢问荆国为有臣乎？'王曰：'为无臣。'春居曰：'臣请辟矣！'趋而出。王曰：'春子，春子，反！何谏寡人之晚也！寡人请今止之！'遽召掌书，曰：'书之，寡人不肖而好为大室，春子止寡人！'"此事亦见《新序·刺奢篇》，文同，惟"春居"作"香居"。齐宣王为大室，大逾百亩，时人谓之奢侈，谓之骄恣，三年未能成，此其穷物力以为一己之享受耳。得春居之谏而止之，此即所谓"毁明堂"也。与王政何干，而孟子乃以为王者之堂？

予按，中产以上之家必有客厅，公署学校必有礼堂，地方必有会场，以为行礼集会之所，无古今一也。凡行政不能不集众，集众愈多，屋之容量亦必愈广，乃能供给需要。《书·洛诰》曰："王入大室祼。"是周有大室也。《春秋》文十三年《公羊经》："世室屋坏。"《谷》《左》作"大室"（世与大通，故大子亦称世子），是鲁有大室也。此固祖庙，然古人视祭祀最重，故其集人亦最多。凡庙与公室必南向，故君曰"南面"，又曰"向明而治"。是以此类屋宇以容积言，谓之"大室"；以方向言，谓之"明堂"。齐宣所筑室，吕氏书谓之大室，而《孟子》书谓之明堂，盖由于此。集众行事无不于大室，而集众所行之事种类至繁，后世言明堂者以为祭天祀祖于是，建官行政于是，治历颁朔于是，立学尊师于是，朝觐于是，耕藉于是，养老于是，献俘于是，实则非萃诸类事于一明堂之中，乃诸类事各有其明堂，而后人漫不省别，合之于一地耳。至《月令》式之明堂，乃阴阳家言之集中与其最后成就，全出理想，不必以事实求之者也。

赵岐所云"泰山下明堂"，见于《史记·封禅书》，曰："天子（汉武帝）从禅还，坐明堂，群臣更上寿。"此为古代本有之明堂。又曰："初，天子封泰山，泰山东北趾古时有明堂处，处险不敞。上欲治明堂奉高旁，未晓其制度。济南人公玉带上《黄帝时明堂图》。《明堂图》中有一殿，四面无壁，以茅盖，通水圜宫垣，为复道，上有楼，从西南入，命曰昆仑，天子从之入以拜祀上帝焉。于是上令奉高作明堂汶上，如带图。及五年修封，则祠太一、五帝于明堂上坐，令高皇帝祠坐对之，祠后土于下房，以二十太牢。天子从昆仑道入，始拜明堂，如郊礼。"此为方士想象中之明堂而实现于汉武者。自此，明堂分为两派，一为糅合儒家与阴阳家之儒者，一为方士，儒者托之文王、周公，方士托之黄帝，而汉代学术界乃以明堂为中心问题矣。

# 台

予居北平，出游燕、赵、齐都之墟，古瓦当俯拾即是，而累土之阜亦复连骈接目。是阜也，土人或称之曰台，燕下都之老母台、九子台是也，或称之曰冢墓，临淄故城之三士冢、黔敖墓是也。予意，称之为台固当，而老母、九子诸名则农夫野老之所加；至于冢墓则俱非其实，三士非伉俪，奚为死则同穴，盖亦台也。古代无若后世之花园，其畜禽兽以自娱则有囿，其凌高以旷瞻则有台。国都之中，高台弥望，正犹今日大都会中园林之纷如也。抑王侯喜居垲爽之地，宫殿之基亦复翘然以高，倘北平故宫不幸湮废，则太和殿、乾清宫自千百年后人观之固皆台矣。

春秋时，台之最侈丽者无若楚之章华。《楚语》上曰："灵王为章华之台，与伍举升焉，曰：'台美夫?'对曰：'臣……不闻其以土木之崇高彤镂为美，……不闻其以观大视侈淫色以为明。……先君庄王为匏居之台，高不过望国氛，大不过容宴豆，木不妨守备，用不烦官府。……今君为此台也，国民罢焉，财用尽焉，年谷败焉，百官烦焉，举国留之，数年乃成。……故先王之为台榭也，榭不过讲军实，台不过望氛祥，故榭度于大卒之居，台度于临观之高。……夫为台榭将以教民利也，不知其以匮之也。……'"在此文中可知数事。其一，台所以望氛祥，如今观象台，当时史官服职之所。故《左传》僖五年："春王正月辛亥朔，日南至。公既视朔，遂登观台以望，而书，礼也。"《诗·灵台》郑《笺》曰："天子有灵台者，所以观祲祥，察气之妖祥也。"然此仅为台之作用之一端，实无以赅其全。其二，台与榭略同，而榭为讲军实之地。韦《注》："积土为台，无室曰榭。"知台与榭同为积土，惟台有室而榭无室耳。以意度之，榭当如今运动场之司令台。榭实台之一种，故《左传》襄三十一年曰："无观台榭。"《谷》襄二十四年曰："台榭不涂。"皆合而称之。此外尚有一义。《史记·赵世家》武灵王十七年，"王出九门，为野台，以望齐中山之境"。此盖作略地之谋，犹赵襄子登常山以临代，知代之可取焉。以今日之名名之，是为了望台。于此可平反一冤狱。《春秋》庄三十一年："春，筑台于郎。夏，筑台于薛，秋，筑台于秦。"一年之中，鲁君于郊三筑台，何也？《公羊传》曰："筑台于郎，何以书？讥。何讥尔？临民之所漱浣也。筑台于薛，何以书？讥。何讥尔？远也。筑台于秦，何以书？讥。何讥尔？临国也。"《谷梁传》亦曰："不正罢民三时，虞山林薮泽之利，且财尽则怨，力尽则怼，君子危之，故谨而志之也。"一若庄公不恤国事，好游无度，遂疲民以兴工者。自予观之，则是时齐之国势正盛，四出侵伐，鲁与毗邻，不能不自严其防，此之筑台正与前数年之筑郿、城诸、防有一贯之意义。《公》《谷》以章华之台儗之，非其类也。故台之用于政事有三义：望祲祥，一也；练士卒，二也；备攻守，三也。

其在游观，则章华而外首推夫差之姑苏。《吴越春秋·勾践阴谋外传》曰："越王乃使木工三千余人入山伐木，一年。……一夜，天生神木一双，大二十围，长五十寻。……乃使大夫种献之于吴王，……遂受而起姑苏之台，三年聚材，五年乃成，高见二百里，行路之人道死巷哭，不绝嗟嘻之声。"《吴地记》曰："高三百丈，广八十四丈。"此虽必言过其实，要为春秋末期一伟大工程。《楚语下》，蓝尹亹谓子西曰："今吾闻夫差好罢民力以成私好，……一夕之宿，台榭陂池必成。"《左传》哀元年改此为子西语，曰："今闻夫差次有台榭陂池焉，……一日之行，所欲必成。"夫差之好兴筑固为其致败之因，然其沟通江、淮之邗沟，通于商、鲁之荷水，对于中国文化实有极大之贡献。其所以好成台榭，以吾揣之，殆为水利工程发达之必然结果。北平北海公园门外有团城，自外观之俨然城也，入其内则为一台。闻清代中叶浚三海，将所出荇藻尽积于岸，高宗见之，谓可资远望，遂增以土而成台。夫差好掘沟渠，所出之土无所用之，少加以力以为台榭，事极可能。

为游观所筑之台，其作用亦不限于游观。有藉以资要挟者，以其孤立特出，无所依援也。《左传》哀十五年："孔伯姬杖戈而先，大子与五人介，……追孔悝于厕，强盟之，遂劫以登台。……季子曰：'大子无勇，若燔台半，必舍孔叔，'"是也。有取以禁罪犯者，以其易于监守，末由逃循也。哀八年《传》："邾子又无道，吴子使大宰子余讨之，囚诸楼台，栫之以棘，"是也。又有用以供逃避者，以其据高临下，攻之者不易上也。昭二十五年《传》："伐季氏，……平子登台而请曰：'君不察臣之罪，使有司讨臣以干戈，臣请待于沂上以察罪。'"定十二年《传》："公山不狃、叔孙辄帅费人以袭鲁，公与三子入于季氏之宫，登武子之台。费人攻之，弗克。"定十四年《传》："夫人（南子）见太子，……色啼而走曰：'蒯聩将杀余！'公执其手以登台。太子奔宋。"皆是也。《史记·周本纪索隐》引《帝王世纪》云："（周赧王）负责（债）于民，无以得归，乃上台避之，故周人名其台曰逃责台。"亦犹是也。汉之渐台在太液池中，王莽于以避义兵，清之瀛台在南海子中，孝钦后于囚德宗，并因形势之便。

# 地　室

董彦堂先生（作宾）云："殷虚遗址中掘出当时宅基，皆有窟室藏物。深数尺乃至丈余，可见商代地下室之盛行。"

按春秋时此风尚不衰。《左传》成十二年："晋郤至如楚聘，……楚子享之，……为地室而悬焉。郤至将登，金奏作于下，惊而走出。"《正义》曰："聘客则至庭乃奏乐，……悬当在庭。而楚之为地室而悬，待客将登乃奏，皆所以见异，故欲以惊宾矣。"知楚王有地室，用以奏乐。襄三十年《传》："郑伯有耆酒，为窟室而夜饮酒，击钟焉。朝至，未已。朝者曰：'公焉在？'其人曰：'吾公在壑谷。'皆自朝布路而罢。"杜《注》："壑谷，窟室。"知郑大夫有地室用以饮酒。读此二文，则窟室不仅为藏物之用，行乐亦于其中，其建筑必甚精矣。

所不解者，殷与楚、郑立国俱不在高原，掘地则及泉，地室中必潮湿，既幽且湿，未知其乐趣何在？又晋国地高土燥，大可以建地室（今山西富家多营地窖以藏财物），而郤至，晋人，闻地室之金奏而惊，知晋无此俗，抑又何也？

# 中 霤

《月令》五祀，其一为中霤。予久疑之，以为古人之屋，四壁无窗，则开其上以漏光明，如今天窗然，自为应有之事；然霤为檐溜，若开其上使雨得由中而下，则每一下雨，所陈几案必尽湿，家人将瑟缩屋隅而废其作业，奚取于为室以避风雨？今人屋有漏，必呼匠筑之而后安，而谓古人乃特开一漏洞乎？

二十三年八月，与友人游百灵庙，蒙古地方自治政务委员会作招待，张蒙古包以为宿舍，所谓"穹庐"也。其物如伞，中高而四垂，可张可翕。予等初至，会中即遣数十人张二包，俄顷集事。入门如下船舱，俯首而进，行一二步身乃可直，包中以羊毛毡作围，下铺以毯，密不通风，保其常温。顶端一孔称为"烟口"，以灶设正中，炊烟可上腾也。有一纽，司烟口之启闭。予乃悟曰：此即中霤也。我国房屋，肇始帐幕，所谓"上栋下宇"者，即此上高而下垂之圆筒形包耳。今蒙古间有用土块或砖瓦作围墙者，则包之进于屋者也。此烟口之用有二，一为扬烟，一为通明。当天雨时，苟不闭其口，则直溜而下，故所铺地毯亦于中间空却一方。唯蒙古雨少，口又可覆盖，固无虑乎此。

《檀弓》云："掘中霤而浴，毁灶以缀足。"郑《注》："明不复有事于此。"《正义》："中霤，室中也。死而掘室中之地作坎，所以然者，一则言此室于死者无用，二则以床架坎上，尸于床上浴，令浴汁入坎，故云'掘中霤而浴'也。'毁灶以缀足'者亦义兼二事：一则死而毁灶，示死无饮食之事，故毁灶也；二则恐死人冷强，足辟戾不可著屦，故用毁灶之甓连缀死人足，令直，可著屦也。"按此事言于宫室制大备之日似难索解，而言于幕居或由幕初进于屋之时代则甚易了。盖上为中霤，其下即灶，室小不能容多人，或一人或夫妇居之，故人皆有灶，人既死矣，灶即可毁；而中霤者取明之处，其地本备雨溜，地略洼，兹以浴尸，用水较多，故更掘之也。惟其筑屋也易，故去之也亦无所惜。

昔人说中霤，牵涉穴居。郑玄注《月令》，云："古者复穴，是以名室为霤。"按《大雅·緜》："古公亶父，陶复陶穴，未有家室。"毛《传》：

"陶其土而复之，陶其壤而穴之。"《笺》云："复者复于土上，凿地曰穴，皆如陶然。"是谓复与穴皆为土室，惟复在地上覆土为之，穴则深入地下，皆如今窑厂，故《诗》言如是。《礼记·月令正义》曰："复穴者，谓窟居也。古者窟居随地而造，若平地则不凿，但累土为之，谓之'复'，言于地上重复为之也；若高地则凿为坎，谓之'穴'。……故庾蔚云：复，谓地上累土，谓之穴则，穿地。复穴皆开其上取明，故雨霤之，是以后因名室为中霤也。"此虽无以遽证其然否，而观今河南、陕西一带之窑居则与此有异。彼地黄土高原，土质细而粘，适于掘穴作居，故住窑洞者极多，虽富厚之家亦然，自门外观之仿佛有夏屋在，登其庭则依然窑洞也。洞为深室，或丈余，或二三丈，入之若城阃。设门于洞口，室中取光惟在是。洞内左灶右炕，资生之具尽于斯。原上有头道、二道、三道之别，最下为头道原，盘旋而上为二道、三道，若昆仑之三成然。窑洞栉比鳞次，高高下下不可殚数。使古代之穴居方式亦犹是者，则吾敢谓中霤之制不能存在，盖穴上有穴，且高厓掩之，无从取得一隙之明也。毛、郑皆东方人，疑其未睹西部生活，因有此误。至"复于土上"之复，今所未见。如古代有之，则凿孔为中霤固甚易事。然既能在土上筑复则何不盖屋，而乃曰"陶复陶穴，未有家室"，故仍觉可疑。窃谓中霤与穴居本不相干，康成误合之耳。

近读程瑶田《释宫小记》，得《中霤义述》一篇，以蒙古包释栋宇之制，喜有同心。其曰："今世茅屋草舍开上纳明，以破瓮之半侧覆之以御雨（俗呼天窗，《说文》所谓'在墙曰牖，在屋曰窗'者也），即古者霤之遗象乎？"又曰："古者屋覆至地，必开上纳明，故霤恒入于室。后世制度大备，屋宇轩敞，四旁皆得纳明，其霤不入于室而惟外垂。"皆极通达之论。

自来四川，每至人家，辄见堂上设祖先之位，而几下左端别供一牌，书曰"中霤之神"，此为东部各省所未见。（吾乡逢节祭先，于屋角设几祭"宅基"，当亦中霤之变。）按《郊特牲》曰："社，所以神地之道也。地载万物，……取财于地，……故教民美报焉。家主中霤而国主社，示本也。"是则社为国与乡之土神，而中霤为家之土神，以其为土神，可以取财，故设位于地，为家庭常祀，此古风之保存于蜀中者已。

# 周 道

"周道"一名，《三百篇》中凡五见。《桧·匪风》曰："顾瞻周道，中心怛兮。"《小雅·四牡》曰："四牡骓骓，周道倭迟。"又《小弁》曰："踧踧周道，鞠为茂草。"又《大东》曰："周道如砥，其直如矢；君子所履，小人所视。睠言顾之，潸焉出涕。"又《何草不黄》曰："有栈之车，行彼周道。"此五处同一名，即是同一义，绝无疑也。而毛《传》于《匪风》曰："怛，伤也；下国之乱，周道灭也。"于《大东》曰："如砥，贡赋平均也；如矢，赏罚不偏也。"则"周道"为周之政教。又于《四牡》曰："周道，岐周之道也；倭迟，历远之貌。"于《小弁》曰："踧踧，平易也；周道，周室之通道。"则"周道"为周之道路。"周"无歧解而"道"有两说。郑《笺》因之，于《匪风》曰："周道，周之政令也。"于《大东》曰："此言古者天子之恩厚也；君子皆法效而履行之，其如砥矢之平；小人又皆视之，共之无怨。"而更有进于毛《传》者，于《小弁》曰："此喻幽王信褒姒之谗，乱其德政，使不通于四方。"则所谓"鞠为茂草"者亦成为"乱其德政"之况喻而非实写其事矣。

按《洪范》曰："无偏无党，王道荡荡。无党无偏，王道平平。无反无侧，王道正直。"此以王朝之道路譬喻王者之政治，而其道路之宽广、平坦、正直皆可知。《大东》曰："周道如砥，其直如矢。"即《洪范》之"平平""正直"之具体描写也。《三百篇》中，东迁后诗为多，《匪风》之顾周道而心怛，《大东》之顾周道而出涕，《小弁》之伤周道之鞠为茂草，皆有故国之思存焉。汉人不了，见有骓牡栈车则省为道路，其不言者便以周政解之，而不识其不可通。且《匪风》言"匪车偈兮"，毛《传》训偈为疾驱，则此周道之上明有疾驱之车在，更安得谓为周政之废灭耶！

《诗经》中又有变周道之名为"周行"者。《周南·卷耳》曰："采采卷耳，不盈顷筐，嗟我怀人，置彼周行。"《小雅·鹿鸣》曰："人之好我，示我周行。"又《大东》曰："佻佻公子，待彼周行。"毛氏于此亦未能晓，于《卷耳》曰："怀，思；寘，置；行，列也。思君子官贤人，置周之列位。"夫采卷耳而实之于筐，取筐而置之于周行，此一事之延续，本不烦言而解，今乃云欲以贤人置周列位，语气隔绝，尚成文理乎！郑氏牢记此义，其笺《鹿鸣》曰："示，当作'寘'。'寘'，置也；周行，周之列位也。好，犹善也。人有以德善我者，我则置之于周之列位，言己维贤是用。"又笺《大东》曰："周行，周之列位也，……因见使行周之列位者而发币焉。"迂曲勉强，所谓"甚难而实非"也。朱熹于"周道""周行"皆释为"大道"，则"甚易而实是"。

按周道者，周王畿之大道，殆自岐山至西都，又自西都至东都者。《周颂·天作》曰："天作高山，大王荒之。彼作矣，文王康之。彼岨矣岐，有夷之行，子孙保之。"盖自太王居于岐阳，至于文王，累世筑治道路，遂使险峻之歧山竟有坦夷之行道。其功巨，故特作一篇，为宗庙之乐章，示子孙以不忘。又《大雅·緜》曰："柞棫拔矣，行道兑矣。混夷

駾矣，维其喙矣。"拔，毛无说，郑云，"柞棫生柯叶之时"，《疏》引王肃说云："柞棫生柯叶拔然，时混夷伐周。"兑，毛云："成蹊也。"又《皇矣》曰："帝省其山。柞棫斯拔，松柏斯兑；帝作邦作对。"亦述其事，拔与兑字皆不异。毛云："兑，易直也。"郑云："天……乃和其国之风雨，使其山树木茂盛。"按《书·金縢》曰："秋，大熟，未获，天大雷电以风，禾尽偃，大木斯拔。"此拔字为拔去义甚明。《禹贡》曰："禹敷土，随山刊木。"此刊字有二义。《伪孔传》云："随行山林，斩木通道。"则刊者斩也。《说文》云："橚，槎识。"槎识者槎其木为表识以表其道也，则刊所以为表。盖柞棫为小树，易于拔去，松柏为大材，必予斫削；拔之斫之，所以通道也。《緜》言"行道兑"，兑为通义甚明，《皇矣》言"松柏兑"，是为通其道于已刊之松柏之中，犹《左传》言"筚路蓝缕以启山林"也。道路通畅，乃便行军，故能駾混夷而作邦作对。《诗》言周道周行者八而六见于《小雅》，小雅为王朝乐歌，见于周南者一，周为畿内封邑，见于《桧风》者一，桧为郑地，密迩东都，此皆周道之所经，故诗人即物而感兴也。

其后始皇治驰道，"东极燕、齐，南极吴、楚，江湖之上，濒海之观毕至。道广三十步，三丈而树，树以青松"（《汉书·贾山传》），盖周道之扩大。汉代法令，"诸使有制得行驰道中者，行旁道，无得行中央三丈"（《汉书·鲍宣传》如淳注），以中央三丈惟皇帝车得行也。《大东》之诗

曰："君子所履，小人所视。"知周道之上亦必贵族阶级乃得行，故君子可
履而小人则惟有遥视耳。又曰："佻佻公子，行彼周行。"言公子犹之言君
子也。《何草不黄》曰："有栈之车，行彼周道。"栈车，毛、朱皆训役车，
则王者所征发，犹汉制"诸使有制得行驰道中"也。至于"四牡骈骈"，
所乘者为劳于王事之使臣，其得行于倭迟之周道宜矣。若采卷耳而置于周
行，盖周道之旁许人行也。近世筑公路，以养路之不易而农村铁轮车易碾
碎路面，则于公路之旁别筑一径以容之，凡行公路上者必为汽车，宛然此
制矣。

又按《齐风·南山》曰："鲁道有荡，齐子由归。"又《载驱》曰：
"载驱薄薄，簟茀朱鞹。鲁道有荡，齐子发夕。"齐与鲁相邻，故齐君常驰
驱于鲁道。言鲁道者，所以别于周道，犹今称国营之公路曰国道，省营之
公路曰省路也。

## "造舟为梁"

《诗·大明》叙文王之娶妻，曰："大邦有子，俔天之妹。文定厥祥，
亲迎于渭。造舟为梁，不显其光。"毛《传》曰："天子造舟；诸侯维舟；
大夫方舟；士特舟。造舟然后可以显其光辉。"说"造舟"为天子特有之
制，以此亲迎，所以显其光辉也。然彼时周未灭殷，文王不得为天子，毛
《传》此言颇嫌卤莽。故郑《笺》解释之曰："天子造舟，周制也。殷时
未有等制。"造舟为周代天子之制，得此说而益固定。

古文经传出世时间相距不远，多连环作证以取信。《尔雅·释水》云：
"天子造舟；诸侯维舟；大夫方舟；士特舟；庶人乘泭。"视毛《传》文自
天子至士制度无稍异，惟增出庶人一级。李巡作《尔雅注》云："比其舟
而渡曰造舟，中央左右相维持曰维舟。"（《诗·大明篇正义》引）"中央
左右相维持"如何与"比其舟而渡"有异？言殊未晰。

郭璞作《尔雅注》曰："造舟，比船为桥。维舟，维连两船。方舟，
并两船。特舟，单船。泭，并木以渡。"其谓阶级愈高则连结之船愈多，
是否事实固待考核，而以"比船为桥"释"造舟为梁"则甚确，故知造舟
为梁者非联结多舟而泛乎中流，乃以舟为桥，而人步行以过也。前乎毛

《传》者有《左传》，昭元年记秦后子出奔于晋，自雍及绛，"造舟于河"，后子，秦景公弟，其非天子明矣，胡为而亦"造舟"耶？前乎郭《注》者有杜《注》，注此语曰："造舟为梁，通秦晋之道。"明河上桥非常设，以后子之富，其车千乘，故临时造舟而渡也。毛公未读《左传》，漫以天子制释之。郭璞已读杜《注》，乃有此合理之解释。唐人作《诗正义》，承杜、郭之流风，审毛、郑之曲解，故起而干其蛊，曰："然则造舟者，比船于水，加板于上，即今之浮桥。故杜预云'造舟为梁'，则河桥之谓也；维舟以下则水上浮而行之，但船有多少为等差耳。"经此一讲，造舟与维舟以下方式有异，功用亦殊，至为明白。

按，造舟为梁，今西北尚多有之。澜壮流急，筑桥不易，则横列船只若干，以铁索连贯之，置厚板于船面以通行人车马。水涨船高，水落船降。两岸筑铁柱及木桩若干，缠铁索其上，随水势之起伏而伸缩之。皋兰北门滨黄河，当未建铁桥时，用巨舟二十四艘横亘河上，棚以板，围以栏，南北两岸立铁柱四，木柱四十五，引铁缆二，各长一百二十丈。冬日将封河，便拆除此桥，人马迳行冰上。至春冰泮，则又聚舟成之。其事繁重，设专官以司。予游临洮，出西门，临洮水，登永宁桥。此桥用船十二，两岸筑木柱亦十二，固以石堤，维以铁缆及麻草缆各一，长二百尺。洮流迅疾，冬季水不及冻已奔流而下，冰凝如豆，粒粒浮于水面，彼地人士锡以嘉名曰"洮水流珠"。以此故，此桥历四时而不撤。予往康乐，乘轿车过之。舆夫请下车以减其重量，故凡经此桥者自役夫上迄达官皆步行者也。知文王当年亲迎于渭，亦设浮桥若是。

"造"为动词，谓系船作浮桥耳。不可谓"造舟"为舟名也。所以显其光辉者，谓其亲迎"倪天之妹"耳，非谓其造舟为梁也。造舟为梁仅为渡水，与方舟、特舟之经行长道者不同，不可比而同之，且析其阶级之序。毛公，赵人，郑君，高密人，生平度未西游，生此误解无怪其然。后儒若不考求事实，惟崇先师为之推扬而弥缝之，使三代礼制凭空添此一段节目，则不可恕矣。

# 四 载

《书·皋陶谟》云："禹曰：'洪水滔天。浩浩怀山襄陵，下民昏垫。

予乘四载，随山刊木，暨益奏庶鲜食。'"禹方行天下而乘四载，则四载为四种交通工具可知也。

案《皋陶谟》之出疑在汉初，当别论之。兹所谓四载，则《吕览》实先言之。吕书《慎势》云："水用舟，陆用车，涂用辇，沙用鸠，山用樏，因其势也者令行。"在水、陆、涂、沙、山五类地形中用舟、车、辇、鸠、樏五种工具以行之，此固作书者就当时情状言，非欲托之于古代也。其后《文子·自然》袭之，云："水用舟，沙用趋，泥用辇，山用樏。"盖偶遗"陆用车"耳，非欲缩之为四也。涂与泥同，即沮洳地。沙不知其指沙漠抑海滩。

淮南王作书时，《皋陶谟》已行世，故《泰族》引其"能哲且惠"四语，《修务》亦引其"乘四载"二语。其《齐俗》云："舟、车、楯、肆。"肆盖即《文子》之趋。《修务》又曰："水之用舟，沙之用鸠，泥之用辇，山之用蔂。"《齐俗》无山行具而《修务》有之，《修务》无陆行具而《齐俗》有之，则合两说以观，政与《吕览》无殊。《修务》虽引"四载"之文，未尝确指其四者。高诱注之曰："四载，山行用蔂，水行用舟，陆行用车，泽行用蕝。"泽指涂泥，则所去者沙行具耳。

蕝字之来，盖由《尸子》。《尚书正义》于"四载"下引《尸子》曰："泽行乘蕝。"《尸子》书佚，《正义》又未引其全文，而高《注》同之，知其亦袭自此书也。

稍后于《淮南》者为《史记》。《夏本纪》曰："禹伤先人父鲧功之不成受诛，乃劳身焦思，居外十三年，过家门不敢入，……陆行乘车，水行乘船，泥行乘橇，山行乘檋，……以开九州，通九道，陂九泽，度九山。"又《河渠书》曰："陆行载车，水行载舟，泥行蹈毳，山行即桥。"此为限定四种工具以释"四载"之文之始，盖惟去沙行一种耳。橇即蕝。裴骃《集解》曰："徐广曰：'他书或作蕝。'……如淳曰：'橇音茅蕝之蕝。'"桥，即檋，为同纽字。

《汉书·沟洫志》承《史记》说，曰："陆行载车，水行乘舟，泥行乘毳，山行则梮。"梮，即檋。《史记集解》曰："檋，一作桥，音丘遥反，……又音纪录反。"梮音固纪录反也。

许慎作《说文》，曰："欙，山行所乘者，从木，累声。《虞书》曰：

'予乘四载。'水行乘舟，陆行乘车，山行乘樏，泽行乘橇。"樏之与樏，轙之与辀，均字体之小变，知其承接不韦、刘安书也。

魏晋间《尚书孔传》出，亦用吕、刘之文，对《史》《汉》作小变，曰："所载者四，谓水乘舟，陆乘车，泥乘辀，山乘樏。"

读此，知《史记》以降，四载之说已成定型，所汰者沙行之具，盖既不至边疆，自无用于鸠肆也。

至其器物，舟车殊形虽多，要为人所共晓，可不论。山行者有樏、藁、樏、桦、桥、桐诸异文，实一物。裴《解》引如淳曰："桦车谓以铁如锥头，长半寸，施之履下，以上山，不蹉跌也。"张氏《正义》更补充之曰："按上山前齿短，后齿长；下山前齿长，后齿短也。"《汉书》颜《注》亦以此为说为是而别引韦昭说曰："桐，木器，如今舆床，人举以行也。"同一物也，而如淳以为著履之锥，韦昭以为人举之床，其义殊绝。

清代学者多以韦说为然。阎若璩曰："韦昭曰：'桐，……如今舆床，人举以行'，此说近之。如淳施锥履下之说舛。某谓《史记》作桥，桥即今之轿也。"段玉裁曰："应劭曰：'桐或作樏，为人所牵引也。'桐与樏一物异名；桐自其乘载而言，樏自其挽引而言。"王筠曰："乘轿登山者或有綷夫，盖其类也。"颉刚案：二十七年，宋堪布约予游临潭阎家寺，命轿来接，举轿者已八人矣，而山势陡绝，上下为艰，则别以四人为綷夫，牵引之，知此实为山行一交通工具。然以锥头施履下，俾个人登山不蹉跌，亦可能事，未必如说定舛。将来发掘工作昌，或可得实物以证明之，今姑假定山行工具有此二种。

泽行者有楯、辀、蒞、橇、毳、辀诸名。裴《解》引孟康曰："橇形如箕，擿行泥上。"张氏《正义》申其说曰："按橇形如船而短小，两头微起，人曲一脚，泥上擿进，用拾泥上之物，今杭州、温州海边有之也。"颜《注》亦曰："孟说是也。"案：此极似寒带之雪车。裴《解》又引如淳说曰："谓以板置泥上，以通行路也。"是则但将木板平置泥地，俾人不至没足耳，非用以活动之工具，有异于前数者矣。

## 九 鼎

九鼎，周室之重器也，而不见于《诗》《书》。记其事者自《左传》

始。桓二年臧哀伯谏纳郜大鼎，曰：“武王克商，迁九鼎于雒邑，义士犹或非之。”知此鼎为殷器，武王克商而迁之，成王营雒而奠之。宣三年，楚庄王伐陆浑之戎，遂至于雒，观兵于周疆。定王使王孙满劳之，庄王问鼎之大小轻重焉，对曰：“昔夏之方有德也，远方图物，贡金九牧，铸鼎象物，百物而为之备，使民知神奸。故民入川泽山林，不逢不若（惠栋谓应依《尔雅》郭《注》引，作“禁御不若”，当从之）；螭魅罔两，莫能逢之。用能协于上下，以承天休。桀有昏德，鼎迁于商。载祀六百，商纣暴虐，鼎迁于周。……天祚明德，有所厎止。成王定鼎于郏鄏，卜世三十，卜年七百，天所命也。周德虽衰，天命未改，鼎之轻重未可问也。”自有此一番答对，而九鼎遂含有神秘之意义，为最高权力之所凭依，必有明德而受天命者乃克取之；且鼎铸于夏，至桀而迁于商。至纣而又迁于周，其物为法统之象征，一若秦以来之传国玺然，神器不可以一日旷也。

《史记》承之于《周本纪》曰：“武王……命南宫括、史佚展九鼎、保（宝）玉。”又曰：“成王……使召公复营洛邑，如武王之意；周公复卜申视，营筑居九鼎焉。”前一语本于《逸周书·克殷》，《逸周书》之作固在左氏书后。后一语乃隐括《书·召诰》《洛诰》义，然两诰中言营洛事甚详，西定鼎则无文焉，知其采自左氏书也。

左氏之说，向日无人疑之，盖学者以为中国有史以来即知利用金属，夏之铸鼎了不必加以考虑。观《封禅书》所记，汉武于汾阴得鼎，有司议曰：“闻昔泰帝兴神鼎一，一者壹统，天地万物所系终也。黄帝作宝鼎三，象天、地、人。禹收九牧之金，铸九鼎，皆尝亨鬺上帝鬼神，遭圣则兴。”泰帝当鸿濛初开之世，已兴神鼎，于禹又何疑。禹既画天下为九州，州立之牧，则贡金于九牧而铸九鼎又何疑。然近年考古事业渐发达，自仰韶、小屯、龙山诸遗址之发掘而知青铜器时代不能甚早，中国实经过一长期之石器时代，夏代当居新石器时代之末，陶固有之，铜则无有，禹铸九鼎之说乃不击而自倒。又知商造铜器盖受外来影响，故一进而制作已精。自发现此事实，还读《左传》，知臧哀伯之言尚可信，王孙满所答则战国人之想象耳。商之宝物为周所夺取者多矣，《书序》曰：“武王既胜殷，邦诸侯，班宗彝，作《分器》，其在《周本纪》曰：“封诸侯，班赐宗彝，作《分殷之器物》。”九鼎特所分器之一耳，何必有法统之意义在。至谓

"卜世三十，卜年七百"盖指威烈王之世，是时七国之局定，周衰已甚，左氏目睹其事，谓周祚已讫，故作是言。此亦可以考定左氏书之著作年代者也。

左氏书谓"远方图物"，又言"铸鼎象物"，知九鼎之上必有甚多之图象。《吕氏春秋·先识览》曰："周鼎著饕餮，有首无身，食人未咽，害及其身。"又《慎势》曰："周鼎著象，为其理之通也。理通，君道也。"又《离谓》曰："周鼎著倕而齕其指，先王有以见大巧之不可为也。"此所谓周鼎不知是九鼎否？饕餮为鼎上习见之图案画，不必九鼎始有之。巧倕齕指，则传世鼎纹所未见。左氏所言"百物而为之备，使民知神奸。故民入川泽山林，禁御不若；螭魅罔两，莫能逢之"，盖隐指《山海经》，此固当时之旅行指南也。

战国诸王，地丑德齐，其有雄心者皆思苞中国而抚四夷，而九鼎神器，得之则入据大统，名正言顺，莫不有意焉。《秦策一》，司马错与张仪论秦惠王前，错欲伐蜀，仪以为不如伐韩，曰："亲魏善楚，下兵三川，……以临二周之郊，诛周主之罪。……周自知不救，九鼎宝器必出。据九鼎，按图籍，挟天子以令天下，天下莫敢不听，此王业也。"夫自吾辈观之，按图籍诚为令天下之根据，九鼎则有天下者之装饰品耳，而仪之所言，则九鼎之据视按图籍为尤重，惟其克据九鼎，乃得挟天子以令天下，则天命人心之所系在此可知。欲成王业必取九鼎。以仪言与王孙满所答合观，弥觉其沆瀣一气已。

又《东周策》，秦兴师，临周而求九鼎，周君遣颜率求救于齐，谓齐王曰："周之君臣内自画，计与秦不如归之大国。"齐王大悦，发师救周而秦兵罢。齐求九鼎，周君又患之。颜率往谓齐王曰："周赖大国之义，得君臣父子相保也，愿献九鼎。不识大国何涂之从而致之齐？"王曰："寡人将寄径于梁。"率曰："不可。夫梁之君臣欲得九鼎，谋之晖台之下，少海之上，其日久矣。鼎入梁，必不出。"王曰："寡人将寄径于楚。"对曰："不可。楚之君臣欲得九鼎，谋之于叶庭之中，其日久矣。若入楚，鼎必不出。"王曰："寡人终何涂之从而致之齐？"率曰："弊邑固窃为大王患之。……昔周之伐殷，得九鼎，凡一鼎而九万人挽之。九九八十一万人，士卒、师徒、器械、被具所以备者称此。今大王纵有其人，何涂之从而出?"齐王乃止。此一段话中,写当时诸国群思攫夺之情跃然纸上。颜率辨士,逞口而谈,所言挽者八十一万人固必不信,而诸侯欲得之谋则犹可信。《周本纪》,赧王四十二年,秦破华阳约,马犯谓周君曰:"请令梁城周。"乃谓梁王曰:"犯请以九鼎入于王,王受九鼎而图犯。"魏为弱国,尚贪此鼎而城周,况楚乎!知九鼎在战国固曾起甚大之作用也。

其后鼎归何所,复成疑问。《周本纪》,赧王五十九年,秦昭王使将军摎攻西周,西周君奔秦,顿首受罪,尽献其邑与口,"周君王赧卒,周民遂东亡,秦取九鼎宝器而迁西周公于惮狐。"《秦本纪》昭王五十二年,"周民东亡,其器九鼎入秦,周初亡。"两纪语同。九鼎固当入秦。然问题突然而来,则秦乃未有九鼎。《封禅书》曰:"秦灭周,周之九鼎入于秦。或曰:宋太丘社亡而鼎没于泗水彭城下。"按《六国表》,周显王三十三年,即秦惠文王二年,"宋太丘社亡",其事早于赧王卒八十年,苟太丘社亡而鼎即没于泗水,则张仪劝秦伐韩,秦师临周取鼎,及颜率说齐王,马犯说梁王诸事皆成无的放矢。且宋在周东,相越千里,《周本纪》书"威烈王二十三年,九鼎震",震者震于郏鄏耳。何以越六十七年,无人牵挽,而自东没于泗水?又宋太丘社自社,九鼎自鼎,何以社亡而致鼎没?此皆不可解之谜。然其事在当日确为一腾于人口之说,故《始皇本纪》,二十八年,自琅邪还,"过彭城,斋戒祷祀,欲出周鼎泗水。使千人没水求之,弗得"。其是否没泗固犹传疑,而昭王灭周未尝取鼎则显为事实。至《封禅书》记汉武时有司言,"周德衰,鼎迁于秦。秦德衰,宋之社亡,鼎乃沦伏而不见",其时代事实与前数条皆不应,知为信口之谈也。

《水经·泗水注》亦记此事,曰:"周显王四十二年,九鼎沦没泗渊。秦始皇时而鼎见于斯水。始皇自以德合三代,大喜,使数千人没水求之,不得,所谓鼎伏也。亦云:系而行之,未出,龙齿啮断其系,故语曰:'称乐大早绝鼎系。'当是孟浪之传耳。"云显王四十二年,出班固所定,郦道元承《汉书·郊祀志》之文,迟于《六国表》者九载,云"系(繁)而行之",不知系之者为谁,宋耶?秦耶?至张守节作《史记正义》,于《秦本纪》曰:"禹贡金九牧,铸鼎于荆山下,……历殷,至周赧王十九年,秦昭王取九鼎,然一飞入泗水,余八入于秦中。"与郦氏之说又异。赧王十九年为秦昭十一年,前于周亡三十九年,而后于太丘社亡四十年,昭王何得取九鼎，而鼎没与社亡又有何联带关系乎？至谓一飞入泗，余八入秦，似为《史记》两说作调停者，愈转愈奇，亦愈不可信也。

鼎沦于泗，在汉代犹为一极有力之传说。《封禅书》记汉文帝从新垣平言，更以十七年为元年，平言曰："周鼎亡在泗水中，今河溢通泗，臣望东北汾阴，直有金宝气，意周鼎其出乎？"于是文帝南临河，思祠出周鼎，以诛平而止。汾阴有金宝气，新垣平遽谓是周鼎。周鼎已沦于泗，而在汾阴见其光气者，则曰"河溢通泗"，鼎已由泗转河而入汾。此物真神奇哉，陆行虽无途可出，水行则不楫自来。至于武帝之世，而汾阴后土营旁果掊土得鼎，《封禅书》曰："鼎大异于众鼎，文镂无款识。"盖若后世所称之"素鼎"，与九鼎之象物者不同，故汉廷不言是周鼎也。

九鼎为物，殆如见首而不见尾之神龙。适之先生尝谓予，"恐只是一个神话"，此自甚可能。清代学者亦多献疑。全祖望《七校水经注》以理性斥其妄，曰："周鼎何以过彭城而没泗水，李复疑之旧矣。（按李说见《困学纪闻》十一。）……以道里计之，浮河入渭即至秦土，岂由泗乎！……其妄明矣。《史记·封禅书》又谓宋太丘社亡而鼎沦没泗水，是周鼎早在宋也。夫周鼎何以在宋太丘之社，更不可晓矣。"沈钦韩《汉书疏证》推求其故，为之说曰："周鼎至重，何得轻赍往宋，从河南府却至徐州千二百里乎！愚谓九鼎之亡，周自亡之，虞大国之数甘心也，为宗社之殃，又当困乏时，销毁为货，谬云鼎亡耳。"王先谦《汉书补注》则分别论之曰："当时列国分争，纪载互异。秦之灭周取鼎，自由时人揣度之词，而鼎实未入秦。沦没泗水。则系秦人传闻如此，故始皇有祷祠出鼎之事。"讨论益密，后出转精，王氏之说可为定论。予兹别作一解释：殷代固铸有大鼎，若今中央博物院所藏《姒戊鼎》，高与人齐，可以烹牛。武王克商，所得重器必多。成王营洛邑，择尤移存之，以镇抚社稷。谓之九者，示其富也，非谓实数之凡九器也。以其深藏宫廷，见者至少，而大器名高，言者至众，舌生人口，莫之扣也，经七八百年之宣扬夸饰，遂为复绝一世之庞然大物，有若始皇之十二金人，且神圣玄妙，天命所寄，非受命之天子不克取之矣。及秦灭周，尽致其宝器，所谓九鼎者度亦在焉，徒以声闻过情，远不及传说中之高伟，秦人乃不以九鼎视之，思更别觅。适战国中期有宋太丘社亡之事，社中有大鼎陷入于泗，始皇游彭城闻之，以为是九鼎也，使没水求之。以始皇之有此事也，遂扩大为一神话，一若鼎之自能由周至宋者，且谓其飞行绝迹矣。故九鼎为周人销毁固可能，为秦人攫夺亦可能，特其与太丘社亡而沦泗之鼎固截然两事。合两事为一事，始于秦始皇而成于司马迁。若"贡金九牧"之说则由分州说来，禹有九州，又有九鼎，一经配合，遂使一鼎用一州之金，象一州之物，其说熨贴而自然。左氏书作于战国中叶，彼时分州说已盛，宜其有此言耳。

## 教条式之铭辞

《礼记·祭统》为鼎铭作界说曰："铭者，自名也，自名以称扬其先祖之美而明著之后世者也。"又说明之曰："铭者，论撰其先祖之有德善、功烈、勋劳、庆赏、声名，列于天下而酌之祭器，自成其名焉，以祀其先祖者也。"是则鼎铭所以论先祖之德善，显扬其祖亦即自成其名，世家大族资以张扬门第之传世纪念物也。《祭统》录孔悝之铭以示例，曰："公曰：'叔舅，乃祖庄叔左右成公，成公乃命庄叔随难于汉阳，即宫于宗周，奔走无射。'"假卫庄公之言，称美孔悝七世祖达，谓其随成公奔楚，及成公为晋囚于周室，又随之至周也。曰："'启右献公，献公乃命成叔纂乃祖服。'"续述悝五世祖烝鉏仕于献公之朝也。曰："'乃考文叔兴旧耆欲作率庆士，躬恤卫国，其勤公家，夙夜不解，民咸曰休哉。'"叙悝父圉忠于国家，得民之爱也。末曰："公曰：'叔舅，予女铭，若纂乃考服！'悝拜稽首曰：'对扬以辟之勤大命，施于烝彝鼎。'"此为孔悝以君命继承世卿，喜其得纂祖先之职。作器置于宗庙，以示其子孙者也。此确为鼎铭之绝好代表。知铭辞同于后世之诰命文，凡仕宦之家必受诰命，故凡古代贵族亦必有此一套话头，而鼎铭者正此套话头之表现场所也。

惟其后铭辞渐歧出，其义自显扬而转为教训。然此一转变，实非后之铸鼎作铭者有异于前，只是文籍所示，古人所作之铭如是云尔。最显著之一例，即《大学》所记汤之盘铭，为"苟日新，日日新，又日新"九字。此无与于祖德宗功，惟在诰戒后人，必砥砺奋发以日新其德，字数虽少，而丁宁周至之情已溢于言表。然十年前郭沫若先生作《汤盘孔鼎之扬榷》一文，以保定出土之《商勾兵铭》比例之，谓是"兄日辛，祖日辛，父日辛"之误文。《大学》作者盖利用"日新"二字以发挥其"新民"之义，可谓奇确。昔郢人遗燕相书，命侍者举烛，因过书"举烛"，燕相说之曰："举烛者，尚明也。"燕以治。汤盘之说，亦犹是矣。

次则《晋语一》引商衰之铭曰："嗛嗛之德，不足就也，不可以矜而只取忧也。嗛嗛之食，不足狃也，不能为膏而只取疚也。"亦是教训口吻。谓之商铭，商有此文体乎！

又次为周朝之金人铭。《荀子·宥坐》记孔子观鲁桓公庙之欹器，以其虚则欹，中则正，满则复，而告子路曰："聪明圣知，守之以愚；功被天下，守之以让；勇力抚世，守之以怯；富有四海，守之以谦：此所谓'挹而损之'之道也。"欹器无铭，孔子以理说其示戒之意，然固一望而知为《老子》义。及王肃作《家语》，乃易鲁为周，易欹器为金人，曰："孔子观周，遂入太祖后稷之庙，庙堂右阶之前有金人焉，参缄其口而铭其背曰：'古之慎言人也！戒之哉，无多言，多言多败；无多事，多事多患！……焰焰不灭，炎炎若何？涓涓不壅，终为江河……诚能慎之，福之根也！曰是何伤，祸之门也！强梁者不得其死，好胜者必遇其敌。……君子知天下之不可上也，故下之；知众人之不可先也，故后之。温恭慎德，使人慕之：执雌守下，人莫逾之。……天道无亲，而能下人，戒之哉！'"是铭也，文长二百二十四字，与《毛公鼎》伯仲矣。其语虽与《宥坐》异，而义则无殊，故知王肃依托为之。然此文实非出自肃手。《汉书·艺文志》道家有《黄帝铭》六篇，王应麟《考证》曰："《皇览》记武王问尚父曰：'五帝之诫可得闻欤？'尚父曰：'黄帝之诫曰："吾之居民上也，摇摇恐夕不至朝，故为金人，三封其口曰：'古之慎言！'"'《金人铭》盖六篇之一也。"此言良是。《黄帝铭》一书，魏晋间尚未亡，故《皇览》得录其序，《家语》得载其文。他铭虽佚，知其亦皆训诫辞矣。

问：铭辞何故自显扬而转为教训？曰：此非铭也，乃箴也。其事之别，则铭以章功，箴以示诲。其物之别，则铭刻于金，箴书于简。《楚语上》记左史倚相之言曰："昔卫武公年数九十有五矣，犹箴儆于国，曰：'自卿以下至于师长士，苟在朝者，无谓我老耄而舍我；必恭恪于朝，朝夕以交戒我！闻一二之言，必诵志而纳之以训道我！'在舆有旅贲之规，位宁有官师之典，倚几有诵训之谏，居寝有亵御之箴，临事有瞽史之道，宴居有师工之诵；史不失书，蒙不失诵，以训御之，于是乎作《懿戒》以自儆也。"韦《注》："诵训工师所诵之谏，书之于几也。"《懿戒》，按即《诗·大雅》之《抑》。其辞曰："夙兴夜寐，洒扫廷内，维民之章。修尔车马，弓矢戎兵，用戒戎作，用逷蛮方。"又曰："慎尔出话，敬尔威仪，无不柔嘉。白圭之玷，尚可磨也；斯言之玷，不可为也。"又曰："相在尔室，尚不愧于屋漏。无曰不显，莫予云觏！神之格思，不可度思，矧可射思！"盖于勤政事，敬话言，谨微慎独以上对神祇，无不三致意焉。全文四百六十八字，忠厚缠绵，使人读之而瞿然惕厉，若闻当日蒙师谆谆劝告之歌。然此为诗歌而非鼎铭；即如韦氏说，书之于几，亦是书几而非镂鼎：则不可不辨。

其后推广其意，凡有类于此者皆谓之铭。《大戴礼记·武王践阼》记武王闻《丹书》"敬胜怠者强，怠胜敬者亡；义胜欲者从，欲胜义者凶"之言，"惕若恐惧，退而为戒书，于席之四端为铭焉，于机为铭焉，于鉴为铭焉，于盥盘为铭焉，于楹为铭焉，于杖为铭焉，于带为铭焉，于履屦为铭焉，于觞豆为铭焉，于牖为铭焉，于剑为铭焉，于弓为铭焉，于矛为铭焉"。凡其所居之室及日用之物几无所不铭，顾独未铭于鼎。沈钦韩《汉书疏证》于《黄帝铭》释曰："蔡邕《铭论》曰：'黄帝有巾、机之法。'《文心雕龙·铭箴篇》：'帝轩刻舆几以弼违。'"然则此六铭殆即书于巾、几者，自非铜器之铭文也。非铭而谓之铭，所谓"觚不觚"矣。战国之世，好托古以自伸其说，教条式之铭辞乃骤然增多，黄帝铭固皆道家言，即武王铭亦宁非儒家言耶！

## 吴国兵器

古之兵器制造，以吴、越为最盛。《考工记》曰："吴、粤（越）之剑，迁乎其地而弗能为良。"又曰："吴、粤之金锡，此材之美者也。"以吴、越金锡之美，加以擅长冶铸之工，故得以其所产睥睨寰宇。

吴、越竞美而吴尤胜，故古籍辄偏举吴。《淮南·修务》云：夫宋画吴冶，刻刑镂法，乱修曲出，其为微妙，尧、舜之圣不能及。吴国冶金工业之发达与其所产器物之精美，即此可以想见。故《楚辞·九歌》于"国殇"曰："操吴戈兮被犀甲。"虽以楚国文化之高，产金之富，而其军器则多资于吴。《吕氏春秋·行论》曰："尧以天下让舜，鲧……怒甚猛兽，欲以为乱，……于是殛之于羽山，副之以吴刀。"《海内经》郭《注》引《开筮》曰："鲧死三岁不腐，剖之以吴刀，死（尸）化为黄龙也。"此固属神话，而亦以"吴刀"言，知天下之刀更无有锐于吴者。其造剑尤有名，干将、莫邪及"吴钩"之故事，二千余年来成为一般人之常识。《战国·赵策》记赵奢之言曰："夫吴干之剑，肉试则断牛马，金试则截盘匜，薄之柱上而击之则析为三，质之石上而击之则碎为百。"《荀子·疆国》亦云："刑范正，金锡美，工冶巧，火齐得，剖刑而莫邪已。……剥脱之，砥厉之，则劙盘、盂，刎牛马，忽然耳。"牛马体伟，金石质坚，而不堪吴剑之一击，其利何如。予游虎丘、虞山，皆见"吴王试剑石"，大石中分如截，百世下犹想见其余烈。

吴剑皆个别为之名，合《左传》《国语》《国策》《荀子》《吴越春秋》《越绝书》所记，有鱼肠、属镂、干将、莫邪、湛卢、磐郢（一名豪曹）、钜阙、辟闾、步光、扁诸等。其以工冶名者，有欧冶子、干将、莫邪。其长于剑术者，有越女、袁公。其论剑之语皆甚玄妙，盖吴、越之哲学思想萃焉。

予甚疑剑为后起之武器，在此以前所随身携带者惟戈，故重耳车中乍醒，即以戈逐子犯（《左》僖二十三年），莱驹失戈，狼瞫即取戈以斩囚（文二年），伯州犁上下其手，则穿封戌抽戈逐王子围（襄二十六年），皆伸手即得，无待须臾。自襄《传》以降，则或用戈，或用剑，盖吴已通于上国，剑遂流入中原矣。如襄三年，"魏绛至，授仆人书，将伏剑"，襄二十三年，"范鞅……用剑以帅卒"，晋事也。襄十八年，"齐侯驾，……大子抽剑断鞅"，昭二十一年，"乌枝鸣曰：'用少莫如齐致死，……彼多兵矣，请皆用剑。'"齐事也。昭二十三年，"莒子庚舆虐而好剑，苟铸剑必试诸人"，莒事也。定十年，"圉人……以剑过朝。……杀公若"，鲁事也。哀十七年，"良夫……袒裘不释剑而食"，卫事也。知吴之文化至春秋后期已遍及河、济流域。（桓十年有虞叔宝剑，僖十年谓晋里克伏剑死，疑均左氏笔滑，误以后代用具牵涉前代，犹吕氏书谓舜以吴刀杀鲧然。至楚与吴为邻邦，自易接受吴之文化，宣十四年书楚庄王"剑及于寝门之外"，为可有之事。）

又有一事可作此旁证者，自杀之方式是也。戈为铜质，其援短，接以
柲成矩形，以之直前击刺尚可，绝不适于横刀自杀，故在用戈时代，其自
杀惟有缢，缢遂为自杀之定式。《左传》所载，若楚之成王、灵王，晋之
太子申生，鲁之共仲，齐之崔杼夫妇，莫不然。及剑起而斩代之以自刭，
盖左手握发，右手持柄，以其铁锋之长且锐，一肆力即可断喉，视缢死轻
简多矣。定十四年《传》，吴伐越，越子勾践御之，……使罪人三行属剑
于颈而辞曰：二君有治，臣奸旗鼓不敏于君之行前，不敢逃刑，敢归死，
遂自颈也。此壮烈之故事出于越，越固与吴同文化者也。延及战国，剑遂
为士类必有之佩，虽以冯谖之贫犹有一剑，而凡自杀者亦莫不以剑。田横
五百士，较之越之罪人三行，其壮烈尤有甚焉。戈于是时，盖无所用。中
原文化与吴、越文化之代谢，此实为最明显之一例。

## 驱兽作战

《五帝德》曰："黄帝……教熊、罴、貔、豹、虎，以与赤帝战于版泉
之野。"《史记》用之，作"熊、罴、貔、貅、䝙、虎"。《索隐》云："此
六者猛兽，可以教战。《周礼》有服不氏，掌教扰猛兽。"此皆直谓驱兽作
战。又《孟子·滕文公下》："周公相武王诛纣，……灭国者五十，驱虎、
豹、犀、象而远之，天下大悦。"下文又云："周公兼夷狄，驱猛兽而百姓
宁。"似纣之与国亦有用猛兽于战役中者。夷考其言，均未必然。

《吕氏春秋·古乐篇》曰："成王立，殷民反，王命周公践伐之。商人
服象，为虐于东夷；周公遂以师逐之，至于江南。"《左传》定四年曰：
"（楚）王使执燧象以奔吴师。"杜《注》："烧火燧系象尾，使赴吴师，惊
郤之。"此可见商人服象之后，历六百年而楚人犹承其风。然商与楚仅服
象而已，与虎、豹、犀固无与。象本驯兽，如马之可驭，用以驾车或作战
皆无不可，《西京杂记》曰："汉卤簿有象车。"《旧唐书》《真腊国传》
曰："有战象五千头，……与邻国战则象队在前，于背上以木作楼，上有
四人，皆持弓箭。"是也。

然则孟子之言得无以私意增益虎、豹、犀乎？曰：彼亦有所受之也。

《逸周书·世俘篇》记克纣后事，曰："武王狩，禽虎二十有二，猫二，……犀十有二，……熊百五十有一，罴百一十有八。……武王遂征四方，凡憝国九十有九国。"彼取此所言与周公逐象之事合而为一，故曰"虎、豹、犀、象"也。(《汉书·律历志》引《武成》，其语在《世俘》中。《书序》云："武王伐殷，往伐归兽，……作《武成》。"亦与《世俘》所记合。孟子曰："吾于《武成》取二三策。"知《世俘》一篇为孟子所曾读，故能杂用之。)然《世俘》所言，夸武王狩猎所获之多耳，商人固未驱之以抗周也。而况此系武王事，非周公事，则孟子所言显有语病。

是后惟王莽时有一事差与孟子言合。《后汉书·光武帝纪》目："初，王莽征天下能为兵法者六十三家，数百人，并以为军吏。……时有长人巨无霸长一丈，大十围，以为垒尉，又驱诸猛兽虎、豹、犀、象之属以助威武，自秦、汉出师之盛未尝有也。……光武乃与敢死者三千人从城西水上冲其中坚，……震呼动天地，莽兵大溃，……虎豹皆股战，士卒争赴，溺死者以万数，水为不流。"此为驱兽作战之事实，而其事乃类于儿戏，此原是王莽之好奇，不可为训者也。

夫猛兽不能帖服于人，今之马戏班可谓极驯扰之能事，然狮虎终不能与猿马同工，想古人未必有特殊之本领以变化其性质。惟此等传说亦非尽出幻想。《左传》庄十年，郎之役。鲁公子偃"蒙皋比（虎皮）而先犯之"，以胜宋。僖二十八年《传》，城濮之役，晋下军佐胥臣亦"蒙马以虎皮"，以胜陈、蔡。可见春秋时代自有此种兵法。虎者非虎也，虎皮而已。《史记·田单传》："乃收城中得千余牛，为绛缯衣，画以五采龙文，束兵刃于角，而灌脂束苇于尾，烧其端。……牛尾炬火光明炫耀，燕军视之皆龙文，所触尽死伤。"龙者非龙也，采画之龙文而已。若以神话式之记载施于田单，不将曰齐以火龙胜燕乎！《宋书·宗悫传》："元嘉二十二年，伐林邑……林邑王范阳迈倾国来拒，以具装被象，前后无际，士卒不能当，悫曰：'吾闻师子威服百兽。'乃制其形，与象相御；象果惊奔，众因溃散，遂克林邑。"狮者非狮也，制狮之形而已。若亦以神话方式施之，不将曰宗悫以狮军破象阵耶！

# 乘 龙

龙为古人想象中含有神秘性之动物，《乾》之六爻以龙为象，见则在田，跃则在渊，飞则在天，盖合水栖、陆栖与翔空之动物为一体，无在而不宜也。《象传》释之曰："时乘六龙以御天。"谓圣人明《乾》道之终始，可乘六龙以行乎天也。

《左传》昭二十九年记蔡墨语，谓古者畜龙，故国有豢龙氏，有御龙氏；又述董父能扰畜龙，舜因赐之氏曰豢龙，孔甲得乘龙于帝，河、汉各二，独刘累能饮食之，因赐之氏曰御龙，以证实之。

《五帝德》托孔子语曰："颛顼……乘龙而至四海：北至于幽陵，南至于交阯，西济于流沙，东至于蟠木"，惟其乘龙，故能遨游于四极也。又述帝喾曰：春、夏乘龙，秋、冬乘马，龙与马有同等之效用，故可随时而递乘也。司马迁作《史记》，悉取《五帝德》文散入《五帝本纪》中，而独删此乘龙之语，则嫌其不雅驯耳。然不雅驯者古史之本相，古人知识未广，以冥想作为神话，虽非真史实而不可谓非真想象。若去神话而谈古史，犹去嬉戏而谈儿童之生活也，乌乎可！

《海经》中四言乘龙，《海外西经》与《大荒西经》有夏后启，《海外东经》有句芒，《海内北经》有冰夷，皆言"乘两龙"，其数谦于《易·象》。

《楚辞·九歌》，祀神之诗也，于《云中君》言"龙驾兮帝服"，于《湘君》言"驾飞龙兮北征"，又言"飞龙兮翩翩"。于《大司命》言"乘龙兮辚辚，高驼兮冲天"，于《东君》言"驾龙辀兮乘雷"，于《河伯》言"驾两龙兮骖螭"，则神灵之降固有若少司命之乘风云，山鬼之乘豹狸，而以乘龙者为最多。故屈原侘傺难堪，欲高举以写其忧，则曰："驷玉虬以乘鹥兮，溘埃风余上征。"虬，龙之无角者也。又曰："为余驾飞龙兮，杂瑶象以为车。"又曰："驾八龙之蜿蜿兮，载云旗之委蛇。"（《远游》文同）驾虬而言驷，既盛于《海经》之乘两龙，驾龙而言八，又侈于《象传》之乘六龙，此诗人之放纵矣。

《史记·封禅书》载公孙卿所受于申公之《鼎书》，其辞曰："黄帝采首山铜，铸鼎于荆山下。鼎既成，有龙垂胡髯下迎黄帝。黄帝上骑，群臣后宫从上者七十余人，龙乃上去。余小臣不得上，乃悉持龙髯，龙髯拔堕，堕黄帝之弓。百姓仰望黄帝既上天，乃抱其弓与胡髯号，故后世因名其处曰鼎湖，其弓曰乌号。”此自为一有趣味之神话，然而知其必出于汉代者，则前人之辞皆曰“乘龙”，或曰“驾龙”，神灵之行特以龙驾车耳，非即跨而骑之，而此书乃曰“龙垂胡髯下迎”，曰“黄帝上骑”，曰“群臣后宫从上者七十余人”，知龙之来也无车，黄帝与群臣直据龙身而上腾，以龙身之蜿蜒而长，故前后可容七十余人也。而其所以无车者，无他，单人匹骑之风之反映耳。古代以马驾车，虽骐骥亦局促于辕下，以龙代马自亦宜然。战国时，秦、赵、燕向北拓地，习染胡风，改车为骑，其行轻剽，龙既飞行自在，诚不如舍车之便于驰骋矣。

后世定龙之专职为行雨，故凡小说中写神仙者皆谓腾云驾雾，冉冉而至，非特不驾龙，亦且不骑龙，遂大异于古人之想象。



## 刍 狗

《老子》云：“天地不仁，以万物为刍狗。圣人不仁，以百姓为刍狗。”王弼《注》云：“天地任自然，无为无造，万物自相治理，故不仁也。……地不为兽生刍而兽食刍，不为人生狗而人食狗。无为于万物而万物各适其所用，则莫不赡矣。”王氏以刍代表植物，以狗代表动物，谓动物食植物而人又食动物，任其自然，天地无容心也。按此固言之成理，而其训刍狗则非是。

《淮南·齐俗》云：“刍狗、土龙之始成，文以青黄，绢以绮绣，缠以朱丝，尸、祝袀袨，大夫端冕以送迎之；及其已用之后则壤土、草蓟而已。”高《注》：“刍狗，束刍为狗以谢过求福；土龙，以请雨。”又《说山》云：“圣人用物，若用朱丝约刍狗，若为土龙以求雨。刍狗待之而求福，土龙待之而得食。”又《说林》云：“譬若旱岁之土龙，疾疫之刍狗，是时为帝者也。”又云：“刍狗能立而不能行。”由此四则观之，知刍狗为古代遭疾疫时祈祷之偶像，其状为狗，其材则刍，又而缠以朱丝，加以文绣，与彼时祈雨而以土作龙者相类，与今日求年而以纸糊春牛者亦相似。

《淮南》所谓"是时为帝"，高《注》："时见贵也。"谓常祭时则尊奉之若天帝，祭毕则弃之如遗耳。

窃意《老子》所谓刍狗之本义即此。犹蔡泽说应侯曰："四时之序，成功者去。"因陈商君事而曰"功已成矣而遂以车裂"，陈吴起事而曰"功已成矣而卒枝解"，陈大夫种事而曰"功已彰而信矣，勾践终负而杀之"（见《史记·蔡泽传》）。夫万物当春而荣，当秋而杀，而不任其常荣，此天地之不仁也；百姓得其时则富贵，不得其时则贫贱，而不任其常富贵，此圣人之不仁也。《周易》所谓"亢龙有悔"，《庄子》所谓"安时处顺"，《孟子·公孙丑上》篇引齐谚曰："虽有知慧，不如乘势，虽有镃基，不如待时。"《史记·佞幸传》引谚曰："力田不如逢年；善仕不如遇合。"皆是义也。此种思想是否正确乃别一问题，而其重自然之变化，轻人为之矫揉，其意味甚显，诚道家之中心思想。王弼不晓其义，度晋时已无刍狗之祭矣。

## 鲤跳龙门

《淮南·氾论》云："夫牛蹄之涔不能生鳣鲔。"高《注》："鳣，大鱼，长丈余，细鳞黄首，白身短头，口在肠下。鲔，大鱼，亦长丈余。仲春二月，从西河上，得过龙门便为龙。先师说云也。"又《修务》云："禹沐浴霪雨，栉扶风，决江疏河，凿龙门，辟伊阙。"高《注》云："龙门本有水门，鳏鱼游其中，上行，得上过者便为龙，故曰龙门。"是鱼跳龙门之说在汉已甚盛，疑当与龙门之地名俱来，其鱼则为鳣，为鲔，为鳏。

《诗·卫风·硕人》曰："河水洋洋，北流活活，施罛濊濊，鳣鲔发发。"又《周颂·潜》曰："猗与漆、沮，潜有多鱼，有鳣有鲔，鲦、鲿、鰋、鲤。"毛《传》："鳣，鲤也。鲔，鲐也。"《说文》承之，曰："鲔，鲐也。鲐，叔鲔也。鲤，鳣也。鳣，鲤也。"然《潜》诗中既有鳣，又有鲤，则非同样之鱼可知，盖相似者耳。以此，《郑笺》曰："鳣，大鲤也。"陆玑《毛诗草木鸟兽虫鱼疏》以目验者释之，曰："鳣出江海，三月中从河下头来上。鳣身形似龙，锐头，口在额下，背上腹下皆有甲，纵广四、五尺，今于盟津东石碛上钓取之，大者千余斤。……鲔鱼形似鳣而色青，黑头小而尖，似铁兜鍪，口在颔下，其甲可以磨姜，大者不过七、八尺，益州人谓之鳣鲔，大者为王鲔，小者为鮛鲔，一名铬，肉色白，味不如鳣也。"（《御览》卷九三六引）又曰："河南巩县东北崖上，山腹有穴，旧说此穴与江湖通，鲔从此穴而来，北入河，西上龙门，入漆、沮。故张衡赋云：'王鲔岫居。'山穴为岫，谓此穴也。"（《尔雅·释鱼疏》引）。是知鳣与鲔均鲤类之大鱼。鳏则无闻，疑误文也。

河流迅疾，非他鱼所可滋长，惟适于鲤类。予至开封、绥远、兰州，食必以鲤。《诗·陈风·衡门》曰："岂其食鱼，必河之鲤。"非敢必之，欲求他鱼而不可得也。龙门之山在陕西韩城，两厓对峙，河水自高而下，奔腾倾泻，有如瀑布之三折，故谓之曰："禹门三级浪。"鲤性善跃，能自高处跳踉而下，亦能自下流跳踉而上，其鳞甲刚劲，又有如想象中之龙，故有"得过龙门便为龙"之说。今文《太誓》记武王伐纣，"太子发升舟，中流，白鱼入于王舟"，此当为白身短头之鳣。鳣自三月中逆流而上，武王四月出师，将及盟津而跃鱼入舟，宜也；谓之为瑞，则自欺也。

宋马永卿《嫩真子录》有《鲤鱼化龙》一条，可与此相证。其文曰："鄱阳湖水连南康军江一带，至冬深水落，鱼尽入深潭中。土人集船二百艘，以竹竿搅潭中，以金鼓振动之，候鱼惊出，即入大网中，多不能脱。惟大赤鲤鱼能跃出，至高丈余；后入他网中则不能复跃矣，盖不能三跃也。故禹门化龙者是大赤鲤鱼，他鱼不能也。杜子美观打鱼歌云：'绵州江水之东津，鲂鱼鲅鲅色胜银。渔人漾舟沉大网，截江一拥数百鳞。众鱼常才尽却去，赤鲤腾出如有神。'仆亲见捕鱼，故知此诗之工。"按郭璞《尔雅注》云："鲤，今赤鲤鱼。"与此合。知毛《传》《说文》所云"鳣，鲤也"，为模棱之谈矣。

## 兽骨书字

殷契所用兽骨，以牛胛骨为最多，为其宽而且平，适于作字也。予游甘肃西部诸县，见清真寺中所设回文学校，男女儿童或数十，或数百，皆持牛胛骨一枚。阿衡（教长）书阿拉伯文字于其上，初年级书单字，高年级书经文，以教以读。读之既熟，抹以水而去之，更书一节，如内地学校之石版然；特不知彼辈如何温习旧书耳。其所以用牛胛骨者，以回教徒业屠牛者多，取材易也。

蒙、番区域中，惟喇嘛及土官识字，一般民众虽不识而以信仰佛教之诚笃，常以长布乞喇嘛书写经文，张其两端于道旁屋角，若内地之标语然，谓风吹一动即有念经一遍之功德；流泉之中辄装圆筒，中置经卷，筒随泉急转，亦谓每一转若念经一卷也。寺门之外皆置革制金漆经文圆筒若干，小寺数十，大寺数百，名曰"古拉"，转动之者功亦如之。故番民除为生活而劳动外，余暇皆消费于转古拉，或独持一小古拉而转之，或集数人以巨绳系一大古拉而共转之，或徘徊寺廊而循次转之。亦有取羊胛骨十数枚，刻经咒于上，缠以牛毛之索，累累悬于树间，以风起骨动为功德者。其所以用羊胛骨之故，由彼地多宰羊，少宰牛，亦就取材之便也。

## "被发左衽"

《论语·宪问》篇记孔子语云："微管仲，吾其被发左衽矣。"谓如无管仲，齐桓即不得成其一匡天下之霸业，而华夏将胥沦于夷狄也。何谓左衽？何氏《集解》无释。邢《疏》云："衽，谓衣衿，衣衿向左谓之左衽。"朱《注》亦云："衽，衣襟也。"是则夷狄之俗，襟向左开，殆成定说。然人类活动，右手之用为多，襟之在右即以此故；若移于左，不便甚矣。此盖前代学者未亲见边陬风俗，仅随文而敷义耳。

予游蒙、番诸地，见其衣虽设有两袖，而以便利工作之故，仅穿左臂。其贵族阶级固不必躬亲操作，而以习惯如此，虽内衣两袖俱穿，而外衣亦仅伸左袖；非天气严寒，右袖终不用也。岂特吾国边方如是，印度亦然，试观佛、菩萨像，多袒其右臂于袈裟之外，然则苟非冠裳之国，实有类似之风。

案衽自有襟义，而亦有袖义。拜称"敛衽"，谓敛其两袖而拜也。《楚辞·招魂》状郑舞之容曰："衽若交竿。"竿为长四尺余之乐器，长袖善舞，回转相交，有若两竿；若释为襟则何由交乎！庄忌《哀时命》云："左袪挂于榑桑，右衽拂于不周。"左袪与右衽对文，袪即袖，衽亦袖也；若释为襟，则何由拂乎！故知左衽云者，谓惟左臂穿入袖中耳，其襟固仍在右也。《战国·赵策二》曰："被发文身,错臂左衽,瓯越之民也。"姚《注》云:"孔衍作'右臂左衽',右袒其臂也。"既已右袒其臂,则左臂在袖可知矣。

散发之俗,今青海保安女子犹如此。西番妇女梳辫数十,满披于肩背而束集于腰带,自远望之俨若散发,则小变其形耳。

又按,《左传》宣十二年,楚庄王克郑,"郑伯肉袒牵羊以逆"。杜《注》:"肉袒牵羊,示服为臣仆。"《吕氏春秋·行论》,楚庄王围宋,"宋公肉袒牵牺,委服告病曰:'大国若宥图之,唯命是听!'"案肉袒与左衽本一事,左臂纳于衽,右臂独袒露也。夷俗,凡服罪者馈牲以输诚。《三国·魏志·东夷 涉传》云:"其邑落相侵犯,辄相罚责生口牛马。"即此风。然初不限于东夷,西羌南蛮莫不如是。郑、宋之君降楚,行此夷礼,或以楚俗亦如是耶?

## 饮 器

《史记》中两见"饮器"字。《刺客传》云:"赵襄子最怨智伯,漆其头以为饮器。"《大宛传》云:"匈奴破月氏王,以其头为饮器。"裴骃《集解》引韦昭曰:"饮器,稗榼也";又引晋灼曰:"饮器,虎子之属也;或曰饮酒器也。"案《说文》云:"稗,圆榼也。……榼,酒器也。"《左传》成十六年:"使行人执榼承饮,造于子重。"是稗榼为木制承杯之具。至虎子则溺器耳。三国、两晋之间释此者有酒器与溺器二说,果孰是乎?

其后司马贞作《索隐》,以两说为皆非,云:"稗榼所以盛酒耳,非用饮者。晋氏以为褒器者,以《韩子》《吕氏春秋》并云:'襄子漆智伯头为溲杯'故也。"案韩、吕"溲杯"之说实《索隐》之误文。《韩非子·难三》云:"此知伯之所以国亡而身死,头为饮杯之故也。"《吕氏春秋·义赏》云:"赵襄子……击智伯,断其头以为觞。"曰饮杯,曰觞,皆酒器,非溺器也。

张守节作《正义》,则引《汉书·匈奴传》以证之。案《汉书》文云:"元帝……遣车骑都尉韩昌、光禄大夫张猛送呼韩邪单于侍子。……昌、猛见单于民众益盛,……与为盟约,……与单于及大臣俱登匈奴诺水东山，刑白马，单于以径路刀、金留犁挠酒，以老上单于所破月氏王头为饮器者共饮血盟。"张氏以《汉书》解《史记》，而饮器之义明，饮器固酒器也。《注》引应劭曰："径路，匈奴宝刀也。金，契金也。留犁，饭匕也。"是径路刀、金留犁、月氏王头所作之饮器，三者为匈奴国宝，故于最隆重之盟誓大典中用之。若为溺器，安得云尔。故三注之中，《正义》最胜。

又案《淮南·齐俗》云："胡人弹骨，越人契臂，中国歃血也，所由各异，其于信一也。"高诱《注》曰："胡人之盟约，置酒人头骨中，饮以相诅，刻臂出血；杀牲歃血：相与为信。"《淮南》书作于诸水盟前，而已有弹骨之文，则盟诅之时饮头骨中酒固是匈奴旧俗。杀月氏王而以其头为饮器者，正所以徼福于神，非亵之也。老上单于以月氏王头为饮器之义如此，则赵襄子以智伯头为饮器之义亦必然。徐中舒先生曰："髑髅为饮器，中亚游牧族之风俗，匈奴、西藏均盛行。蒙古时杨涟真伽曾掘宋理宗墓，以其髑髅为器。赵襄子盖亦受中亚游牧族之影响。"（《责善》一卷十二期）其说是也。

予见喇嘛寺中多以人头盖骨作鼓，弃其下半，所存者如碗状，蒙之以皮，嗙经时打之。此虽非酒器，度其作为酒器时亦必如是，第不蒙皮耳。若曰溺器，则安有是容量。

## 蜀中石器

初至成都，见城中有支机石街、天涯石街，欲一观之。天涯石不得其门；支机石则得其门而未得入，立墙外以望，片石翘然，其高逾丈。谓为天孙取支织机，良不似。

读《华阳国志》，知蜀国石器特多，而多用于墓葬。曰："每王薨，辄立大石，长三丈，重千钧，为墓志，今石笋是也，号曰笋里"，则支机石云云固蜀王墓前之志矣。谓之为笋里，当不止一石，则诸王墓集中处矣。又曰："武都有一丈夫化为女子，美而艳，……蜀王纳为妃，不习水土，无几物故。蜀王哀之，乃遣五丁至武都担土，为妃作冢，盖地数亩，高七丈，上有石镜。"称为石镜，当是圆石；置之于墓，则是墓志之别一形矣。

又曰："成都县内有一方折石，围可六尺，长三丈许。去城北六十里，曰毗桥，亦有一折石，亦如之。长老传言，丁士担土担也。"五丁以大石担土，自为长老谬悠之谈。石长三丈，则与笋里大石同其尺度，知亦墓志也。由蜀国墓志可以推出两事：其一，此石所以志墓而未云文字，知蜀国无文字；其二，中原之墓本无以石为表识者，而汉以下，有碣，有碑，有志铭，疑为蜀文化之移植也。

蜀中多山故多石，秦亦如之。秦有《石鼓》及《诅楚文》刻石，我国石刻文字导源于是。其后始皇巡狩所及，辄令群臣刻石颂秦德，又开汉以下峙碑之先。而秦之灭蜀亦得力于石器。《志》曰："周显王之世，蜀王有褒、汉之地，因猎谷中；与秦惠王遇。惠王……乃作石牛五头，朝泻金其后，曰：'牛便金！'……蜀人悦之，使使请石牛。惠王许之，乃遣五丁迎石牛。既不便金，怒遣还之。"又曰："周慎王五年秋，秦大夫张仪、司马错、都尉墨等从石牛道伐蜀。"是秦以蜀道逼仄，不便行军，故以石牛欺之而开道，犹智伯遗夵犹以钟也。

灭蜀后又有新作之石器。《志》曰："秦孝文王以李冰为蜀守，……作石犀五头以厌水精，穿石犀溪于江南，命曰犀牛里。后转为耕牛二头，一在府市桥门，今所谓石牛门是也，一在渊中，乃自湔堰上分穿羊摩江、灌江，西至于玉女房下，……作三石人立三水中，与江神要水，竭不分足，盛不没肩。"李冰为水利专家，其作石犀、石牛、石人，皆所以测水高者；时人不晓其义，讹播为神话耳。石犀所在，今成都西门外之犀浦镇也。

至汉，文翁守蜀，文教大行。《志》曰："文翁立文学精舍讲堂，作石室……在城南。水初后堂遇火，太守陈留高朕更修立，又增造二石室。"其地即今文庙前街之府学。以石为室，足见规模之弘。然文、高所造石室俱不克保存，何耶？

予至蜀中，所见石器之最古者当推新都王稚子墓阙，东汉物也。又曾于重庆綦溪见一不知名之阙，作伏羲、女娲交缠形，当亦汉物。又于四川省立博物馆及华西大学博物馆中见汉代墓门十余，皆有图画；惜蜀中黄沙石质太粗，只能刻粗线条耳。

蜀石多而用广，故雕匠兴焉。予寓崇义桥，附近有善堂造塔，集匠刻诸小说戏剧故事砌于壁，观其腹有成稿，不须描绘，运凿即成，姿态生动，叹为富于技巧之手工业。闻业此者全川仅八家，不轻传人，惟石质粗松，易受风日之蚀，百年后即作片片坠，故古雕刻保存绝少。蜀中有悠久历史与高超文化而古碑竟无多，此一大原因也。

## 蜀中冢墓

俗称墓曰"土馒头"，以其皆作圆顶也。予至咸阳原上望古帝王陵寝作方顶，始见别一型式。及游蜀数年，则所见墓形尤多异。

嘉陵江一带，悬岩绝壁之上辄露一孔若窗然，其内藏棺，是曰"崖墓"。当年依壁支架，高十余丈，凿山为室，舁柩而上，及安柩毁架则人踪绝矣。此为保存尸体计，不能服其设想之周至，盖既可屏盗，亦极干燥也。忆二十四年予游磁县响堂，山多造像如云冈、龙门，一洞绝高，最高处雕佛像绝整，导者告我曰："是高欢葬处也。"安柩于内而凿佛于外，其高不可攀，正与之同。

乐山附近多"蛮子洞"，土人谓昔为蛮子所居，实则汉墓也。就山凿室而外作廊庑形。门前宽敞，石柱骈列，若大宅然。墓早被发，棺椁明器悉无存，或獠、僰内侵曾假馆于此耳。游新津，入一新发见之汉某太守墓，内石室凡八，有层楼，有通明之圆洞，其置棺处有石台，偏于室右。

成都城内有武担山，昭烈帝即位于是，实蜀王妃墓。其形为长阜，两端高而中央洼，有若马鞍。郫县有古墓二：一望帝、丛帝陵，蜿蜒盘屈，若吴中名园所堆假山；一西汉何武墓，曲若折矩，前为羡道，作长条形，端有三门，石刻龙凤，右折处乃其棺椁所在，亦作长条形，意有列室在其下欤？武担与望丛陵并象山形，按《史记·卫将军骠骑列传》云："骠骑将军（霍去病）……元狩六年而卒，天子悼之，……为冢像祁连山。"知汉代尚有象山形为墓者。特不知汉武是否受蜀墓之影响，抑他处固亦有类此之制也？

## 氐羌火葬

《墨子·节葬下》："秦之西有仪渠之国者，其亲戚死，聚柴薪而焚之，熏上谓之'登遐'，然后成为孝子。"《吕氏春秋·义赏篇》云："氐、羌之民，其虏也，不忧其系累而忧其死不焚也。"《庄子》佚文云："羌人死，燔而扬其灰。"（《御览》七九四引）可见氐、羌之俗，死皆火葬，若死后不燔焚，则其悲戚有甚于被虏者。此在佛教未传入时，知彼族亦自有其神话，谓燔扬其灰可以有登天之乐也。

自吐蕃立国，包氐、羌之地而有之，及卫藏为佛教中心，氐羌之人悉受同化，二者遂浑合无间。今称其人为番子或西番，番者吐蕃之省文，犹之称藏民耳。予于二十七年六月至拉卜楞，闻小庙沟有葬场。因往观焉。场有二：一火葬场，一天葬场。喇嘛死后、舁尸至火葬场，积柴烧化。民尸但得送天葬场，焚香击钹，即有专食死人之鹰鹯成群盘旋而下，啄食其肉。食之不尽，则家人用刀砍碎之，俾鸟易食。如其犹不尽，便以为其人生前作恶，为天所弃矣。予等践履其地，触足皆碎骨，如入屠场，心为惨怛。氐、羌本火葬，及佛教传入而其权利竟被喇嘛所独占，则阶级思想为之也。然无论火葬或天葬，要之无完整之尸骨可检，亦无坟墓可寻，此则研究人种学者之憾事矣。

日本人自杀以切腹而不刎颈。闻彼邦传说，凡断脰者转世不得为人。此与氐、羌之忧死而不焚者将无同？

## 纸制冥器

古来祭神鬼之仪品皆以实物，或以俑，今在墓中所发得者斑斑可见也。何时改为纸制，蓄疑于心久矣。今乃知其为契丹之风。《辽史·礼志六》载《岁时杂仪》云："冬至日，……天子望拜黑山。黑山在境北，俗谓国人魂魄，其神司之，犹中国之岱宗云。每岁是日，五京进纸造人马万余事，祭山而焚之。"又云："岁十月，五京进纸造小衣甲、枪刀、器械万副。十五日，天子与群臣望祭木叶山，用国字书状，并焚之。国语谓之'戴辣'，戴，烧也；辣，甲也。"是则当时纸制者，人、马、衣、甲、枪、刀、器械，尽有之，其技术亦甚高超矣。疑此风辽传之金，金传之宋，遂普及于中土。

吾吴富家遇丧事，辄雇良工扎彩纸造房屋，往往经月方就。人入其中，绰有回旋之地，床帐沈沈，衣箱叠叠，时钟、明镜日用之物惟备。唪经既毕，一举焚之。他处则尚无此豪侈，工人技术亦未能尽量发展如此也。闻八一三事变后，苏州屡遭轰炸，而以飞机场为甚。司场者因令冥器铺制机若干列场上，日本空军不知，大消耗其炸弹。是亦吴中纸扎艺术一佳话，何意此种佞鬼之物竟有措诸实用之时哉！

# 卷之四　史事类二十一则

## 蚩　尤

《书·吕刑》曰："蚩尤惟始作乱，延及于平民，罔不寇贼，鸱义、奸宄、夺攘、矫虔。苗民弗用灵，制以刑，惟作五虐之刑曰法。"是蚩尤为始作乱之人，而苗民乃承其绪者也。《史记·五帝本纪》曰："轩辕之时，……蚩尤最为暴，莫能伐。……蚩尤作乱，不用帝命，于是黄帝乃征师诸侯，与蚩尤战于涿鹿之野，遂禽杀蚩尤。"是蚩尤当黄帝世而作乱，为黄帝所禽杀者也。学者多习《尚书》《史记》，蚩尤之恶早成定谳。《汉书·人表》列诸"下下愚人"，宜矣。

然读《管子》而有疑焉。《管子·五行篇》曰："昔者黄帝得蚩尤而明于天道，得大常而察于地利，……黄帝得六相而天地治，神明至。蚩尤明乎天道，故使为当时。"是蚩尤明于天道、黄帝任之为当时，列于六相之首者也。《地数篇》又曰："黄帝问于伯高曰：'吾欲陶天下而以为一家，为之有道乎？'伯高对曰：'请刈其莞而树之，吾谨逃其蚤牙……上有丹沙者，下有黄金。上有慈石者，下有铜金……苟山之见其荣者，君谨封而祭之……'修教十年而葛卢之山发而出水，金从之。蚩尤受而制之，以为剑、铠、矛；戟；是岁相兼者诸侯九。雍狐之山发而出水，金从之。蚩尤受而制之，以为雍狐之戟、芮戈；是岁相兼者诸侯十二。故天下之君顿戟一怒，伏尸满野。此见戈之本也。"是黄帝欲合天下为一家，祭山以出金，蚩尤受之以制兵器，助成黄帝统一之功者也。从《管子》之言，蚩尤固黄帝之良臣，安得谓其不用命而作乱，黄帝与战而禽杀之乎！

究传说中所以有此两歧之故，盖《封禅书》载齐国八神，"三曰兵主，祠蚩尤"。《天官书》云："蚩尤之旗类彗而后曲，象旗，见则王者征伐四方。"蚩尤既为主兵之神，则兵能平乱，亦能作乱，颂平乱者自可归功于蚩尤之佐黄帝，厌作乱者亦得致憾于蚩尤之造戈矛，两种心理衍成两种传说，各自发展，初不相谋，遂使记载中有如此之冲突耳。

至于黄帝与蚩尤战之传说，则由其皆为战神之故。《史记·高祖本纪》云：“父老乃率子弟共杀沛令，……立季为沛公，祠黄帝祭蚩尤于沛庭而衅鼓。……收沛子弟二三千人，攻胡陵、方与。”是将战之时，黄帝与蚩尤并祭。既同为战神，自有衍变而为相杀之可能也。

又按，《吕刑》一篇为姜姓之国制刑之书，姜姓起于西土，禹亦兴于西羌，故篇中三后（禹、稷、伯夷）俱为西土传说中最伟大之人物，而禹之得位由于征苗（《墨子·非攻下》云：“禹征有苗，……立为圣王。”《随巢子》云：“禹乃克三苗而神民不违，辟土以王。”），故篇首痛陈苗民罪恶以见禹得国之正，因苗民之以兵相虐而推其祸端发于蚩尤，因定为肇乱之人。是则蚩尤善恶之异或亦以地域之东西为判乎？

## 虞　幕

《帝系》录有虞氏之世次曰：“黄帝产昌意。昌意产高阳，是为帝颛顼。颛顼产穷蝉，穷蝉产敬康。敬康产句芒。句芒产蟜牛。蟜牛产瞽瞍。瞽瞍产重华——是为帝舜——及产象敖。”史迁作《五帝本纪》，顺承其事而倒行其文，曰：“虞舜者，名曰重华。重华父曰瞽叟。瞽叟父曰桥牛。桥牛父曰句望。句望父曰敬康。敬康父曰穷蝉。穷蝉父曰帝颛顼。颛顼父曰昌意，以至舜，七世矣。”舍“瞍”与“叟”，“蟜”与“桥”，“芒”与“望”，文字略有异同外，似无何问题可言。

然证之以《左传》与《国语》而不能无疑。《左传》昭八年记晋史赵之言曰：“陈，颛顼之族也。……自幕至于瞽瞍无违命，舜重之以明德。”郑众、杜预作注，并云：“幕，舜之先。”（郑《注》见《史记·陈杞世家集解》。）史赵谓颛顼、瞽瞍间有幕之一代，而按以《帝系》，殊未能容。《鲁语》上记展禽之言曰：“幕，能帅颛顼者也，有虞氏报焉。杼，能帅禹者也，夏后氏报焉。上甲微，能帅契者也，商人报焉。高圉、大王，能帅稷者也，周人报焉。”是幕之于虞，犹杼之于夏，微之于商，高圉之于周，虽非始基之君，亦是中兴令主。《郑语》载史伯之言曰：“夫成天地之大功者，其子孙未尝不章，虞、夏、商、周是也。虞幕，能听协风以成物乐生者也。夏禹，能单平水土以品处庶类者也。商契，能和合五教以保于百姓者也。周弃，能播殖百谷蔬以衣食民人者也。其后皆为王公侯伯。"此文所举禹、契、弃为夏、商、周之首一王，似幕亦以为虞之首一王。虽与《鲁语》意义似有不同，而幕在虞代功德之丰隆与其地位之重要则大可见。幕在舜前，一望可知。而贾逵、韦昭作《国语注》，坚守《帝系》之说，于《鲁》《郑》两语均云："幕，舜后虞思也。"（贾《注》亦见《史记·陈杞世家集解》）期其不相扞格。虞思，见《左传》哀元年，夏少康时之虞君也。洵如其言，则虞幕子孙章显于世者复为谁乎？"自幕至于瞽瞍"之语又将如何而解之乎？

且史迁记虞系，于《五帝本纪》虽全采《帝系》，而于《陈杞世家》楚灵王灭陈下，亦录《左氏》之文曰："自幕至于瞽瞍无违命，舜重之以明德。"迁本作史者而非考史者，上古之事至纷乱，殊未易折衷至当，故但存同异，不为弥缝，盖其慎也。贾逵、韦昭乃不了此！

杨君拱辰览此，告予曰："罗泌《路史》杂糅百家，为通人所讥，第于有虞氏之世系颇有创见。如云：'帝舜，……五帝之中独不出于黄帝，自敬康而下其祖也。敬康生于穷蝉，穷蝉出虞幕。'又云：'尝见汉刘耽所书《吕梁碑》，序虞舜之世曰："舜祖幕，幕生穷蝉，穷蝉生敬康，……"'皆不与《史记》同。是则知《帝系篇》当改作者多矣。'"

拱辰又曰："幕之功德为听协风以成物乐生，或为一音乐发明家也。有虞氏一族，世以音乐名。故《吕氏春秋·古乐》曰：'瞽瞍乃拌五弦之瑟作以为十五弦之瑟，命之曰《大章》，以祭上帝。舜立，命延乃拌瞽瞍之所为瑟，益之八弦，以为二十三弦之瑟。'"

三十年七月六日，饶君宗颐自粤诒书亦论此问题，曰："尊著论虞幕非舜后驳韦昭说，至为精确。按《鲁语》言'舜勤民事而野死；鲧障洪水而殛死；禹能以德修鲧之功；契为司徒而民辑；冥勤其官而水死；汤以宽治民而除其邪；稷勤百谷而山死；文王以文昭；武王以武烈'，以冥与舜、禹、契、稷等并列。以《郑语》例之，冥当即幕。按冥幕本一字。《说文》：'冖，覆也，今俗作幂。'是冖为幂本字。又冥字下云：'一曰冖声。'巾部云：'幎，幔也。'而幔字云：'幕也。'冥从冖（幕）声，幎幕互训，二字同隶明纽，古相通也。《鲁语》又云：'幕，能帅颛项者也，有虞氏报焉。'考《淮南子·时则训》：'北方之极，颛项、玄冥之所司。'又《天文训》：'北方，水也，其帝颛项，其佐玄冥。'《汉书·人表》颛项以下第五人为玄冥。颛项以水德王而冥佐之为水官，谓幕能帅颛项殆即指此。斯又幕、冥一人之证也。《左传》：'金天氏有裔子曰昧，为玄冥师。'昧冥双声，昧当为幕之分化。《人表》玄冥下有帅昧，又高诱言：'玄冥，水官也。少昊氏之子曰循，为玄冥师；死，祀为水神。'按帅昧即循与昧之误解。循、帅古通，《鲁语》韦《注》：'帅，循也。'是其证。昧即昧之讹。可见昧、帅昧、玄冥、冥皆即幕之异名。《鲁语》：'商人禘喾而祖契，郊冥而宗汤。'喾即舜，冥即幕。舜为有虞氏而幕称虞幕，正同一系。《路史·余论》载《吕梁碑》云：'舜祖幕，幕生穷蝉（《帝系》及《五帝纪》缺此）。'《人表》穷蝉之上为帅昧，正合。至殷时曹圉子曰冥，当另是一人，亦为水官，故袭冥之号也。《路史·国名纪》：'姑幕，商侯国。'《汉书·地理志》：姑幕，在琅邪郡；或谓即薄姑。按姑为语词，——如隐元年'盟于蔑'，亦称姑蔑，——此姑幕即幕后封邑。《佚周书·王会》'姑妹珍'，卢文弨曰：'即姑蔑。'其地属越，疑即幕之余裔南迁者也。此为拙作《国名纪疏证》之一，因与尊论可相证发，故缕陈之。"此论至深刻，幕事钩稽不少。展禽所言，盖已不了此一故事之演变，故前言冥而后言幕，犹之《海经》之杂言舜与俊而不晓其即为一人之分化也。

# 二女在台

《诗·商颂·玄鸟》曰："天命玄鸟，降而生商。"又《长发》曰："幅陨既长，有娀方将，帝立子生商。"是生商之始祖者为有娀，命之生者为天帝，为之媒介者则玄鸟也。《楚辞·天问》曰："简狄在台喾何宜？玄鸟致贻女何喜？"喾为天帝名，简狄为娀女名。

此故事之较详记载见于《吕氏春秋·音初篇》。曰："有娀氏有二佚女，为之九成之台，饮食必以鼓。帝令燕往视之，鸣若谥隘。二女爱而争搏之，复以玉筐。少选，发而视之，遗二卵北飞，遂不反。二女作歌，一终曰：'燕燕往飞。'实始作为北音。"《淮南·地形》又述二女之名曰："有娀在不周之北，长女简翟，少女建疵。"建疵之名仅见于此。

其后以学者之解释，喾自天帝降为人王。《帝系》记喾四妃，云："次妃，有娀氏之女也，曰简狄氏，产契。"《史记》承之，《毛诗传》又承之，而当初之神话为之变色。《殷本纪》曰："简狄……为帝喾次妃，三人行浴，见玄鸟堕其卵，简狄取吞之，因孕生契。"直以为有夫之妇偶然遭遇之事。毛则曰："春分玄鸟降，……简狄配高辛氏帝，帝率与之祈于郊禖而生契，故本其为天所命，以玄鸟至而生焉。"谓喾与其妃同祈子于郊禖之神，时当玄鸟之至，故得子之后以为天之所命，而有玄鸟生商之语。化神奇为平淡，不得不服其设想之工。

然此等理性之见解似未为当时人所接受，故褚少孙于《三代世表》引《诗传》曰："汤之先为契，无父而生。契母与姊妹浴于玄丘水，有燕衔卵堕之，契母得，故含之，误吞之，即生契"，仍以为无父。《索隐》曰："所引出《诗纬》。"纬书多存民众思想，故克保其神话之原形也。

《史记·秦本纪》多直接采自秦国史料，而记其始祖亦与商同。曰："秦之先，帝颛顼之苗裔孙曰女修。女修织，玄鸟陨卵，女修吞之，生子大业。"秦为嬴姓，嬴姓之族徐、葛、江、黄均在东土，秦之先世又久事殷商，自为承袭商人之观念而构成之故事，更可证商人之祖先传说必以《吕氏春秋》所记为最近真也。

偶翻《北史·高车传》，竟得一极相类之故事。文云："高车，盖古赤狄之余种也。初号为狄，历北方以为高车丁零。……俗云：匈奴单于生二女，姿容甚美，国人皆以为神。单于曰：'我有此女，安可配人！将以与天。'乃于国北无人之地筑高台，置二女其上，曰：'请天自迎之！'经三年，其母欲迎之。单于曰：'不可，未彻之间耳。'复一年，乃有一老狼昼夜守台嗥呼，因穿台下为空穴，经年不去。其小女曰：'吾父处我于此，欲以与天，而今狼来，或是神物，天使之然'，将下就之。其姊大惊曰：'此是畜生，无乃辱父母！'妹不从，下为狼妻而产子，后遂滋繁成国。"高车即丁零，匈奴属国，其地在今西伯利亚叶尼寨河①上游，距中国甚远，

---

① "叶尼寨河"，今多用"叶尼塞河"。

而此言二女，言居台上，言以异物致孕，均与简狄故事绝似。所不同者，简狄以燕，此以狼，则以极北之地，燕所不至，惟狼可往耳。观其谓"古赤狄之余种"，而春秋之世，赤狄居今山西河北，商人故事传衍彼种，亦非不可能之事。即断为非一事之分化，要为初民所易有之想象。玄鸟致贻为天命，狼嗥经年亦为天命，又安得为王者之妃耶！又按，史述高车以为赤狄之种，而此故事乃不认其历史之传统，直从匈奴单于筑台说起，猜想商人当日亦必如是，截去其前一段，直从有娀筑台说起也。

## "高宗谅阴"

《论语·宪问》："子张曰：'《书》曰："高宗谅阴，三年不言。"何谓也？'子曰：'何必高宗，古之人皆然。君薨，百官总己以听于冢宰，三年。'"此以孔子之言释《尚书》之义，谓"谅阴"为国君居丧之礼，于礼当三年不言，一切政事悉委之冢宰也。所引《书》文出于《无逸篇》，云："其在高宗，时旧劳于外，爰小人。作其即位，乃或亮阴，三年不言，其惟不言，言乃雍。"《礼记·檀弓》《坊记》及《史记·鲁世家》引之，"雍"皆作"讙"。此段文字凡述三事：未即位时劳于民间，一也；即位后亮阴不言，二也；三年后一言即雍，三也。吾人如专读《论语》或《无逸》，自皆可不生问题；若以《论语》与《无逸》之文互校之，则问题便丛生矣。

《无逸》述殷王之贤者凡三，高宗而外有中宗与祖乙，孟子且言"贤圣之君六七作"，而亮阴之事独记于高宗之下，将谓如此丧礼惟高宗一人能行之，其他贤君悉废之乎？若惟高宗一人能行之，则所谓"何必高宗，古之人皆然"者又将如何说起？且苟惟高宗能行之，则古制具在，行之可矣，何以云"乃或"？"或"之云者，固介于可不可与然不然之间者也，非定制之谓也。夫谓古人皆然而他君无闻，谓高宗守制而行之乃或，此非大怪事乎！又雍者和也，讙者乐也。居丧则三年不言，除丧则忧悲都尽，虽无忤于礼法，得非习其仪而忘其意，有类于朝祥而暮歌者乎？推求文义，知亮阴者乃言与不言之问题，而非有礼与无礼之问题。何以不言，由于亮阴。何以讙雍，由于言之。若不牵缠三年之丧，文本明白，不必曲解而后通也。

　　然则其事实果如何？曰：《国语》详载之矣。《楚语上》云："昔殷武丁能耸其德至于神明，以入于河，自河徂亳，于是乎三年默以思道。卿士患之，曰：'王言以出令也，若不言是无所禀令也！'武丁于是作书曰：'以余正四方，余恐德之不类，兹故不言。'如是而又使以象梦求四方之贤圣，得傅说以来，升以为公，而使朝夕规谏，曰：'若金，用汝作砺。……必交修余，无余弃也！'"取校《无逸》，事乃大同：入河徂亳者，旧劳于外也；三年默以思道者，亮阴三年不言也；作书求贤，使之规谏者，言乃雍也；而所以不言者为求得傅说张本也。是知武丁之不言由于"默以思道"，与居丧无关。又《吕氏春秋·重言篇》云："人主之言不可不慎。高宗，天子也，即位谅闇，三年不言。卿大夫恐惧患之。高宗乃言曰：'以余一人正四方，余惟恐言之不类。兹故不言。'古之天子，其重言如此。"亦谓其恐不善而不言，不以居丧而不言也。

　　谅阴，《尚书大传》引作"梁闇"，《丧服四制》引作"谅闇"。闇，从门音声。以《论语·无逸》之文校之，必应读"阴"，即"喑"与"瘖"之或体，不言之义也。而郑玄注《丧服四制》曰："闇，读如鹑鷃之鷃。"后世学者尊信其言，遂并《论语》《无逸》之"阴"而并读为"乌南反"矣。"谅阴"，《论语》何晏《集解》引孔安国曰："谅，信也。阴，犹默也。"邢昺《疏》曰："谓信任冢宰，默而不言也。""谅"义虽未知然否，而"阴"义则无疑。郑玄乃云："谅，古作梁。……闇，谓庐也。庐有梁者，所谓'柱楣'也。"盖以傅合于《丧大记》之"既葬，柱楣涂庐，不于显者"之义，而不知其不可通也。若依《楚语》《吕览》之说，则谅闇者默而不言而已，固不必涉及凶庐也。

　　然而种种问题，其关键总在《论语》之文断得太定，无术通融。《论语》谓古有"百官总己以听于冢宰三年"之制，洵如其言，则卿士何必更以"无所禀令"为患，而强谏居丧之王"言以出令"乎？《伪古文尚书》之作者窥得此一点症结，欲解其纷，乃作一调停之说曰："王宅忧，亮阴三祀。既免丧，其惟弗言。群臣咸谏于王曰：'呜呼……王言，惟作命；不言，臣下罔攸禀令。'王庸作书以诰曰："以台正于四方，台恐德不类，兹故弗言。恭默思道，梦帝赉予良弼，其代予言！'乃审厥象，俾以形旁求于天下；说筑傅岩之野，惟肖；爰立作相。"如此安排，则高宗居丧，三年不言，循古制也；免丧后犹不言，恐不类也；居丧不言，群臣安之；免丧不言，遂使群臣不得不谏；而高宗以笔代舌，卒获傅说。举凡《论语》《尚书》之牴牾；《楚语》《吕览》之记事，得此一写，皆怡然理顺，无所阻滞。此不能不服作者之巧思弥缝，而无如非真古书何！

三年之丧，疑者已多。昔见廖季平先生《尊经书院拟题》有"孔子改制，弟子时人据旧制问难考"一条，康长素先生《孔子改制考》卷十三即用此名，一字未改。卷中所录，以问难三年之丧者为最多，其事固战国以来所同疑也。窃谓孔子未必有改制之事，而儒家之改制则无疑；既改之矣，无征不信，遂托为孔子之言，置之《论语》之中，以示有验，初不计其诬孔子而并诬殷高宗尔。

又按三年云者，非真三年也，状其久也。《左传》昭二十八年："昔贾大夫恶，娶妻而美，三年不言不笑。"此不言不笑之三年，岂真如丧服之有定制乎！《史记·滑稽列传》："齐威王之时喜隐，好为淫乐长夜之饮。淳于髡说之以隐曰：'国中有大鸟，止王之庭，三年不蜚又不鸣，王知此何鸟也？'"又《楚世家》："庄王即位，三年不出号令，日夜为乐。……伍举曰：'有鸟在于阜，三年不蜚不鸣，是何鸟也？'"亦以三年状不蜚不鸣之久，与上所记不言不笑同。然则高宗之三年不言又岂必果为三年耶！

## "彭咸"

《楚辞》中屡见"彭咸"。《离骚》云："虽不周于今之人兮，愿依彭咸之遗则。"又云："既莫足与为美政兮，吾将从彭咸之所居。"《九章·抽思》云："望三五以为像兮，指彭咸以为仪。"《思美人》云："独茕茕而南行兮，思彭咸之故也。"《悲回风》云："夫何彭咸之造思兮，暨志介而不忘。"又云："孰能思而不隐兮，昭彭咸之所闻。"又云："凌大波而流风兮，托彭咸之所居。"此名凡七见。然其人为谁，故籍所未详。既已不知而犹强为之解，则屈原者，不获于君，自沉于汨罗者也，彭咸既为原所"依"，所"从"，所"仪"，所"托"，是其人谅亦忠谏而不行，沉渊而自杀者也。其情既定，再推其时，则大彭为商伯，彭咸殆商代人乎？因是王逸《注》云：“彭咸，殷贤大夫，谏其君不听，自投水而死。”颜师古《汉书·扬雄传注》云：“彭咸，殷之介士也，不得其志，投江而死。”二说虽微异，而援屈原为影子则一。其人氏彭而名咸遂成定案。

然观于《海经》，便知非此之谓也。《海外西经》云：“巫咸国，……群巫所从上下。”《大荒西经》对此作较详之说明，云：“有灵山，巫咸、巫即、巫盼、巫彭、巫姑、巫真、巫礼、巫抵、巫谢、巫罗十巫从此升降，百药爰在。”又《海内西经》云：“巫彭、巫抵、巫阳、巫履、巫凡、巫相夹窫窳之尸，皆操不死之药以距之。窫窳者，蛇身人面，贰负臣所杀也。”此数条虽不在一篇，而并载“西经”，事得相通。古者巫医连属，医学即孕育于巫术之中。《世本》曰：“巫彭作医。”则巫彭为群巫领袖。而巫咸独名一国，知其地位弥高。然则《楚辞》所谓“彭咸”者即巫彭与巫咸之合称，非一人之名也。《离骚》云：“巫咸将夕降兮，怀椒糈而要之。”及其既降，则致训于屈原曰：“勉升降以上下兮，求矩矱之所同。汤、禹俨而求合兮，挚、咎繇而能调……”此即原所愿以为仪，且欲托于其居之故也。

又按扬雄《反离骚》云：“弃由聃之所珍兮，蹠彭咸之所遗。”以“由聃”与“彭咸”为对文。“由聃”为许由、老聃二人，则雄似亦知彭与咸之为二人者，惜王逸不思此也。

# 蜚 廉

《墨子·耕柱》篇云：“昔者夏后开使蜚廉采金于山川而陶铸之于昆吾，是使翁难若卜于目若之龟。龟曰：‘……九鼎既成，迁于三国。’”是谓九鼎为夏后启所铸，而承命铸之者乃蜚廉也。《史记·秦本纪》云：‘蜚廉生恶来。恶来有力，蜚廉善走，父子俱以材力事殷纣。周武王之伐纣，并杀恶来。是时蜚廉为纣石北方，还，无所报，为坛霍太山而报得石棺，铭曰：‘帝令处父不与殷乱，赐尔石棺以华氏。’死，遂葬于霍太山。”是谓蜚廉为殷纣时人而为纣造石棺者也。同记蜚廉，而一系夏初，一隶殷末，相去千年，果孰是乎？然二书所载要有相似之点，则九鼎者金制之重器，石棺者石制之大物，意者蜚廉在古代传说中乃一大营造家乎？《世本·作篇》未及其人，何也？至其时期之不定，盖犹如羿，远之则置之尧为天子之前（《淮南·本经》），近之则厕之幽厉山坏之世（《御览》八〇五引《随巢子》），此则传说犹未凝固，随人进退，固一例也。

《孟子·滕文公下》云："周公相武王，诛纣，伐奄三年讨其君，驱飞廉于海隅而戮之。"亦以其人在商末周初。然《史记》谓上帝令蜚廉"不与殷乱"，则非被戮者；其死以石棺葬于霍太山，则非被驱于海隅而死者；传说之多歧如此！

《离骚》云："前望舒使先驱兮，后飞廉使奔属。"《远游》云："历太皓以右转兮，前飞廉以启路。"王逸《注》："飞廉，风伯也。"洪兴祖《补注》："《吕氏春秋》曰：'"风师曰飞廉。"应劭曰：'飞廉，神禽，能致风气。'晋灼曰：'飞廉，鹿身，头如雀，有角，而蛇尾、豹文。'……"则飞廉为风神，其状如鸟兽，风行最迅，"善走"之传说盖由此来。

## 恶来革

《史记·殷本纪》云："纣又用恶来，恶来善毁谗。"《秦本纪》云："蜚廉生恶来，恶来有力。"是其名恶来也。而《秦本纪》又云："恶来革者，蜚廉子也。"多出一"革"字，未详其义。及观《宋世家》云："昭公无道，国人不附。昭公弟鲍革（《集解》："徐广曰：'一无"革"字。'"），贤而下士。先襄公夫人欲通于公子鲍，不可，乃助之施于国。……昭公出猎，夫人王姬使卫伯攻杀昭公杵臼，弟鲍革立，是为文公。"是则宋文公之名或曰鲍，或曰鲍革，正与恶来同，知"革"乃名词之尾音耳。古者一字有主音，有尾音。故单就其主音而记之，则为恶来，为鲍，并其尾音而记之，则为恶来革，为鲍革（犹邳亦称邳娄）。此记载中尾音之仅存者也。

由是而可以解决贾谊词赋中一问题。贾氏《惜誓》云："梅伯数谏而至醢兮，来革顺志而用国。"王逸不知来革为谁，但见其与梅伯对举而其事相反，因注云："来革，纣佞臣也。言来革佞谀，从顺纣意，故得显用持国权也。"朱熹知其人即恶来矣，而不知"革"字仅为尾音，因改注云："来，恶也，与革皆纣之佞臣。"凭空添出一名革之人以分恶来之谤，是可异矣。"彭咸"二人而合为一，"来革"一人而析为二，古书解释之难有如是者。然贾氏不称恶来而称来革，亦是好奇之过，宜乎注家之不了也。

二十九年四月，闻在宥君见此，函云："大著《恶来革》一则拜诵极佩。此两尾音，革当为-K，娄当为-I，正与近日高本汉、西门诸君所假定者相符。至'革'之所以或出或不出，乃因此-K实介乎 Inplosive 与 Explosive 之间。弟近在羌语中得其事象，正在为文详论，得大著比拟之，知古汉语亦类此，为之称快不已。惟贾氏不称'恶来'而称'来革'，鄙意以为非好奇之过。'恶'似非本名而为静字，正犹跖曰'盗跖'之属，称曰来革或犹较恶来为审谛也。愿左右更督教之。"

是年七月，饶宗颐君贻书云："恶来革一事，闻在宥先生以为恶乃静字，如跖称盗跖之属。晚谓恶当为姓，甲文中屡见亚，盖国于亚地者，恶即亚也。亚当为亚伯之后，以国为姓，亚恶古今字耳。恶来盖兼姓及名言之。"

三十年五月，张心田君发表《冰庐读书随录·恶来》条，略云："谓'革'为尾音，定论无可议，惟果何种语言有此尾音耶？今中国各省语言中，粤语独具此音。例如：雾，通呼为 Wu 去声，而粤语则呼为 Mok，莫，粤语呼 Muk，郭，粤语呼 Kuok，皆多一革音。此粤语之特色。除尾音革外，尚有尾音 m，t，p，均为他省所无，殆古音亡于北方而流传于岭南乎？……惟古者语言亦非一种，或言革或不言革，不止但记主音及并记尾音一种关系，实有人言革，亦有人不言革也。粤语雾字，或言 mu，省去 k 音。此外又有唛（mark）亦因 k 音在喉而微，或省而不写，墨（mak），亦因 k 音在喉而微，或省而不写，恶来或作恶来革者即是此例，盖革音微而作书者省去，或不省去也。"

## 太公望年寿

言太公望者皆谓其垂老辅周，故孟子谓为"天下之大老"，闻西伯善养老而归之。《荀子·君道》言："文王……偶然乃举太公于州人而用之；……夫人行年七十有二，齞然而齿堕矣。"《史记·齐世家》亦曰："吕尚盖尝穷困，年老矣，以鱼钓奸①周西伯。"予意此皆战国时齐游士之妄谈也。

按《诗·大明》曰："殷商之旅，其会如林。……牧野洋洋，檀车煌煌，驷𬴊彭彭；维师尚父，时维鹰扬。"极写牧野一战声势之浩大与太公搏击之迅勇，说为齫然齿堕之人实觉不似。且苟如荀说，其时文王早崩，太公之衰态当益甚，岂特齿堕而已。《左传》召陵之役，管仲告楚使曰："昔召康公命我先君太公曰：'五侯九伯，汝实征之，以夹辅周室，'赐我先君履：东至于海，西至于河，南至于穆陵，北至于无棣。"此太公受封于齐之命辞及其封域四至也，而召康公实主之。即此一点，可知太公受封为时已晚，必在周公返政之后，故不曰周文公而曰召康公。《书·顾命》记成王临崩，召太保奭受顾命，知召康公行辈较后，故其早年与周公共事，其后终事成王，晚岁又克相康王。《顾命》又曰："太保命……齐侯吕伋……逆子钊于南门之外。"则是时为齐侯者乃太公之子伋。而晋《太公吕望墓表》曰："康王六年，齐太公望卒。"其说据《竹书纪年》。此说而信，是康王立时太公犹在，何以齐侯乃为吕伋？或年老内禅乎？果如孟、荀之言，太公遇文王时已七十余，则至牧野之战已九十，至康王六年已百四十，岂其然乎！兹假定当克商时渠年三十，则至康王六年为七十九，自为极可能之事也。

推此晚遇之说，当即由其谥为太公而来。汉高祖"父曰太公"，盖实不知其名，译以今语，则"老太爷"耳。战国人称父老谅已有太公之名，故《史记》取称高祖之父。吕望以谥太公之故而使人疑为耆耄，正犹彭祖以名"祖"之故而有长寿之传说。然古人用"太"字，本指其他列之前，而非因其年高。故商王有太乙（误作天乙）、太丁、太甲、太戊，所以示其以乙、丁、甲、戊为名之首一王；周王有太王，所以示其为称王之首一王；周后有太任、太姒，所以示其为首数王之配；周女有太姬，所以示其为武王之首一女。共叔段封京，尚系一少年，而称之曰"京城太叔"，以其为郑庄公之首一弟也。田和篡齐，亦谥太公，以其为田齐之首一公也。其后帝王率谥其创业之初祖曰太祖、高祖，并即此义。何独齐太公乃为耄

———————————

① 原作干，《史记·齐世家》作"奸"，音"干"，今据《史记·齐世家》改。

年受封耶！齐东野语，此亦其一。而自《封神传》行世，图太公者不为龙钟之翁则以为不似，故辨之如右。

## 齐桓九合诸侯

《论语·宪问》记孔子美管仲之言曰："桓公九合诸侯，不以兵车，管仲之力也，如其仁！如其仁！"又曰："管仲相桓公霸诸侯，一匡天下，民到于今受其赐；微管仲，吾其被发左衽矣！"后人合读此两章，喜其可成骈语，恒联用之。管、晏之书俱出战国、秦、汉间，故《管子·小匡》篇及《晏子春秋·问下》并云："九合诸侯，一匡天下。"承《论语》文也。

古人所谓九，大都虚数，汪中《释三九》阐之明矣。顾读者不了，常误认为实数，而问题遂滋多。《管子·大匡》篇曰："桓公受而行之，近侯莫不请事，兵车之会六，乘车之会三。"《小匡》亦曰："率天下定周室，大朝诸侯于阳谷，故兵车之会六，乘车之会三。"皆谓九合诸侯之中，以兵车会者六而以乘车会者三。然《论语》明云："不以兵车。"则孔子所言之九合固尽指乘车之会，奈何《大》《小匡》之作者竟以兵车占其三之二耶！《国语·齐语》全文节《小匡》为之，故其语不异。史迁作《封禅书》，小变其文，入于齐桓之言，曰："寡人……兵车之会三而乘车之会六，九合诸侯，一匡天下，诸侯莫违我，昔三代受命亦何以异乎！"兵车三而乘车六，与《管子》文适倒。盖迁读《管子》，略记其辞，兹作《八书》，凭记忆发挥，未遑检校，乃互易其数而不自知也。《齐太公世家》文亦同。其后刘向辈编集《管子》，复取《史记》之语以入之，为《封禅篇》。以是，《管子》一书中所记兵车乘车会数遂有两说。究竟孰六孰三，后学者辄有茫然无所适从之感焉。

《谷梁》作者按《春秋》之文，知桓公会诸侯次数不止于九，不当以三六分之，故于庄二十七年《传》论之曰："齐桓得众也。桓会不致，安之也。桓盟不日，信之也。信其信，仁其仁。衣裳之会十有一，未尝有歃血之盟也，信厚也。兵车之会四，未尝有大战也，爱民也。"是则实举其数为十有五。九数破矣，而衣裳与兵车之分仍袭《管子》。

《谷梁》虽确定其次数，而未尝就《春秋》盟会之文为之个别指出，则依然有待于猜索。何休作《谷梁废疾》，曾就此点加以诘难，惜书已不存。想象其词，盖谓桓会诸侯，从《论语》则九，从《春秋》则不止十五，《谷梁》之说两无所当。郑玄著《起废疾》以反何，云："自柯之明年，葵丘以前，去贯与阳谷固已九合矣。"（杨士勋《谷梁疏》引）虽不审其如何为《谷梁》申辩，而认《春秋》所记齐桓盟会，孔子有取有舍，其所取者凡九，故云"九合"也。按自齐桓即位以来，于鲁庄十三年会北杏，又会柯，十四年会鄄，十五年又会鄄，十六年会幽，十九年会鄄，二十三年会扈，二十七年会幽，又会城濮，闵元年会落姑，僖元年会柽（《公羊》作杼），二年会贯，三年会阳谷，四年盟召陵，五年会首止（《公》《谷》作首戴），七年会宁母（《公》《谷》作宁母），八年会洮，九年会葵丘，十三年会咸，十五年会牡丘，十六年会淮，凡二十一会。其中柯、扈、城濮、落姑，皆齐、鲁二国之会，非国际大事，可不数；十九年会鄄仅齐、宋、鲁三国，且鲁之参加者为大夫，亦可不数；召陵之盟，与楚屈完，兵陈间临时事，亦不必数。去此六事，则四国以上之盟会凡十五，此《谷梁》之文所由来也。郑玄以为《论语》之九合乃就此十五之中更去其六，故其语曰："自柯之明年。"示不数北杏也。曰："葵丘以前。"示不数咸、牡丘、淮也。曰"去贯与阳谷，"示不数贯、阳谷也。如是，《论语》之九为庄十四、十五之鄄，十六、二十七之幽，僖元之柽，僖五之首止，僖七之宁母，僖八之洮，僖九之葵丘。盖至是而"九合诸侯"始有具体之规定。

　　北杏何以不数？以《经》云"宋人、陈人、蔡人、邾人"，知齐桓此时未为诸侯所信，故俱使微者与会也。咸、牡丘、淮何以不数？以《公羊传》云"葵丘之会，桓公震而矜之、叛者九国"，知其晚年又不为诸侯所信，可无列也。贯、阳谷何以不数？以《论语》谓桓公九合为"管仲之力"，明此九会皆管仲所翊赞，而贯与阳谷皆齐、宋、江、黄四国之盟，《谷梁传》僖十二年曰："贯之盟，管仲曰：'江、黄远齐而近楚，为利之国也。若伐而不能救，则无以宗诸侯矣。'桓公不听，遂与之盟。管仲死，楚伐江、灭黄，桓公不能救，故君子闵之也。"明此两盟皆管仲所不欲为，故郑氏剔去之耳。

　　此果为不可摇撼之理乎？予曰：非也。葵丘之会叛者九国，有何实证？齐桓霸业之基本队伍曰宋、鲁、陈、卫、郑、许、曹，葵丘以前如此，葵丘以后亦如此。果有九国之叛，葵丘以后将不能为会矣，而何以又有三会？且最后一会增出一邢，损于何有？至于贯、阳谷之会，《谷梁》当年却极赞美。观僖二年《传》曰："贯之盟，不期而至者，江人黄人也。江人黄人者，远国之辞也。中国称齐、宋，远国称江、黄，以为诸侯皆来至也。"僖三年《传》曰："阳谷之会，桓公委端搢笏而朝诸侯，诸侯皆谕乎桓公之志。"则一为天下诸侯皆来，一为天下诸侯皆谕志。盟会之美又孰有逾于此者。美之于前而闵之于后，《谷梁》内在之矛盾不可见乎？推其致斯矛盾之故，则彼僖二年之文实袭自《公羊》之言曰："江人黄人者何？远国之辞也。远国至矣则中国曷为独言齐、宋至尔？大国言齐、宋，远国言江、黄，则以其余为莫敢不至也。"夫江在今河南息县西南，黄在今河南潢川县西，地逼于楚，贯、谷二盟实其求援之表现，而齐桓以攘楚为职志，盟之翌年即有召陵之师，管仲既以一匡天下为心，安得又作趋利避害之计，是则僖十二年《传》所云，徒以见《经》有"楚人灭黄"之文，而齐桓犹在，故遑肊作此想当然之记事，以为是固管仲之所及料而不及见者耳。然《左传》于灭黄之后又记齐侯使管仲平戎于王，受下卿之礼而还，苟此事为足信，则是时管仲固未死也。夫美之则窃《公羊》，贬之则托管仲，而竟忘其自身之不统一，此固舞文弄墨者所必有之结果矣。

《谷梁》之次数问题，郑玄已代为言之，而孰为衣裳之会，孰为兵车之会，则郑犹未列举。首为此区分者则范宁也。范氏《集解》于"衣裳之会十有一"云；"（庄）十三年会北杏，十四年会鄄，十五年又会鄄，十六年会幽，二十七年又会幽，僖元年会柽，二年会贯，三年会阳谷，五年会首戴，七年会宁母，九年会葵丘"，于"兵车之会四"云："僖八年会洮，十三年会咸，十五年会牡丘，十六年会淮。"其有何根据，绝未一言。今按僖十五年《经》先书"楚人伐徐"，继书"公会齐侯、宋公、陈侯、卫侯、郑伯、许男、曹伯盟于牡丘，遂次于匡"，末书"公孙敖率师及诸侯之大夫救徐"，则牡丘之盟即为救徐，其为兵车之会无可疑。至于会洮，会咸，会淮，其文与所谓衣裳之会者悉同，不识何故列之于兵车？若云会淮之后便有"齐人徐人伐英氏"之文，疑事与牡丘同，则齐所同会淮者为鲁、宋、陈、卫、郑、许、邢、曹八国，而与同伐英氏者仅徐一国，其决无联带之关系可知也。

洮之会，郑列于九合，知不在兵车之数，而范则入之兵车，此又一牴牾。刘炫以此，疑《谷梁》之文本作"兵车之会三"，作"四"者误文（见杨《疏》），从郑说也。其实只须不强为并合，亦无妨两存其肊见。

舍经学家所说外，司马贞《史记索隐》又生一说。《封禅书》下注云："案《左传》，兵车之会三，谓鲁庄十三年会北杏，平宋乱，僖四年侵蔡，遂伐楚，六年伐郑，围新城是也。乘车之会六，谓庄十四年会于鄄，十五又会鄄，十六年盟于幽，僖五年会首止，八年盟于洮，九年会葵丘。"增伐楚伐郑两役，而去僖二十七年之幽，僖元年之柽，七年之宁母。用意何在，所未易详。然若伐楚伐郑可谓兵车之会，则庄十九年齐与宋、陈伐鲁矣，二十八年齐与宋、鲁伐徐矣，僖四年齐与宋、鲁、卫、郑、许、曹侵陈矣，又何莫非兵车之会而何以又不之数耶？

由此以言，则今日言齐桓盟会固当断之《春秋》《论语》"九合"不必泥，《管子》兵车乘车、《谷梁》衣裳兵车之说皆不必信也。

## 齐桓盟辞

孟子、齐宣王问以桓、文之事而自谓未之闻者也，顾于《告子篇》中详述葵丘之五命，又似颇知之者。其辞曰："葵丘之会诸侯，束牲载书而不歃血。初命曰：'诛不孝！无易树子！无以妾为妻！'再命曰，'尊贤育才以彰有德'三命曰：'敬老，慈幼！无忘宾旅！'四命曰：'士无世官！官事无摄，取士必得！无专杀大夫！'五命曰：'无曲防！无遏籴！无有封而不告！'"凡所以拔擢贤才、安定民生、辑宁家国之计，莫不备焉。

《公羊传》独以命辞系于阳谷之会曰："桓公曰：'无障谷！无贮粟！无易树子！无以妾为妻！'"障谷即曲防，贮粟即遏籴，似将孟子中初五两命之文节缩为是四语者。顾移葵丘于阳谷，使八国共闻之禁令乃局限于四国，则不可解。

《谷梁》后起，知《公羊》之有误，故依孟子之言，叙于葵丘之下。僖九年《传》曰："葵丘之盟，陈牲而不杀，读书加于牲上，壹明天子之禁，曰：'毋雍泉！毋讫籴！毋易树子！毋以妾为妻！毋使妇人与国事！'"

所谓"陈牲而不杀，读书加于牲上"者，原即"束牲载书而不歃血"之译文，知直接取材于《孟子》。其命辞与《公羊》同：雍泉即障谷，讫籴即贮粟。独"无使妇人与国事"一语则《孟子》《公羊》俱无之。

《孟子》言曲防，《公羊》言障谷，《谷梁》言雍泉，皆利用川流为武器，期激水以坏对岸。此实战国时水利技术发达，扩展之于军事工程者。孟子告白圭曰："禹之治水，水之道也，是故禹以四海为壑，今吾子以邻国为壑。"即斥白圭之障水以毒害其邻也。《史记·魏世家》："知氏……率韩、魏之兵以围赵襄子于晋阳，决晋水以灌晋阳之城，不湛者三版。知伯行水，魏桓子御，韩康子为参乘。知伯曰：'吾始不知水之可以亡人之国也，乃今知之；汾水可以灌安邑，绛水可以灌平阳。'"又曰："若道河内，倍邺朝歌，绝漳滏水，与赵兵决于邯郸之郊，是知伯之祸也。"又曰："秦之破梁，引河沟而灌大梁，三月城坏，王请降，遂灭魏。"此皆"以邻国为壑"之实例。《汉书·沟洫志》载贾让奏："盖堤防之作，近起战国，雍防百川，各以自利。齐与赵、魏以河为竟，赵、魏濒山，齐地卑下，作堤去河二十五里，河水东抵齐堤则西泛赵、魏……"是汉人尚知此事创始战国。孟子哀矜当时之民人，故托于齐桓之盟辞，以警戒各国之君主，使其无行白圭之政策也。

《管子·大匡》记管仲对桓公曰："诸侯毋专立妾以为妻；毋专杀大臣；无国劳，毋专予禄；士庶人毋专弃妻，毋曲堤；毋贮粟；毋禁林；行之卒岁，则始可以罚矣。"此与《孟子》《公》《谷》语差同，其"无国劳，毋专予禄"，尤与商君变法之令"宗室非有军功论，不得为属籍。……有功者显荣，无功者虽富无所芬华"绝似，知实为战国时代之共同要求。以此结论更观《孟子》，则所谓"尊贤育才"，所谓"士无世官"，皆墨子尚贤主义下之新政论可知矣。

《管子·幼官》又有九会诸侯之令，疑即由"九合诸侯"与葵丘五命推演而来，录此以相质证。文云："一会诸侯，令曰：'非玄帝之命，毋有一日之师役！'再会诸侯，令曰：'养孤老，食常疾；收孤寡！'三会诸侯，令曰：'田租百取五，市赋百取二，关赋百取一，毋乏耕织之器！'四会诸侯，令曰：'修道路，偕度量，一称数！薮泽以时禁发之！'五会诸侯，令曰：'修春秋冬夏之常祭，食天壤山川之故祀，必以时！'六会诸侯，令曰：'以尔壤生物共玄官，请四辅，将以礼上帝！'七会诸侯，令曰：'官处四体而无礼者流之焉，莠命！'八会诸侯，令曰：'立四义而毋议者尚之于玄官，听于三公！'九会诸侯，令曰：'以尔封内之财物，国之所有为币！'九会，大命焉出。"其中再会之令即孟子之三命，七、八两令即孟子再、四之命。"田租百取五"宛然白圭之"二十而取一"；"偕度量，一称数"则与秦始皇帝之"一法度、衡石、丈尺"同符：知皆战国思想。惟此文言玄帝，言祀祭，宗教色彩较浓厚耳。

齐桓诸会，谅有盟辞，惜已不可见。此战国秦汉间人所拟作，处处表现其理想之政治。不但此也，《月令》之文，因时发令，其目标皆在安定民生，实极可称颂之理想，与此五命九令并有相同之意义。然昔人所为必托于古，非齐桓、管子则成王、周公；我辈若不心知其意，便陷于时代错误矣。

## "灭项"

《春秋经》僖十七年："春，齐人徐人伐英氏。夏，灭项。""灭项"一语，有动词宾词而无主词，其辞突兀，不知灭之者为谁。《公羊传》创为之解曰："孰灭之？齐灭之。曷为不言齐灭之？为桓公讳也。《春秋》为贤者讳，……桓公尝有继绝存亡之功，故君子为之讳也。"按此文蒙齐、徐伐英而来，桓公既已出师，顺手牵羊，灭项而归，说亦近理。故《谷梁》承之，抄录其文几尽，而增出一语曰："桓公知项之可灭也。而不知己之不可以灭也。"则于讳恶之外更具责备贤者之义。

《春秋》记齐桓所灭国，庄十年有谭，其地在今山东历城县东南；十三年有遂，在今山东宁阳县西北；三十年有鄣，在今山东东平县；闵二年有阳，在今山东益都县东南：均在临淄周围数百里内。盖离本国不远，则得之可以联为一体也。至于项，则在今河南项城县东北，离临淄千余里矣，越国鄙远，又何取焉？

《左传》于此别出一义，曰："师灭项。淮之会，公有诸侯之事，未归而取项。齐人以为讨而止公。秋，声姜以公故，合齐侯于卞。九月，公至。书曰：'至自会。'犹有诸侯之事焉，且讳之也。"则是灭之者乃鲁僖公，齐桓且讨之，赖其夫人之营救而得归。按以《春秋》之文，僖十六年"冬，十有二月，公会齐侯、宋公、陈侯、郑伯、许男、邢侯、曹伯于淮"，十七年"秋，夫人姜氏会齐侯于卞。九月，公至自会"，知经《左传》作者苦心贯穿之结果，《经》文所记事故皆得有着落。且证以隐十一年之"取郜""取防"，及文七年之"取须句"，内灭国可无主词，说为鲁之所灭亦最确当。《经》不言齐桓止公者，杜《注》曰："耻见执，故托会以告庙。"得此组织，可谓无缝天衣。然则《公》《谷》归狱齐桓，宁非冤诬！

然而仍有不可通者。鲁都曲阜，离项固较临淄为近，然自鲁至项须假道宋、徐，越国鄙远，与齐无异，僖公何乐而为此？

予以为灭项之国，非齐非鲁，而具有可能性者凡二。其一为徐。徐都在今安徽泗县北，项在其西，国境或相衔接。徐既与齐合军伐英氏，英氏在今安徽六安县西，离项不远，或徐乘胜西行，遂灭项而有之；《春秋》之文亦遂联带及之。要之此三国均在淮水流域，祸福易相倚也。其二为楚。楚自武王以来，势力骎骎北上。文王灭息，疆已至淮。越数年入蔡，更至颍上。江、黄、徐、项并在此一区域中。僖十二年，楚灭黄矣，十五年，楚伐徐矣，文四年，楚灭江矣；则介于其间之项于僖十七年被灭，事亦何奇。如此说而信，则"灭项"之上当脱"楚人"二字，史有阙文固自孔子时而已然矣。

## 晋文侵曹伐卫之故

晋文出亡十九年，经历狄、卫、齐、曹、宋、郑、楚、秦八国。《国语》《左传》《史记》记其事，并谓八国之中惟卫、曹与郑不加礼遇，而以卫文公之不礼，致乞食于野人，曹共公闻其骈胁，迫而观之，其情尤恶，故即位之后，教民四年，即侵曹伐卫以抒其愤；次又围郑以责无礼。此似真而实虚之事也。

晋文在齐，见齐桓霸业之盛，胸中已有一番计算。及其得国，第一声即为尊王，纳周襄而杀子带。当王使告难晋、秦，秦伯已师于河上，将纳王矣，苟晋文当时惟计其私人之恩怨，则秦穆者以师纳之于晋，为杀瑕甥、郤芮且卫以纪纲之仆三千人，使得安居君位，实其惟一之恩人也，宜如何顾念前谊，助成其勤王之美绩；何以彼竟辞却秦师，以独立围温逆王耶？此无他，"求诸侯莫如勤王，诸侯信之"，狐偃之言即晋文之心，为创霸计不得不尔也。

既尊王矣，进一步即为攘夷。当是时，齐桓方没，中原无主，楚人既帅陈、蔡、郑、许之师以伐宋，鲁亦如楚乞师以伐齐，而齐桓之子七人又为七大夫于楚，楚实抚有诸夏矣。晋欲攘楚，必先翦其与国，犹齐桓伐楚而先侵蔡也。故宋人如晋告急时，狐偃即曰："楚始得曹而新昏于卫，若伐曹、卫，楚必救之，则齐、宋免矣。"此侵曹伐卫之真原因也。及伐卫而楚人救之，入曹而楚人又救之，乃"私许复曹、卫，曹、卫告绝于楚"，楚之羽翼除矣。于是有城濮之战，大败楚师；于是作王宫于践土，献楚俘于王，王策命为侯伯，会齐、鲁、宋、蔡、郑、陈、莒、邾、秦九国于温；其积年规画之霸业遂实现矣。然郑本附楚，不得已而亲晋，首鼠两端，不以力屈之不足以阻楚之北进也，故又与秦穆围郑。《左传》云："围郑，以其无礼于晋，且贰于楚也。""贰于楚"是实情，"无礼于晋"乃虚构。苟晋文惟计其出亡时之私人恩怨、则彼至楚之时，成王既不许子玉之请杀，又送诸秦，待之可谓甚厚，何为而以怨报德耶！故知私人恩怨是一事，国际纵横又是一事，两事大小悬殊，不容混也。当时谈故事者眼光短浅，见晋文出亡曾至卫、曹、郑，即位后乃侵卫、伐曹、围郑，便谓卫、曹、郑之君必尝开罪于先，因肊造许多故事以实之，而晋文创业之心为之沉埋百世矣。

《国语》体非编年，其纪事常集中几件故事而渲染之，增添枝叶固其本职，正当与小说家言《三国演义》诸书等量齐观，故《晋语》中写骊姬之乱及晋文出亡等事皆甚细腻曲折。《左传》大部分从是书出，而加以剪裁修正，体例较为谨严。是以《国语》谓晋公子出奔，先齐而后卫，《左传》改之，先卫而后齐；盖《左传》作者富于史地知识，审知自狄东行当先至卫也。又《国语》记卫之不礼，但谓"卫文公有邢、狄之虞"，而《左传》作者以伐卫时有"取五鹿"之事，故伏笔于晋文过卫之时，曰："出于五鹿，乞食于野人，野人与之块。公子怒，欲鞭之。子犯曰：'天赐也！'稽首受而载之。"足证其出愈后其所渲染者愈若近情；然而皆本后来之事以立说，则亦愈不可信也。

## 晋文年寿

《左传》昭十三年记叔向之言曰："先君文公……生十七年，有士五人。……亡十九年，守志弥笃。"是谓其即位时年三十六也。《晋语四》记僖负羁之言曰："晋公子生十七年而亡。"与叔向语合。文公归国九年而卒，则年止四十五耳。此本无问题者也。

《史记·晋世家》不知根据何种材料，抑或出于史公肊想，乃曰："献公二十二年，……重耳遂奔狄，……是时重耳年四十三。"则生十七年而亡者，至是乃伸长至二十六年之久。又曰："重耳出亡凡十九岁而得入，时年六十二。"则其卒也，已届七十矣。

此显然之牴牾，前人屡有疑之，而迄未有定论。近年陈槃常女士（懋恒）作《晋文公生年志疑》（见其《春秋史事考异》中），王君玉哲作《晋文公重耳考》（见《治史杂志》第二期），并详征博辨以明《史记》说之非。虽子长复生，亦无能自解辨矣。

惟《史记》本身尚有一反证，为两君所未及，而实可用其矛以陷其盾者，则《赵世家》所记秦穆公之谶语是也。《史》称赵简子疾，五日不知人，扁鹊视之，以为其疾与秦穆同，因述穆公寤而告公孙支之语曰："我之帝所，……帝告我：'晋国将大乱，五世不安；其后将霸，未老而死，霸者之子且令而国男女无别。'"扁鹊证明其事，谓五世不安者，献公之乱也；未老而死者，文公之霸也；男女无别者，襄公败秦师而归纵淫也。此文不特见于《赵世家》，亦见于《扁鹊传》。史迁既两书文公"未老而死"，而作《晋世家》时独谓其卒年七十，此非大滑稽事乎！

上条既发表，二十九年七月，玉哲自滇贻书曰："《晋世家》之误当非史公肊想而必有其原因。按《世家》曰：'献公即位，重耳年二十二。'实则重耳年二十二时正为献公卒岁，故哲颇疑史公以献公卒时之重耳年误为献公即位时之重耳年也。有此一误，遂至满盘皆错，重耳年寿乃增出二十余岁矣。"此说甚是，所谓"误书思之亦是一适"也。

## 徐偃王卵生

东夷之族每托始祖于鸟生，故商有玄鸟，夫余有朱蒙，清有朱果；吾友傅孟真君《东北史纲》论之详矣。按《秦本纪》云："玄鸟陨卵，女修吞之，生子大业。"又云："大廉实鸟俗氏。"又曰："大廉玄孙曰孟戏、中衍，鸟身人言。"知秦为东方民族之西徙者，则此等神话正与殷商、夫余之祖先传说沆瀣一气。又如太皞风姓，少皞以凤命官，风即凤，而太皞之后为任、宿、须句，少皞之虚在鲁，俱今山东地，其蒙有甚厚之东方色彩自为当然之事实。童丕绳君作《历代疆域沿革略》，曰："古代冀、扬二州有鸟夷，淮水流域有佳夷。《说文》隹部：'隹，鸟之短尾总名。'是佳夷犹鸟夷也。……可证沿海自渤海湾至淮水一带，古代民族皆以鸟为图腾，商人则其大长也。"

徐国，与秦同为嬴姓，居于淮上，故亦有卵生之传说。晋张华《博物志·异闻》引《徐偃王志》云："徐君宫人娠而生卵，以为不祥，弃之水滨。独孤母有犬，名鹄苍，猎于水滨，得所弃卵，衔以东归。独孤母以为异，复暖之，遂蚴成儿，生时正偃，故以为名。徐君宫中闻之，乃更录取。长而仁智，袭君徐国。后鹄苍临死，生角而九尾，实黄龙也。"梁任昉《述异记》亦曰："彭城郡，古徐国也。昔徐君宫人生一大卵，弃于野。徐有犬名后仓，衔归温之，卵开，内有一儿，有筋而无骨。后为徐君，号曰偃王，为政而行仁义。"可见徐君亦以鸟为图腾，故有卵生之说，六朝人尚能言之。

## 楚、吴、越王之号、谥

《史记·楚世家》载楚武王始称王，自后其君号谥同于中原诸国。在武王之前，则鬻熊、蚡冒皆其名也。然有一特例，既不称名，亦非谥法，而号之曰"敖"。《楚世家》中号王为敖者凡四：熊仪为若敖，熊坎为霄敖，熊鬻为杜敖，熊员为郏敖。仪与坎在有谥前，鬻与员在有谥后，而鬻为其弟熊恽（成王）所弑，员为其季父公子围（灵王）所弑，其无谥宜也。仪与坎独异于列代之王而以敖名，何耶？

《左传》昭元年："葬王于郏，谓之郏敖。"昭十三年："葬子干于訾，实訾敖。"葬于何所即称之为某敖，是某敖者犹后世之称某陵也。麇与员被弑，子干自杀，无谥而有陵，故即假陵名为其死后之号耳。

《史记·吴世家索隐》引《世本》云："吴孰哉居藩篱，孰姑徙句吴。"按《吴世家》无孰哉、孰姑名。《索隐》又引宋忠《世本注》曰："孰哉，仲雍字；孰姑，寿梦也。"洵如其言，是仲雍为华名而孰哉为夷号。然寿梦既为夷名矣，何以又曰孰姑？得非寿梦者生时之名，孰姑者死后之谥耶？

《史记·越世家索隐》引《纪年》曰："于粤子勾践卒，是为菼执。"又曰："不寿立十年，见杀，是为盲姑。"又曰："大夫寺区定粤乱，立无余之。十二年，寺区、寺思弑其君莽安，次无颛立。无颛八年薨，是为菼蠋卯。"勾践之为菼执，不寿之为盲姑，无余之之为莽安，无颛之为菼蠋卯，前代史家俱未有说。自今日观之，疑前者皆生时之名，后者皆死后之谥也。惜吴、越方言今并无征，不可详其意义，而其王死后有易名之典，与中夏类似，则犹可推而知之焉。

《楚世家》曰："弃疾即位为王，改名熊居，是为平王。"岂楚之王者于其即位之时皆须改名耶？《吴世家》"公子光竟立为王，是为吴王阖庐"。本名曰光而即位后名曰阖庐，是亦即位改名之证也。

定四、五年《传》累称吴"夫概王"，然夫概自立与王战而败，遂奔楚，不审何以于其名下独出一"王"字，而其他之真王乃反不系王号也？

## 《蜀王本纪》与《华阳国志》所记蜀国史事

幼读李白《蜀道难》诗，至"蚕丛及鱼凫，开国何茫然，尔来四万八千岁，不与秦塞通人烟"。每引起悠远之想象，以为自黄帝迄今尚不及五千年，何蜀史之申展乃直上至九倍之多？蚕丛、鱼凫之为君，岂但俯视黄帝，且远驾伏羲、燧人，是诚中国史上最足自豪之事，何司马迁竟不为作《蜀世家》也？

自栖巴蜀，忽焉五载，每留心当地文献，因于严可均所辑《全汉文》

中得读扬雄《蜀王本纪》；取与常璩《华阳国志》合读，知常书虽多沿袭扬氏，而杆①格牴牾亦复不少。是何也？扬氏生于汉，其时离蜀国之亡不过三百年，民间传说犹有存者，故多摭取里巷之谈以成书。常氏，晋人，离扬氏三百年矣，文籍大备，理智日高，其鄙视俚俗不经之谈而悉欲去之，固其宜也。今依次拾举，得二十余事，如左：

其一，《本纪》云："蜀之先，王者有蚕丛，柏濩，鱼凫。……从开明已上至蚕丛，积三万四千岁。"《国志》则云："周失纲纪，蜀先称王，有蜀侯蚕丛。"同一蚕丛也，扬举之于太古，常抑之于周衰。两说相距极远，非细事也。

其二，《国志》云："蚕丛，其目纵。……死作石棺石椁，国人从之，故俗以石棺椁为纵目人冢也。"此《本纪》所未言。盖作《蜀纪》者尚有相如、君平诸人，常氏当别有所据。

127

其三，《本纪》"柏濩"，《国志》作"柏灌"；《本纪》之"蒲泽"，《国志》作"蒲卑"：并以字形相近致讹。泽即皋，皋与卑形似。

其四，《本纪》云："蚕丛后代名曰柏濩，后者名鱼凫，此三代各数百岁，皆神化不死；其民亦颇随王化去。"《国志》无此事，乃模仿史迁，删旧史之不雅驯者；且前已云蚕丛死，作石棺，自不得更谓其神化不死矣。

其五，《本纪》云："后有一男子，名曰杜宇，从天堕止；朱提有一女子，名利，从江源井中出，为杜宇妻。"《国志》易其文云："杜宇为王，教民务农。"……时朱提有梁氏女利，游江源，宇悦之，纳以为妃，保存其原有之人名地名及两性关系，而一洗其天堕井出之文，其苦心可知也。

其六，《本纪》但云"杜宇……自立为蜀王"，未定其自立之年代。《国志》则云："七国称王，杜宇称帝。"确指其人于七国称王时在位，是已至战国之中叶矣。所以然者，蚕丛既降至周衰，杜宇自当尔耳。

其七，《本纪》云："杜宇治汶山下邑曰郫，化民往往复出。"化民者，随蚕丛诸王化去之民也。《国志》则云"移治郫邑，或治瞿上"，盖传说中亦有谓其治瞿上者，故常氏两存之，至于死者复生为事实所不许，故删之也。

_____

① "杆"，今常用字多为"扞"。

其八，《国志》定杜宇之疆域云："以褒斜为前门，熊耳、灵关为后户，玉垒、峨嵋为城郭、江、潜、緜、洛为池泽；以汶山为畜牧，南中为园苑。"《本纪》无之。则以正确之地理观念为知识分子之所有事，非好谈神话之民众所措意，可证其必后起。

其九，《本纪》云："望帝积百余岁，荆有一人名鳖灵，其尸亡去，荆人求之不得；鳖灵尸随江水至郫，遂活，与望帝相见。望帝以鳖灵为相。"《国志》不及此文一字，并鳖灵之名亦不录。其下述鳖灵事，《国志》皆以其国号易之曰开明。其故见于《序志》，下详。

其十，《本纪》云："时玉山出水，……望帝不能治，使鳖灵决玉山，民得安处。"玉山在何处固不可知，然观应劭、来敏并东汉人，应氏《风俗通义》云："使鳖令凿巫山。"（此系佚文，见《御览》五十六）来氏《本蜀论》云："帝令鳖令凿巫峡通水。"（《水经注》卷三十三引）皆作"巫"而不作"玉"，蜀人固不容治巴水，而其山名仅有一字则可知也。《国志》云："会有水灾，其相开明决玉垒山以除水害。"遂置其地于理番、灌县之间。

其十一，《本纪》云："鳖灵治水去后，望帝与其妻通，惭愧，自以德薄不如鳖灵，乃委国授之而去。"是其让位由于己之通淫。《国志》云："开明……除水害，帝遂委以政事，法尧舜禅授之义，遂禅位于开明，帝升西山隐焉。"则其让位由于其臣治水之神功。文人修饰传说，有如是者。

其十二，《本纪》云："望帝去时子鹥[1]鸣，故蜀人悲其鸣而思望帝；后天堕。"《国志》仅云："时适二月，子鹃鸟鸣，故蜀人悲之。"无天堕事。又承前"杜宇为王，教民务农"之文，而曰："巴亦化其教而力农务，迄今巴、蜀民农时先祀杜主。"似杜宇为巴、蜀之农神者。此事大矣，而《本纪》不载，何也？

其十三，《本纪》云："开明帝生卢保。"《国志》云："开明……号曰丛帝；丛帝生卢帝。"丛帝之名为《本纪》所无。卢保，则《国志》为易其称曰卢帝。

---

① "鹥"，《全汉文》引《太平御览》："望帝去时子鹥鸣，故蜀人悲子鹥鸣而思望帝。望帝，杜宇也，从天堕"，今多用"子规"。

其十四，《国志》云："卢帝攻秦，至雍；生保子帝。帝攻青衣，雄长獠、僰。"此数事足见开明氏之武功，乃并为《本纪》所不载。攻秦而至雍，是战事规模弥大，有若吴之入郢，越之入吴，何《史记·秦本纪》亦不之载也？

其十五，《本纪》云："开明帝下至五代有开明尚，始去帝号，复称王也。"是开明氏称帝者四世，即改号为王。《国志》云："九世有开明帝，始立宗庙，以酒为醴，乐曰《荆》，人尚赤；……未有谥列，但以五色为主，故其庙称青、赤、黑、黄、白帝也。"则开明氏传至九世犹复称帝；且文物大备，亦无自降之理。

其十六，《本纪》云："天为蜀王生五丁力士，……立大石，……号曰'石牛'，千人不能动。"是五丁为天生，立石为玩物。《国志》云："蜀有五丁力士，每王薨，辄立大石，……为墓志。"则五丁为蜀人，立石所以表墓，俱与《纪》异。

其十七，《本纪》云："蜀王自广都樊乡徙居成都。"《国志》云："开明王梦郭移，乃徙治成都。"按《国志》所以不言广都者，盖因前已言望帝治瞿上故。瞿上在今双流县境，汉广都地也。

其十八，《本纪》记秦惠王作五石牛，诈言牛能便金，遗蜀，使蜀人开道，遂因之灭蜀事；《国志》与之同，惟增出秦、蜀互嘲语。又按，《国志》前云卢帝攻秦至雍，是此道已可行军，何待此王更开石牛道？是亦一疑问也。

其十九，《本纪》记武都丈夫化为女子，蜀王娶之，以不习水土而死，蜀王葬之于成都郭中事；《国志》与之同，惟增出《东平之歌》《曳邪歌》《陇归之曲》及"五丁担土担"语。盖此事为蜀中文学一典故，犹唐人之咏杨妃然，故增益其文也。

其二十，《本纪》记秦王嫁五女于蜀，蜀遣五丁迎之，见大蛇入洞，一丁引其尾不出，五丁共拽之，山崩，五女皆化为石，蜀王作冢及台事，《国志》与之同，惟删去"五丁踏地大呼，秦王五女及迎送者皆上山化为石"语，亦以其不雅驯也。

其二十一，《国志》记蜀王别封弟葭萌于汉中，号苴侯，苴与巴好，巴与蜀仇，遂相攻伐，苴求救于秦，秦遣张仪、司马错伐灭蜀事；《本纪》

无之。《国志》盖录自《史记》也。

其二十二，《本纪》无开明氏传世之数。《国志》则云："开明氏……凡王蜀十二世。"按《国志》前云："七国称王，杜宇称帝。"七国称王为公元前三三四至三二三年中事，而秦灭蜀为公元前三一六年事，短短二十年中，岂有遽传十二世之理。合杜宇数之，则为十三世，更不近情。盖开明氏之蜀，文化程度綦高，当有记载传后，《国志》所云十二之数宜有所据；而杜宇称帝在七国称王时之说则第出常璩肛想。若以三十年作一世计之，杜宇年代固应在春秋初叶，即常氏取以界蚕丛者也。

列观二书异同，可以悟昔人整理史料之方法。扬氏所录固多不经之言，而皆为蜀地真实之神话传说。常氏书雅驯矣，然其事既非民间之口说，亦非旧史之笔录，乃学士文人就神话传说之素地而加以渲染粉饰者。何去何从，即此可晓。扬氏为古典学家，偏能采取口说，奇矣。常氏为地方掌故专家，竟忍屏弃地方材料，斯更奇。然此皆时代为之，可无责焉。

常氏所以如此笔削之故，见于其《序志篇》。文云："世俗间横有为《蜀传》者，言'蜀王、蚕丛之间周回三千岁'。又云：'荆人鳖灵死，尸化西上，后为蜀帝。……杜宇之魄，化为子鹃。'……按……周失纪纲而蜀先王，七国皆王，蜀又称帝，此则蚕丛自王，杜宇自帝，皆周之叔世，安得三千岁！且……自古以来未闻死者能更生，当世或遇有之则为怪异，子所不言，况能为帝王乎！……子鹃鸟，……四海有之，何必在蜀！"读此知常氏作地方史，其标准有二：其一，秉"民无二王"之训，将蜀之称帝称王者悉归之于"周之叔世"；其二，秉子不语"怪力乱神"之训，将蜀中神话性之故事悉予删改。此足证常氏受中原文化洗礼之深厚。但扬雄为前代文豪，彼亦不敢明白反对。无已，则以此责任诿之于他人之身，而曰："汉末时，汉中祝元灵性滑稽，用州牧刘焉谈调之末，与蜀士燕胥聊著翰墨；当时以为极欢，后人有以为惑。恐此之类，必起于元灵之由也。惟智者辨其不然，幸也。"彼以为此等不合理性之故事皆出于滑稽之流之信口编造，扬雄之书或经其窜乱。此实全不认识故事之本来面目。在此种心理之下，不知曾毁弃若干可宝贵之古人遗产，今虽刻意求之而不可得矣，惜哉，惜哉！

然常氏虽立此标准而不能严格守之，故"蚕丛纵目""鱼凫得仙"

"五丁能移山""山精化女子""山分为五岭",尚见于其书中,得非作者之一恨耶?

唐刘知几作《史通》,遂用常氏之标准以评刺扬氏。《杂说篇》云:"扬雄《法言》好论司马迁,且哂子长爱奇多杂,今观其《蜀王本纪》,称杜魄化为鹃,荆尸变而为鳖,其言如是,何其鄙哉,所谓非言之难而行之难也。"此言固儒家之常轨,独惜其提出之两事皆扬雄所不能任受。"杜魄化而为鹃",乃许氏《说文》之言,扬氏但云"望帝去时子鴶①鸣"耳。"荆尸变而为鳖",则凡记蜀事者都未尝言;荆尸名鳖灵,非变鳖也。此苟非刘氏粗心,即系求对偶之工整而牺牲事实。是又当受吾人之讥弹者。

# 尾生故事

尾生故事,战国时习传人口,而不详其始,因不知其为何时人,亦不审其为何地人。

《战国·燕策一》,人有恶苏秦于燕易王者,秦谓王曰:"使臣信如尾生,廉如伯夷,孝如曾参,三者天下之高行也,而以事足下,不可乎?"下述其事曰:"信如尾生,期而不来,抱梁柱而死。"其辞未畅。《史记·苏秦列传》演其文曰:"信如尾生,与女子期于梁下,女子不来,水至不去,抱柱而死。"此故事之轮廓乃显。然则尾生者,忠实于爱情而不惜为之牺牲生命者也。

《燕策一》又述苏代问燕昭王之语曰:"今有人于此,孝如曾参、孝己,信如尾生高,廉如鲍焦、史鰌,兼此三行以事王,何如?"下又曰:"信如尾生高,则不过不欺人耳。"尾生名高,始见于此。

《庄子·盗跖》篇记盗跖斥孔丘,列举世之所谓贤士,伯夷、叔齐、鲍焦、申徒狄、介子推、王子比干、伍子胥之伦,谓其离名轻死,不念本养,卒为天下笑,而尾生居其一,曰:"尾生与女子期于梁下,女子不来,水至不去,抱梁柱而死。"此与《史记》所述苏秦语同。盗跖与孔子同时,而称引尾生,其人殆生春秋时。然《盗跖》篇之时代,自宋苏轼以来致疑

---

① 同前。

久矣，此尚未必为庄周之寓言，何得循名而责其实耶！

《淮南·氾应训》曰："直躬其父攘羊而子证之。尾生，与妇人期而死之。直而证父，信而溺死，虽有直信，孰能贵之！……故事有所至，信反为过。"高诱《注》："尾生，鲁人，与妇人期于梁下，水至溺死也。"此为确定尾生之国籍者。从《庄子》言则尾生生春秋，从高诱说则尾生居鲁国。并圣人之世，近圣人之居，何其与孔子大有缘也？

推高氏说之由来，盖以尾生名高而《论语》有微生高，在未别四声时尾与微正一音，故以为即其人焉。按《公冶长》篇记孔子言："孰谓微生高直！或乞醯焉，乞诸其邻而与之！"班固生高诱前，其作《古今人表》，列"尾生高"于下中，即以孔子之贬也，而高之氏正作尾声。高诱承之，即以名、氏之同合为一人。陆德明《经典释文》于《盗跖》篇云："尾生，一本作微生。"则《庄子》之文亦有作微生者。尾与微之混合若是，说为一人自非无理。若然，其人初虽有乞醯之不直，晚转昭包柱之大信，下中之评倘非笃论乎？

《论语》中有微生高，又有微生亩。《宪问》载其语曰："微生亩谓孔子曰：'丘何为是栖栖者与？无乃为佞乎？'孔子曰：'非敢为佞也，疾固也！'孔于既斥微生高为不直，微生亩又讥孔子为佞，互相排诋，皆属微生，故明郑晓、焦竑并以为一人，云"微生名亩，字高"。兹又牵涉抱柱之尾生，则合三人以为一，故《焦氏笔乘》曰："生以直信立标其固甚矣。"一"直"一"信"皆以"固"为出发点，则更可由性情证其同。然为情而死大抵皆青年一时血气激发，而微生亩直称孔子曰丘，犹孔子之称门人然，必是孔子前辈，何得更与妇人约会而为之死？故吾人由此种种材料观之，若曰尾生故事为战国所盛传，群视其行谊为信之最高成就，与孝之曾参、廉之鲍焦、忠之伍胥并为卓特之模范，即已得其故事之真实性；固不必断断计较其人之时与地，作不妥贴之安排也。

此故事甚简单。尾生与女子期于梁下，梁者桥也，卑暗之地便于幽会。北方河道深浅不常，平日涓涓之流仅存河中一线，不难揭衣而涉，梁架其上，柱下几尽成陆地；一旦秋水暴至，或雨后山洪突发，人苟不登高岸即有灭顶之灾。尾生与女子期会于是，水至本当疾趋岸上，徒以守信不肯去，遂致抱柱而死。其人虽行涉佻佻傝傝而爱出至诚，故此事传播，时人美其守死善道之精神，直与曾参辈之苦行比而称焉。

自汉以下，此故事在民间似无进展；士大夫行文，仅因旧籍所记，备一典故。如邹阳《狱中上书》，云"苏秦不信于诸侯，为燕尾生"，即取《国策》语，谓其欲如苏秦然，对燕王为尾生也。而《太平御览》卷三六三引《管子》，"子产日角、晏平仲月角，尾生犀角"；似相法已有此尾生一格。今本《管子》中无此文，不知编《御览》者何由得知？

至元代，钟嗣成《录鬼簿》记杂剧名目，乃有李直夫《尾生期女涘蓝桥》一本。注云："直夫，女直人，德兴府住，即蒲察李五也。"按德兴府今为察哈尔省涿鹿县地，蒲察未详。直夫所作杂剧有《颍考叔孝谏庄公》等十二种，其创作数量虽远逊关汉卿而可比肩王实甫，惜惟《虎头牌》一剧存于《元曲选》。此《尾生》一本久佚，不知其是否取材于民间传说，抑或即就《策》《庄》诸书所记加以想象而描绘之。至其指实所涘之桥曰蓝桥，则可参酌他种材料以说明其由来者。

按《太平广记》卷五十载唐裴铏《传奇》中《裴航》一则，亦一恋爱故事，其中有蓝桥名。其大概云：长庆中，有裴航秀才下第，佣巨舟，浮于湘、汉。同载有樊夫人，航挑之，夫人不许，以一诗赠航曰："一饮琼浆百感生，玄霜捣尽见云英。蓝桥便是神仙路，何必崎岖上玉清。"航不能洞晓其旨趣。其后航归辇下，经蓝桥驿侧，渴甚，向一老妪求浆，妪咄曰："云英，挈一瓯浆来！"航睹女极芳丽，忽忆樊夫人诗，知宿缘在是，请纳礼而娶之。妪曰："昨有神仙遗灵丹一刀圭，但须玉杵、臼捣之百日，方可就吞。君约取此女者，得玉杵、臼，吾当与之也。"航拜谢，愿以百日为期。抵京，于闹市中高声访玉杵、臼，曾无影响，人以为痴。遇一货玉翁，介绍至虢州药铺，果得；惟索值昂，航乃泻囊，兼货仆与焉，方及其数，遂持杵、臼徒步至蓝桥。妪大笑曰："有如此信士乎！吾岂爱惜女子而不酬其劳哉！"女微笑曰："虽然，更为吾捣百日，方议姻好。"如是日足，妪吞之，俱入山，引航见诸神仙宾客。俄有仙女至，云是妻姊，即舟中所遇之樊夫人，刘纲仙君之妻也。航与妻入玉峰洞，饵绛雪琼英之丹，神化自在，超为上仙焉。蓝桥，在今陕西蓝田县东南蓝水上。此篇所记，与尾生了无关涉，其结局之悲欢亦大异；然故事之中心皆为爱，其景物皆有桥，而老妪之奖裴航曰："有如此信士乎！"则两皆为大信人。李直夫所作，疑合二故事而一之，故遂以裴航之蓝桥移之于尾生也。

清李斗《扬州画舫录》记《曲海》目，有无名氏《蓝桥驿》一本，自是写裴航事。王国维《曲录》四有《软蓝桥》一本，明海盐许炎南作，未知其事为裴航欤？尾生欤？抑别有其人欤？二剧之外不再见蓝桥名，亦不见有尾生名，知此故事经李直夫一振之后又式微矣。然竟无存乎，则亦不然。

予昔在北平，出入大鼓书场，《蓝桥会》一折，为京音大鼓所常奏。书中主人公韦燕春抱柱而死，韦之与尾，一音之转，知其即为尾生故事之演化，然则直夫之薪传虽不见于剧本而犹幸存于鼓词中也。颇欲加以考索，而事忙不就，中怀耿耿，积十余年矣。比来在地摊获槐荫山房所印《水漫蓝桥相会》一册，即鼓词脚本，如觏旧友，因拨冗叙录其事，示尾生故事活跃于今日民众精神界者如此。

略云：河东韦家村有韦郎保，学名燕春，十九岁，读书白云庵。清明放学游春，口渴甚，见一女子方就井汲水，向之乞饮，爱其韶秀，又诡言能算命。女遂自陈名贾玉贞，居河西贾家庄，年十八。韦生挑之，女亦意浃，约以即夕至蓝桥为终身之托。届时，生俟父母寝息，急至桥上。玉帝知之，遣神将收金童。天本晴好，忽然云起，天地昏黑，狂风骤雨突至，水渐没膝，继至胸口；生终不去，把柱死焉。及云收复晴，玉贞奔至，望见韦生在桥上，迫视之已流血死，痛极投河，亦毙。玉贞本侍帝玉女，在天庭中与金童相爱，帝罚之，使三世不得谐伉俪，以童身死，一世为《卖胭脂》之郭华情侣，二世为梁山伯、祝英台，今罚满矣，得归其原职云。

此故事与苏秦、盗跖所述差合，蓝桥一名则衍自李直夫剧。以约会于桥，故韦居河东，女居河西，至河名则不必问也。尾生本死桥下，今乃移至桥上，当以桥上下并有柱，水既淊桥，虽立桥上亦致命也。其口渴求饮，与裴航事绝同，疑直夫剧即如是牵系者。至三世不圆满之结局，降韦生于晋人梁山伯之后，则与《盗跖》篇之作者升尾生于孔子之前同一逞肊之谈耳。

此词之后附《蓝桥二世姻缘团圆记》一篇，为别一人作。起句云："闲来无事翻书篇，观见蓝桥事一番；总有上册无下卷，我今要把下本添。"按《蓝桥会》文足事完,此竟云"有上册无下卷"者,民众怯于承受悲剧,常思化为团圆,兹篇虽已同归列天班,而终未谐花烛,故必欲添一下卷也。其大意云:韦郎保转世为李官保,学名奎元,生于南京王家滩,十七岁至顺天赶考。中途遇贼,劫其行李,大哭觅死。土地神怜之,风送至京;身无一钱,卖文为活。一日,过一园门,百花盛放,楼前立一女子,花容月貌,为之留连不忍去;婢仆见而疑之,执以见主人。李生自陈父祖官阶,主人刘吏部大喜,盖其妇乃李生之姑也。刘只一女,即所见之丽姝,名瑞莲,年十七,遂与生缔婚姻。其后李生赴试,御点状元。夫妻寿至六十,上天归班。此所云云,皆作者踌躇满志之想象,无书本与传说为根据者。末云:"二人若得再相会,至五云观景再团圆。那个住在苏州府,这个山东有家园。明公若问后来事,《五云传》上说周全。"则又牵合《五云传》为一事。民众每好将若干相类之故事串于一线,若喇嘛之转世者,此本之《五云》,前本之三世,皆其类也。

十余年前,予方勤研民俗,投稿者弥多。顷检得一纸,题为《蓝桥会》,述某地之传说,惜时久忘其赠主,因亦无从详此传说之地点。其略云:周家村之周员外生子绝丑,背驼,足跛,妄想娶一美女,日夜与父母吵闹。二老爱子心切,允之。离周家村五里为蓝家村,村中一老人以教书为业,妻亡,遗一女,极妍丽,年已二八。周员外知之,命媒婆前去说合。经媒婆之夸饰,此丑公子居然成一温文尔雅之美少年。蓝老心动,请相亲。媒婆设计,将华山魏公子诓出,果英俊,婚事遂成。至期,洞房中灯火尽灭,女复受绐。次日发觉,徒自怨泣而已。某晚,女梦与一美少年幽会,并约明日至蓝桥相见。醒后,梦中事历历在目,即以担水为名,步至桥下,与魏公子遇,盖公子亦于昨夜得梦,正下山探访也。两人于井边互诉身世,约于三更相会。当晚大雨,公子至桥,山洪暴发,直冲桥上,知生命难保,便将衣服系于桥阑,示不失信,其身遂被水冲去。蓝女至,不见公子,四方寻觅,乃于阑上发现其衣,知其已死、亦投河殉焉。后玉堂春为蓝女转世,王三公子则魏公子也。此故事言及华山,或为流行于陕西东部之传说,实际之蓝桥去华山本不远也。尾生姓氏,此又作魏,要是小变。以蓝桥故,女遂姓蓝。其嫁周公子及因梦识魏,魏以衣系桥阑以死等,均与鼓词所述不同。东南各省所以不传此故事者,殆以无洪水背景欤？

尾生故事虽无大发展，而绵延二千余年未绝，可谓故事中之黄耇者，予故乐为叙次其始末若此。

## 预言不中

古人好作预言以示其洞烛先几之能，故《吕氏春秋·观表篇》曰："圣人上知千岁，下知千岁。"《左传》《国语》尤为预言之府库，良以列国史官既常据已知以测未来，又喜据后事以改前史，遂觉先兆后果无处不合拍耳。孔子曰："文胜质则史。"知记事者最舞文也。

然亦有预测未验而后人忘为追改者。如《郑语》记史伯之言曰："成天地之大功者，其子孙未尝不章。"故幕、禹、契、弃之后为虞、夏、商、周，因推周后得天下者当为谁氏，而云"祝融亦能昭显天地之光明以生柔嘉材者也，其后八姓于周末有侯伯"，祝融既有大功于先，不容无兴朝于后，故云："唯荆实有昭德，若周衰其必兴矣！"作此言者当居春秋、战国之间，其时天下最强者为楚，驰驱中原已二百余年，庄王问鼎，灵王欲求鼎，代周之兆早见，故预测楚人必续虞、夏、商、周之后而有天下也。孰料后来楚日不振，竟被灭于僻在西陲之秦乎！

更就《论语》观之。此书写于战国初，亦因子路早殉卫难，补记预言于《先进篇》中，托诸孔子曰："若由也不得其死然。"此据后以论前，不容不验者也。而亦有据今以测来者，其事便难必验。《季氏篇》记孔子言曰："禄之公室五世矣，政逮于大夫四世矣，故夫三桓之孙微矣。"又曰："自大夫出，五世希不失矣。"盖观阳虎、侯犯、公孙宿之乱，以为三桓上陵已久，满则招损，家臣伺于其后，再越一世必归没落也。然家臣作乱者次第奔亡，政权仍在三家，孔子没后十一年，哀公且有"余及死乎"之叹。欲藉越力以去三桓，而事又不成。其后季氏且独立为一国，而《孟子》有"费惠公"之记载。《史记·鲁世家》："悼公之时三桓胜，鲁如小侯，卑于三桓之家。"则此五世失政之预言亦竟不中矣。

# 赵 谶

《史记·赵世家》中记谶独多。当简子病，扁鹊视之，谓在昔秦缪公尝如此，因述上帝告缪公之言，曰："秦谶于是出矣。"简子果寤，曰："我之帝所甚乐。……有一熊欲来援我，帝命我射之，中熊，熊死。又有一罴来，我又射之，中罴，罴死。帝甚喜，赐我二笥，皆有副。吾见儿在帝侧，帝属我一翟①犬，曰：'及而子之壮也，以赐之。'帝告我：'……今余思虞舜之勋，适余将以其胄女孟姚配而七世之孙。'"董安于受言而书藏之。此赵谶之首一篇也。他日简子出，有人当道，为之解曰："帝令主君射熊与罴，……晋国且有大难，……帝令主君灭二卿，夫熊与罴皆其祖也。（帝赐二笥皆有副）主君之子将克二国于翟，皆子姓也。（儿在帝侧，帝属一翟犬）儿，主君之子也。翟犬者，代之先也。"其后简子果灭范、中行二卿，其子襄子果灭代与知伯。

当知伯之攻赵也，襄子奔保晋阳，原过从，见三人，自带以下不可见，与过竹二节。襄子亲自剖竹，有朱书曰："赵毋恤，余霍泰山山阳侯天使也。三月丙戌，余将使女反，灭知氏，……余将赐女林胡之地。至于后世，且有伉王，亦黑龙面而鸟噣，鬓麋髭聧，大膺大胸，修下而冯，左衽界乘，奄有河宗，至于休溷诸貉，南伐晋别，北灭黑姑。"此赵谶之第二篇也。襄子果以三月丙戌灭知氏，累传至武灵王，果灭中山，辟地至林胡、楼烦，立云中、九原郡。

武灵王十四年，游大陵，梦见处女鼓琴而歌诗曰："美人荧荧兮颜若苕之荣，命乎命乎，曾无我嬴。"异日，王饮酒乐，数言所梦，想见其状。吴广闻，因夫人而内其女娃嬴，孟姚也。孟姚甚有宠于王，是为惠后。吴广为虞裔，吴与虞本一字，故吴之始君曰虞仲。吴广之女亦曰吴娃。至是而帝告简子"余思虞舜之勋，适余将以其胄女孟姚配而七世之孙"之言亦验。

二十五年，惠后卒。武灵王初以长子章为太子，复得吴娃爱之，为不

---

① 原作"瞿"，今据《史记·越世家》改"翟"，后同。

出者数岁，生子何，乃废太子章而立何为王，惠文王也。吴娃死，爱弛，怜故太子，欲两王之，犹豫未决，乱起。公子章作乱，与惠文战不胜，往走父沙丘宫。军围宫三月余，武灵竟饿死。是武灵以好色致乱也。倘果有上帝之命在，则赵必当以孟姚兴，不当以孟姚乱。且使孟姚之子而能承武灵余烈，张其国威，则虽暂乱于一时，而终底绩于百世，犹可言也，其如惠文之世赵之国势已急转直下何！是则简子所得帝命，惟此一语为无意义，洵可诧怪。

予意此谶之言，惠文之所增也。惠文非嫡夫人子，徒以母宠得嗣位，及故太子与争，又悍然不惜弑父与兄，当时固快意，事后必愧悔，故托为天帝之命以自掩其惭德，亦犹宋真宗之作天书以掩其澶渊之耻耳。

## 《左传》中之五德说

《左》僖二十五年，晋文请隧。襄王曰："未有代德而有二王，亦叔父之所恶也。"昭三十二年，史墨对赵简子曰："社稷无常奉，君臣无常位，自古以然。……三后之姓于今为庶，主所知也。"按此皆含有五德终始说之意味，尤以"代德"二字为显。

哀九年，宋公伐郑。……晋赵鞅卜救郑，遇水适火。……史龟曰："是谓沈阳，可以兴兵，利以伐姜，不利子商。伐齐则可，敌宋不吉。"史墨曰："盈，水名也。子，水位也。名位敌，不可干也。炎帝为火师，姜姓其后也。水胜火，伐姜则可。"杜《注》："赵鞅姓盈，宋姓子，水盈坎乃行，子姓又得北方位，二水俱盛，故言不可干。"按，读此知彼时有以五行编排列国族姓者，此与邹衍辈之以五行编排朝代者一纵一横，合之益密。不知《左传》此段记载出于何时？如出春秋或战国初，则为邹衍之说之源头，否则乃承邹衍之说而加以扩充者也。又按，以商为水位，与五德相生说编排商德相同，不知其是否偶合耳。

哀十三年，吴申叔仪乞粮于公孙有山氏。……对曰："梁则无矣，粗则有之。若登首山以呼曰：'庚癸乎。'则诺。"杜《注》："军中不得出粮，故为私隐。庚，西方，主谷。癸，北方，主水。"洵如其言，谷以庚称，水以癸代，是当时有将万物分配于五行者，若《说卦传》之以万物分配于八卦者然，亦五行史中一重要材料也。

## 宋钘书入小说家

予昔治诸子，以为宋钘其人为孟、庄、荀、韩所俱道，实先秦之显学，而《荀子·非十二子》以墨翟、宋钘并称，《庄子·天下》又谓其"禁攻寝兵，救世之战"，与墨子说同，是宋为墨徒无疑。然其时代已后于墨子，故不能无参杂他家思想。《淮南·氾论》云："兼爱、尚贤、右鬼、非命，墨子之所立也，而杨子非之。全生保真，不以物累形，杨子之所立也，而孟子非之。"以"全生保真，不以物累形"九字总括杨朱学说，最得其真象。而《天下》述宋钘之学曰："不累于俗，不饰于物，不苟于人，不忮于众。"即"不以物累形"也。《荀子·正论》亦举其说曰"见侮不辱"，曰"人之情欲寡"，即"全生保真"也。《天下》又总述之曰："以禁攻寝兵为外，以情欲寡浅为内。"是宋子生杨、墨之后，调和杨、墨之说以成其学可知，正犹孟子生杨、墨之后，兼反杨、墨之说以立其言也。宋、孟同时，同受杨、墨影响，而一则并蓄，一则两攻，对映生趣如此。

兹在《东方杂志》读郭沫若先生《宋钘尹文遗著考》，谓《管子》一书为齐地著作之总汇，宋钘、尹文为稷下先生，其书当存于齐之史馆，因杂入于今之《管子》。其中《心术》上、下、《内业》《白心》《枢言》五篇，以《天下篇》之"白心"及"接万物以别宥为始，语心之容，命之曰心之行"证之，实即宋，严遗著之仅存者。既鉴定此大批材料，遂对此沉埋已久之先秦一重要学派得甚多之发见，知宋子乃道家之前驱；且观其不非毁仁义礼乐，则并儒与墨而亦调和之。又谓告子言性、言心、言气，在思想系统上实承接宋钘，孟子"养心莫善于寡欲"之语亦即其"情欲寡"说之发挥，而《荀子·解蔽》论人心智不宜有所蔽囿又即引申其"别宥"说，于是宋子之学承前启后之关系因以大明。此抗战中第一篇考证文字也。

宋钘上承儒、墨、杨三大学派而调和之，下又开尹、告、孟、荀诸家之学，其魄力伟矣，顾《汉书·艺文志》乃列《宋子》十八篇于小说家中，与浅薄之《伊尹》《师旷》，方士依托之《黄帝》《周说》同列，何也？此一问题郭君尚未及作解，予试为说之。

《吕氏春秋·有始览》有《去尤篇》，末云："解在乎齐人之欲得金也，及秦、墨者之相妒也，皆有所乎尤也。"此两事皆见《先识览·去宥篇》，一若《去宥》为《去尤》之传者。郭君谓"尤"与"宥"均"囿"之假借，此二篇殆采自《宋子》，是也。按《去尤》曰："东面望者不见西墙，南乡视者不睹北方，意有所在也。"《去宥》曰："夫人有所宥者，固以昼为昏，以白为黑。……亡国之主其皆甚有所宥耶？故凡人必别宥然后知，别宥则能全其天矣。"知其所谓囿者即心理上之成见与错觉，凡欲治人者必先自治其心，心治则客观之真理见，故曰"接万物以别宥为始"也。

此两篇中凡举七例：《去尤》为亡铁疑邻子、公息忌劝邾君为甲以组、父誉子之美三事，《去宥》为秦惠王拒墨者谢子、荆威王疏沈尹华、邻父请取枯梧为薪、齐人攫金于市四事。其中涉高级社会者三，下层社会者四，而亡铁与攫金更富于故事之情调。前一事云："人有亡铁者，意其邻之子，视其行步，窃铁也；颜色，窃铁也；言语，窃铁也，动作态度，无为而不窃铁也。抇其谷而得其铁，他日复见其邻之子，动作态度无似窃铁者。"后一事云："齐人有欲得金者，清旦被衣冠，往鬻金者之所，见人操金攫而夺之。吏搏而束缚之，问曰：'人皆在焉，子攫人之金，何故？'对吏曰：'殊不见人，徒见金耳！'"此类故事，想十八篇中必不在少。以其突梯滑稽，类于井市之谈，遂使刘向、歆校书，视为不雅驯而抑之。观其序录曰："小说家者流盖出于稗官，街谈巷语、道听涂说者之所造也。……闾里小知者之所及，亦使缀而不忘。如或一言可采，此亦刍荛狂夫之议也。"盖以形式观《宋子》，诚闾里小知矣。班固虽注云："孙卿道宋子，其言黄、老意。"其眼光已超出形式主义，然终不敢援之以入道家，则高文典册专制之害也。

原宋钘之所以如是，原非如淳于髡、东方朔之流之好为滑稽，乃含有通俗文学之意，取其为民众所适听，便于其宣传。《天下篇》云："以此周行天下，上说下教，虽天下不取，强聒而不舍者也，故曰上下见厌而强见焉。"知其不独游说君主，亦复向人民大众说教，取譬于邻父邻子则最易得人了解。佛教徒为便利说教，作《百喻经》，能近取譬，故其入人也深。宋钘生于战国而能若是，以全民为对象，强聒强见以行其志，洵奇杰哉！

# 卷之五　文籍类十七则

## 《风》《雅》《颂》之别

　　《左传》成九年："晋侯观于军府,见钟仪,问之曰:'南冠而絷者谁也?'……问其族,对曰:'冷人也。'……使与之琴,操南音。……范文子曰:'楚囚,君子也。乐操土风,不忘旧也。……'"此云"南音",当即指《二南》之音。《江汉》《汝坟》正值楚地,楚囚鼓琴为《二南》自是可能。"乐操土风"一语,足以说明"国风"一名之由来,"国"即"土"也,"风"犹言"调"。读此知古人歌风诗者奏琴。

　　又襄二年《传》:"穆姜使择美槚,以自为榇与颂琴。"颂琴者,奏《颂》诗之琴也。

　　《汉书·艺文志·乐家》:"《雅琴》赵氏七篇。《雅琴》师氏八篇。《雅琴》龙氏九十九篇。"雅琴者,奏《雅》诗之琴也。

　　《诗·小雅·鼓钟篇》曰:"鼓钟钦钦,鼓瑟鼓琴,笙磬同音,以雅以南,以龠不僭。"此可见歌《大》《小雅》与《二南》者,其乐器有钟、琴、瑟、笙、磬,且有龠舞。依《左传》所述事观之,则琴其主要之乐器也。

　　举此数事,知古代歌《风》《雅》《颂》皆以琴。歌《雅》以雅琴,歌《颂》以颂琴。《国风》之琴虽未著专名,由颂琴、雅琴之名推之,知歌《风》者必不用颂琴、雅琴,而土风南北东西有异,或十五国风即为十五种琴,未可知也。

　　歌一种诗用一种琴,可见《风》《雅》《颂》之别实即乐器之别,绝不关涉义理。犹之今日胡琴普遍流行,而其种类有别,其歌曲亦有别,自二胡出者为江苏小曲,自马头琴出者为蒙古歌词,自京胡出者为北平戏剧,自梆胡出者为秦腔戏剧,其曲其剧皆可编为专书,而其铿锵鼓舞则非书本所可显现。固亦可曰小曲多叙男女之情，戏剧多演家国之事，然此仅大体之分别耳。小曲未尝不可言家国，戏剧中亦尽多言情之作也。《国风》略等于小曲，《雅》《颂》略等于戏剧，而诗中所陈并无严密之界限，其义视此。

自《诗经》学家重视义理而屏绝声音，此极简单之事实遂成为极茫昧之问题。《诗序》一则曰"《风》，风也，教也；风以动之，教以化之"，训《风》为教化；再则曰"上以风化下，下以风刺上，主文而谲谏，……故曰《风》"，训《风》为讽刺；三则曰"是以一国之事系一人之本，谓之《风》；言天下之事，形四方之风，谓之《雅》，雅者正也，言王政所由废兴也；……《颂》者，美盛德之形容，以其成功告于神明者也"，以《风》为咏国君之诗，《雅》为咏帝王之诗，《颂》为告神明之诗。夫不睹其器，不闻其音，而惟就字面加以箍绎，立义虽多，固无一非隔靴搔痒矣。

朱熹《诗集传》于《诗》学中倡革命，其序文中立一新界说曰："凡诗之所谓《风》者，多出于里巷歌谣之作，所谓男女相与咏歌，各言其情者也。……《雅》《颂》之篇则皆成周之世朝廷郊庙乐歌之辞。"《传》中又释之曰："《风》者，民俗歌谣之诗也。""《正小雅》，燕飨之乐也；正大雅，会朝之乐，受厘陈戒之辞也。""《颂》者，宗朝之乐歌。"此就诗人之地位言，谓《风》出平民，《雅》《颂》出贵族，大体固亦近似，然细按之实不然。《二南》中如《樛木》《兔罝》《麟趾》《采蘩》《采苹》《何彼秾矣》，未尝非朝廷郊庙乐歌之辞；《邶》以下十三《国风》如《简兮》《泉水》《北门》《君子偕老》《定之方中》《载驰》《淇奥》《硕人》《缁衣》《大叔于田》《清人》《羔裘》《载驱》《汾沮洳》《驷驖》《小戎》《无衣》《九罭》《狼跋》诸篇，亦悉贵族自道其生活，自述其希望，奏之于宫阃军旅者也。至于《小雅》，则《沔水》《黄鸟》《我行其野》《小宛》《小弁》《巷伯》《谷风》《蓼莪》《无将大车》《青蝇》《都人士》《采绿》《渐渐之石》《苕之华》《何草不黄》，皆饶有民众意趣，列之里巷歌谣之《国风》中而沆瀣一气者。《大雅》中便无此类作品。疑《小雅》《大雅》之别由乐部来，奏《小雅》者其乐部人数少，故民众与贵族俱得用之；《大雅》需人孔多，惟贵族乃有力办此。以用之者之异，故其词亦遂异耳。

《颂》固多郊庙乐歌，而亦不尽施于郊庙，如《周颂》之《臣工》《噫嘻》《载芟》《良耜》，明是告臣之词，《振鹭》《有瞽》《有客》皆款待宾客之词；《小毖》一篇托之禽言，犹《豳风》之《鸱鸮》，乃抒情之诗；《酌》《桓》《赉》，《左传》谓之"《武》"，乃军旅之诗；《鲁颂》之《駉》《有駜》、《泮水》，俱为颂鲁君之诗，亦如《卫风》之《硕人》，《鄘风》之《定之方中》。故以闾巷属《风》，朝廷属《雅》，郊庙属《颂》，得其大齐而已，实际上则纠结而不可分也。

苟舍此龂龂义理之辨而惟说为乐器之异与歌声之异，则固不劳委曲作解。近世乐曲，弹弦子而歌者谓之《弹词》，敲小锣而歌者谓之《唱春》，拉马头琴而歌者谓之《马头调》，打小鼓而歌者谓之《鼓词》，击犁片和鼓声而歌者谓之《梨花大鼓》（梨为犁之误文），此吾侪所见，绝无疑惑者也。亘数千百年，乐亡而词在，上题曰某某调，倘彼时之人犹若汉儒之陋者，必将曰：《弹词》者弹劾也，犹《风》之为讽刺也；《鼓词》者鼓吹也，犹《颂》之为形容盛德也，《马头》者军陈也，犹《雅》之为政事也。如是，不将令识者喷饭乎，不将令后人复哀后人乎！

# 六　诗

《诗序》云："诗有六义焉：一曰风，二曰赋，三曰比，四曰兴，五曰雅，六曰颂。"此文盖袭自《周礼》。《春官》太师职曰："教六诗：曰风，曰赋，曰比，曰兴，曰雅，曰颂。"其次序无少异。知《诗序》作于东汉初之卫宏，则彼时《周礼》已行，剿取固甚便耳。按风、雅、颂为三百篇原有之类别，赋为荀卿以来习用之文体，兴为《毛传》特出之名词。《毛传》自《风》之《关雎》迄于《颂》之《振鹭》，凡以鸟兽草木起其辞者，皆注曰"兴也"，是则兴乃诗之作法，即离于《风》《雅》《颂》之中，而非特立一体于《风》《雅》《颂》之外者。至于比，先秦旧籍未一见焉。《周礼》一书好以数字分伦类，乐则有六律、六同、六德、六乐、六舞，以《诗》配之，遂曰"六诗"，风、雅、颂不足此数，则增以当时流行之"赋"，又不足则增以《毛诗传》之"兴"，又缺其一，则加"比"以足成之，如此而已，原非有事实之根据也。

郑玄《诗笺》未释六诗之义，而于《周礼注》云："赋之言铺，直铺陈今之政教善恶。比，见今之失，不敢斥言，取比类以言之。兴，见今之美，嫌于媚谀，取善事以喻劝之。"如其所言，是比专用于刺诗，兴专用于美诗。持此考论，动多扞格。《谷风》《墙茨》《黄鸟》《鸱鸮》诸篇，其不能为美诗明矣，胡为毛公皆定之曰"兴"乎？所谓不敢斥言今失，取比类以言之者，度当如《兔爰》《伐檀》《硕鼠》《隰有苌楚》诸篇，胡为而毛公不注曰"比"乎？

郑《注》又引郑司农（众）之言曰："古而自有风、雅、颂之名。……礼乐自诸侯出，颇有谬乱不正。孔子正之，曰比，曰兴。比者，比方于物也。兴者，托事于物。"谓比、兴非古代原有之名而出于孔子正乐时所定，此说固甚有商量之余地，然其说比义为方物，兴义为托物，视郑玄之横梗一美刺之见者实远胜之。

《毛诗正义》虽守"疏不破注"之义，然亦无术为康成作曲解，故云："比云'见今之失，取比类以言之。'谓刺诗之比也。兴云'见今之美，取善事以劝之。'谓美诗之兴也。其实美、刺俱有比兴者也。"谓美、刺俱有比兴，足干郑说之蛊。《正义》又云："郑司农云'比者，比方于物'，诸言'如'者皆比辞也。司农又云'兴者，托事于物'，则兴者起也，取譬引类，发起己心，诗文诸举草木鸟兽以见意者皆兴辞也。"是则"关关雎鸠""南有樛木"为兴，"如金如锡""如松茂矣"为比。又云："比之与兴，虽同是附托外物，比显而兴隐。"则比义明白，兴义难知。谓君子之德如金锡之照耀，人民之众如松柏之畅茂，发言即了，无所用思，故谓之"显"，若"窈窕淑女"，何以当由"关关雎鸠"兴起，"乐只君子"何以当由"南有樛木"兴起，其义不可详，故谓之"隐"。又云："风、雅、颂者，诗篇之异体；赋、比、兴者，诗文之异辞耳。大小不同而得并为六义者，赋、比、兴是诗之所用，风、雅、颂是诗之成形，用彼三事成此三事，是故同称义'义'，非别有篇卷也。"经孔颖达等之推敲剖析，赋、比、兴三义厘然明白，三百篇乃无一不可归纳于此三者之下，凡《周礼》《诗序》囫囵之辞，郑众、郑玄冥索之见，得此《疏》说而新义方确立，是诚非汉人所豫期之肖子。朱熹作《诗集传》，遵而用之，宜矣。

《正义》又引《郑志》："张逸问'何诗近于比、赋、兴？'答曰：

'比、赋、兴，吴札观《诗》已不歌也。孔子录《诗》已合《风》《雅》《颂》中，难复摘别。篇中义多兴。'"则郑玄直谓赋、比、兴与风、雅、颂异体，自孔子混合之于风、雅、颂之中而不复可区分。然则孔子自卫归鲁，何尝正乐，直乱乐耳，杂比、兴于《雅》《颂》之中而使其不得其所耳。司农正谓《风》《雅》《颂》中比、兴有别为孔子正乐之成就，康成乃谓赋、比、兴与《风》《雅》《颂》无别为孔子正乐之结果，不可嗤乎！溯郑氏此说之由来，盖出于毛公之记兴。《正义》为说明之曰："言'篇中义多兴'者，以《毛传》于诸篇之中每言'兴也'。以兴在篇中，明比、赋亦在篇中，故以兴显比、赋也。"呜呼，毛公所定兴诗已一百一十五篇矣，若更举比、赋之诗而去之，试问三百篇中尚有一篇之存乎？此岂第混合耶，实乃夺而易之。孔子录《诗》，何以取赋、比、兴之实而悉冒《风》《雅》《颂》之名乎？谓之极天下荒唐滑稽之趣，谁曰不然。汉人整齐故事，其伎俩乃如此，惜不得起昔日佞郑者而质之！

# 张心田先生论六诗之"兴"义

颉刚先生：读《责善》半月刊第二卷第三期大作《浪口村随笔》"六诗"一条，解释详明而新颖，读之心喜。《风》《雅》《颂》之说尤为新奇，且有理有据；赋、比、兴之说依正立说，足破二郑之惑。惟说"兴"义似有未尽，愿为补申之。

尝见瑞典人高本汉之说，云：

> ……《诗经》共有三百篇，其中有五篇据说还要古远一点，其余都是纪元前十二世纪的抒情诗歌。……这些诗歌，充其量也不过是一些民间诗歌而已。（见 Bernhard Karlgren：Philology And Ancient China 第五章）

高氏此说颇为扼要。除《雅》《颂》而外，大部出于民间（高氏亦云"大部分都是从当时许多小侯国里采拢来的"），不得以辞害义，认高氏以为《三百篇》全为民歌。

吾人今日视《诗》为经典，其实不过民间歌谣而已。民间歌谣，不过永言抒情而已，视今日民间之《山歌》《五更》《十二月》之流相去不远也。凡此种民歌，为便于歌咏，除必协韵之外，其词句之长短亦为重要之条件。为词句关系，不能不以自然风物补足，盖其本意只三言两语即尽，不便歌咏也。所谓"兴"，只是歌谣中风物开篇之一体耳。

即舍民歌而论古诗歌，亦恰如民歌之风物开篇。如《麦秀歌》："麦秀渐渐兮禾黍油油，彼狡童兮匪我好仇。"上文"麦秀渐渐""禾黍油油"并与"狡童"无意义上之关涉，与"好仇"亦无义理上之牵连。本歌主旨不过斥言彼狡童者非我之同辈，麦渐禾黍之言只以起词开篇，组织成章，相配为韵（油、仇为韵）而已。箕子有远纣之意，为歌以永叹，本无取于麦秀与禾黍也。使毛公为此歌作传，必曰"兴也"；郑氏一派经学者如又为之笺疏，将更附会多方，岂非郢书燕说，厚诬古人乎！又如《饭牛歌》："南山灿，白石烂，短布单衣适至骭。生不逢尧与舜禅，长夜漫漫何时旦。"上文"南山""白石"与下文"短布单衣"之寒，"不逢尧、舜"之穷，以"长夜漫漫何时旦"一语慷慨悲歌，触动齐桓公之心事，使他不能不闻而异之。所以南山、白石亦只用以起词开篇而已。

据上两例，毛公所定兴诗一百一十五篇要皆以麦、禾、山、石起词开篇而已。说《诗》者附会《小序》之意，因缘婉转，遂成曲解。即《关雎》一篇，《序》所谓"王者之风"者，"关关雎鸠，在河之洲"两语，毛《传》云："兴也。"亦只起词开篇如麦、禾、山、石之类而已。至云"鸟挚而有别"，"后妃说乐君子之德无不和谐，又不淫其色，慎固幽深，若关雎之有别焉，然后可以风化天下，夫妇有别……"云云，皆涉牵强附会之嫌。其次一篇《樛木》，"南有樛木，葛藟累之"，尤与"乐只君子，福履绥之"不相关涉；亦是麦、禾、山、石起词开篇。而郑《笺》云："木枝以下垂之，故葛也、藟也得累而蔓之，而上下俱盛。兴者，喻后妃能以意下逮众妾，使得其次序，则众妾上附事之而礼义亦俱盛。"郑氏虽巧于关合，言之成理，而其辞费曲解之迹灼然可见。且本三章，一章以累、绥韵，次章以荒、将韵，三章以萦、成韵，意皆相同，不过调换字面，改易声韵，使歌词有抑扬变化之美，其用意亦与以自然风物补足词句相同。不然，三章既同意，如不改字则只是一章。一章嫌不足，故改字为三章；一言两语嫌不足，故以自然风物足成之。又其次《桃夭》，"桃之夭夭，灼灼其华"，《传》云："兴也。桃，有华之盛者；夭夭，其少壮也。"郑《笺》亦附会云："兴者，喻时妇人皆得以年盛时行也。"试细绎诗文"桃之夭夭，灼灼其华，之子于归，宜其室家"，华（古读如污），家（古读如姑）为韵。"桃华"与"之子"了无关连；有之，则惟在词句之关系上；在意义上并无牵涉。强言牵涉，是义理家之蔽耳。

《诗》在早年不过民间风谣，等诸今时之《山歌》《五更》。或者古时王者以为民意之表现，因巡狩之便，向四方侯国征集：其善者，歌于朝庙，舞于乡国，于娱乐之外稍寓劝惩之意。盖人类于文艺之欣赏与真、美、善之爱好，古今中外所同然，见其美即见其善，见其善即见其恶，如是由文艺之欣赏进而走向善恶之劝惩，本极自然之事。况经孔子删订，遂为儒家经典。孔子之后，儒者究微言大义，如是《山歌》《五更》，屡经渲染点缀，其真面目已甚难认识。吾人今日以诗歌谣谚比较其文法、句法、韵法，知《三百篇》之兴诗实与之一般无二，独深解兴诗，附会义理，岂不为古诗人所笑。耑颂撰安。弟张维思上。三十、七、二十一。

　　颉刚敬案：心田先生此函至合鄙意。诗文起兴本无义理，作者或就所见之物而起其言，或就所忆之物而引其韵，皆未可知。十余年前，颉刚在北京大学编辑《歌谣周刊》，辄见歌谣开首一二语皆写景物，而所写之景却与其所述之事无关。例如"红云嫁黑云"，"杨柳儿青青"，"南风吹过北风停"，皆其兴也，而下文则或喜或悲，了无定例。取校《三百篇》之文，知毛公所谓"兴诗"实亦犹是，因作《起兴》一篇载入《写歌杂记》，具陈斯义。（此篇已转载《古史辨》第三册）其后思之，尚漏举一最亲切之证。按《小雅·鸳鸯篇》云："鸳鸯在梁，戢其左翼。君子万年，宜其遐福。"是以鸳鸯之戢翼兴君子之遐福，属于颂祷者也。《白华篇》云："鸳鸯在梁，戢其左翼。之子无良，二三其德。"是以鸳鸯之戢翼兴无良者之贰心，属于怨詈者也。郑《笺》必欲穷其义理，乃顺《序》文以作释。见《鸳鸯》之序曰"思古明王交于万物有道"，因笺云："明王之时，人不惊骇，敛其左翼，以右翼掩之，自若无恐惧。"见《白华》之序曰"周人刺幽

后"，因笺云："鸟之雌雄不可别也：以翼右掩左，雄；左掩右，
雌：阴阳相下之义也。夫妇之道，亦以礼义相下以成家道。"然
而无如古人兴物咏诗之际初未尝作此念何！

## 慕少堂先生论《诗序》之作者

颉刚先生大有道：昨贡乙笺，谅邀丙照。金城六月，天似火烧，困顿
无聊，蜗庐蛰处苦无书可读。邮局忽送来贵刊第二卷第三期，内有先生解
释兴、比、赋一篇，援引弘博，雄辩澜翻，扫去陈言，独标新义，惜乾、
嘉诸老未之见也。载诵鸿文，出入怀袖，爱不释手，真令人五体投地矣。
但大著内有"《诗序》作于东汉初之卫宏"一语，似不无可疑处；就夙昔

所闻于父、师者，略言大概以陈于大君子之前，希留意而加察焉。世人疑
《诗序》非卫宏所为，石林叶氏辨之，谓"宏《诗序》有专取诸书之文而
为之者，有杂取诸书之说而重复互见者，有委曲宛转附经而成其义者；
《序》果非宏之所作乎！汉世文章未有引《诗序》者"云云。斯说也，王
厚斋《困学纪闻》引之，清惠氏定宇《九经古义》引之，朱氏彝尊《经
义考》亦引之，案已判矣，夫复何言！但案无两造之言则狱有偏听之惑，
若偏信石林叶氏之言，伥伥于去圣人两千余载之后，不考东汉以前之说，
听讼者遽下判词，并引王厚斋、惠定宇、朱竹垞以为之证，而愚不能无惑
焉。叶氏谓汉世文章未有引《诗序》者，司马相如《难蜀父老》云："王
事未有不始忧勤而终逸乐。"此《鱼丽序》也；班固《东京赋》"德广所
及"，此《汉广序》也。一当武帝时，一当明帝时，可谓非汉世乎！时则
卫宏犹未生也。不宁惟是，孟子说《北山》之诗云："劳于王事而不得养
父母。"即《小序》说也。公孙尼子作《缁衣》，其书曰："长民者衣服不
贰，从容有常以齐民，则民德壹。"即《都人士小序》文也。可知《小
序》在《孟子》之前，汉儒谓子夏所作殆非诬矣。又襄二十九年《左氏
传》，"此之谓夏声"，服虔《解谊》云："秦仲始有车马礼乐之好，侍御
之臣，戎车四牡田狩之事，与诸夏同风，故曰：'夏声。'"所解与《小
序》同。服虔之说，惠氏亦尝言之矣，陈长发《毛诗稽古编》亦载其事。

东汉末，蔡邕《独断》载《周颂》三十一章，尽录《诗序》，自《清庙》至《般》一字不异，并无卫宏所作字样。魏黄初四年诏："《曹诗》刺恭公远君子而近小人。"亦未言卫宏所作。叶氏深信不疑，是则偏之为害，而后人终不能无疑也。昔林艾轩《与赵子直书》曰："《诗本义》，初得之如洗涤肠胃，读之三载觉有未穆处"云云。朱子诗有云："旧学商量加邃密。"刍荛之言是否有当，尚祈教我！覆候著祺。

弟慕寿棋启。三〇，六，三〇。

　　颉刚敬案：绍堂前辈箴规之言敢不拜受。惟于心有未能苟同者，请一道之。毛公作《诗故训传》而于《序》独无注，是其无《序》之证也。《史记》不载有《毛诗》，遑云《毛诗序》。《汉书·艺文志》本于向、歆《七略》，有《毛诗》及《毛诗故训传》矣，亦不谓有《毛诗》序。是西汉时《毛诗》无《序》之证也。《后汉书·卫宏传》曰："九江谢曼卿善《毛诗》，……宏从曼卿受学，因作《毛诗序》，善得《风》《雅》之旨，于今传于世。"谓为"作《毛诗序》"，是《序》固作于卫宏也；谓为"于今传于世"，是宏《序》即东汉以来共见共读之序也。汉代史文不谓有他人作《毛诗序》而独指为卫宏作，且谓卫《序》即传世之本，其言明白如此，顾皆以为《序》出东汉则其书不尊，故必舍史籍之明文而转索之于冥茫之中，是历代经师之蔽也。且毛公不注《序》而郑玄兼笺《序》，明《诗序》之文出于毛之后，郑之前，而卫宏正其时也。作《序》之时讵无因袭，举凡《孟子》《公孙尼子》、司马相如之语，何尝不能融入《序》中，亦如梅赜《古文尚书》搜罗古籍所引《书》文略备，然不可以其录入若干真古《书》文遂据以断其非后出也。服虔、蔡邕生于东汉之末，与康成同时，康成既可注《序》，服与蔡如何不能录《序》文以入其书。蔡氏《独断》摘录经、记、《史》《汉》中制度文字以成书，谓《周颂》之序可以表见周代乐制，故并录之，凡所采书俱不著其所自出，匪独卫宏书也。黄初之诏于时更后，康成《诗笺》行于世矣，《诗序》获有更崇高之地位矣，朝中援引为

149

文，固其宜也，岂得藉此以证《序》文之不作于卫宏耶！牵抒鄙
见，幸恕其质直。

## 王守仁主删《郑》《卫》

《诗三百篇》中有情诗若干篇，此不待智者而可知。汉儒曲释之曰
"刺淫"，曰"恶无礼"，曰"思贤才"，而后此情诗乃不与圣经相牴牾。
宋代理性发达，朱子作《诗集传》，始断然确定此若干篇为淫奔之诗。然
何以淫诗得保存于圣经？则朱子自解之曰："善者兴起人之善心，恶者惩
创人之逸志。"当时吕东莱等争而不得，朱子之说果申于天壤。然其学派
三传至于王柏，即欲删去《野有死麕》《静女》《桑中》等三十二篇，以
遵圣人之至戒。《诗疑》（上卷）云："愚尝疑今日三百五篇者岂果为圣人
之三百五篇乎？秦法严密，《诗》无独全之理。窃意夫子已删去之诗，容
有存于闾巷浮薄者之口，盖雅奥难识，淫俚易传，汉儒病其亡逸，妄取而
掸杂，以足三百篇之数，愚不能保其无也。不然，则不奈圣人'放郑声'
之一语终不可磨灭，且又复言其所以放之之意，曰'郑声淫'，又曰'恶
郑声之乱雅乐也'。愚是以敢谓淫奔之诗圣人所必删，决不存于雅乐也审
矣。"又曰："在朱子前，《诗》说未明，自不当放；生朱子后《诗》说既
明，不可不放。与其遵汉儒之谬说，岂若遵圣人之大训乎！"其意甚明，
其气甚壮。然此说出后，不闻嗣响，盖生千载之后欲奋笔删削久定之圣
经，终有所忌惮而不敢为也。

顷展《传习录》，乃知赞同鲁斋之说者固有阳明在。《录》（卷一）
云："爱又问：'恶可为戒者，存其戒而削其事以杜奸，何独于《诗》而不
删《郑》《卫》？先儒谓"恶者可以惩创人之逸志"，然否？'先生曰：
'《诗》非孔门之旧本矣。孔子云："放郑声，郑声淫。"又曰："恶郑声之
乱雅乐也。""郑、卫之音，亡国之音也。"此是孔门家法。孔子所定三百
篇，皆所谓"雅乐"，皆可奏之郊庙，奏之乡党，皆所以宣畅和平，涵泳
德性，移风易俗，安得有此，是长淫导奸矣。此必秦火之后，世儒附会以
足三百篇之数。盖淫泆之词，世俗多所喜传，如今闾巷皆然。"恶者可以

惩创人之逸志"，是求其说而不得，从而为之辞。'"此一段话，谓孔子欲放郑声，必不收淫诗，谓秦火后儒者取闾巷之诗以补三百之数，皆与鲁斋合，足证其曾见《诗疑》，极以其说为然，故转述之于门人也。其直斥朱子之说，为"求其说而不得，从而为之辞"，态度抑何严厉。

夫王柏、王守仁欲删《郑》《卫》而其事不成，吴棫、朱熹排抵《古文尚书》而其业竟就，是可见数百年中历史观念之发达，考订方法之精密，确足以揭显若干真事实而得人之共信，其所成就迥非卫道家但凭一腔热忱以主观取舍者所可及矣。

## 《春秋》书法因史官而异

今之《春秋经》本于鲁之旧史，自来无异说。既为鲁之旧史，则二百四十二年间必易若干史官始克成之。假如每一史官平均任事二十年，亦须更迭十二人。以此之故，前后记事方式不能一律自为无可避免之事。今试举二端以证之。

《春秋》之法一季中虽无一事，必书首月，例如"秋七月""冬十月"，所以表其所历之时。于春则书"春王正月"，正月无事而二、三月有事，则书"春王二月"或"春王三月"，所以表其所遵者为周正。记载之郑重如此。独于桓公时颇有违异。桓元年书"春王正月，公即位"，二年书"春王二月"，固循旧史之例；至三年则但书"春正月"，自后四、五、六、七、八、十一、十二、十四、十六、十七年俱同，七年书"春二月"，十三、十五年亦然。惟十年、十八年则书"春王正月"。《春秋》学家不得其解而强作揣测，因曰："无王者，以见桓公无王而行也。二年有王者，见始也。十年有王者，数之终也。十八年有王者，桓公之终也。明终始有王，桓公无之尔。"(《公羊》何《注》)然桓公弑隐而篡其位，固已无王，何必于即位之际暂宽假之？使以桓公有无王之心而史不书王，便当终身一律，何以薪之于平目者乃慨予之次数终？且天之大数为十二，何以于一纪之终独不明其有王乎？更有进者，既以其无王而行，不书王于春月，则王朝往来之事亦当阙而不书以昭其罪，何以四年书"天王使宰渠伯纠来聘"，五年书"天王使仍叔之子来聘"，八年书"天王使家父来聘"，十五年书

"天王使家父来求车"，又书"三月乙未，天王崩"，周、鲁间敦笃若是？书法又正常若是？自今观之，则桓三年至十七年之间当为一个史官所记，此人或以慵懒图省事而不书王，或在彼思想中别有不书王之理由，遂不依旧例为史；至于十年有王，或传写误入，或易人庖代，未可知也。及十八年而更易一人，不与彼同，故还沿成法，历庄公世而不变耳。此一事也。

鲁史之记楚事始于庄十年，曰："荆败蔡师于莘。"自后十四年书"荆人蔡"，十六年书"荆伐郑"，二十三年书"荆人来聘"，二十八年书"荆伐郑"，终庄公之世均称之曰荆。至僖元年书"楚人伐郑"，二年书"楚人侵郑"，三年书"楚人伐郑"，四年书"公会齐侯……伐楚，……楚屈完来盟于师"，自是终春秋世皆曰楚，不复改。《春秋》家求其说而不得，则曰"荆者何？州名也。州不若国……"（《公羊传》庄十年）以示其贬。又曰："楚称人，……进使若中国。"（《公羊》僖元年何《注》）以示其褒。然夷狄慕化为《春秋》之所褒，何以"来聘"而仍贬之曰"荆人"？夷狄侵略中国，《春秋》之所不与者也，何以"伐郑"而反褒之曰"楚人"？齐桓遏止楚之北进，此《诗》所谓"戎狄是膺，荆舒是惩"，周公之业也，何以《春秋》书之曰"伐楚"而不曰"伐荆"？又书"楚屈完来盟"而不曰"荆人来盟"？反复勘之，知称荆称楚，义本无殊，特记之者殊其人耳。以是推知庄公之世为一史官，其时楚始通鲁，尚不习其国号之正称，只从俗称之曰荆；僖公之世又为一史官，知从俗之非是，因书其正式国号曰楚矣。此二事也。

## 《春秋》删削之迹

孟子但言"孔子作《春秋》"，《史记》更述其作之之法，曰"笔则笔，削则削"，所谓"笔"者，谓对于鲁史之文有所修改也。所谓"削"者，则直删去之而已。此与《公羊传》所谓"《春秋》之信史"，何休《注》所谓"不改更信史"者，其事若异。康有为作《春秋笔削大义微言考》，录经文每条为三行：首行假定为鲁史本文；次行加朱于墨，假定为孔子之笔削；最后一行写清笔削之文，乃为今本之《春秋经》。然鲁史久佚矣，生于今日，欲寸寸而量之，期悉复其本来面目，于事为不可能，故此书惟有存康氏一己之见耳。

予意，孔子是否作《春秋》固有问题，而《春秋经》必由笔削鲁《春秋》而来则为无疑之事实。前在北平，钱玄同先生谓我，"《春秋经》录国君，列爵惟五，故宋必公，齐、晋必侯，郑、曹必伯，楚、莒必子，许必男，其例弥严。而一观金文，便多出入，如燕于《经》为伯，而铜器中有《匽公匜》《匽侯旨鼎》；秦于《经》亦为伯，而有《秦公敦》《秦容成侯尊》，亦有《秦子戈》；郳于《经》为子，而有《鄟伯鼎》；邾于《经》亦为子，而有《邾公钟》《邾伯禹》。是知周代根本无五等爵制，疑《经》文所载即孔子正名说下之成就也"。按此说而信，则作《春秋》者整理列国爵号，使之固定而不移，有当于《史记》所云之"笔"，诸小国有淆乱者，如滕称侯（隐七），又称子（桓二）；薛称侯（隐十一），又称伯（庄三十一）；杞称伯（庄二十七），又称子（僖二十三）；以及亡国之君州公（桓五）、郭公（庄二十四）称公：则笔之未尽者耳。至于"削"，则鲁国史官职司记事，凡有见闻，皆当著录，其文本繁重，且一事之生，往往发端甚微而收果乃巨，亦非始时所可逆料而豫为之郑重记载者。儒者既欲泐此一经以垂教后世，则其所录细碎之事实自可大量删除，而惟留其心目中所认为重要者，正犹今日杂志编辑人之节录日报为国内外大事记也；若干不发生影响之事实亦可大量裁汰，而惟存其可供劝戒示褒贬者，亦犹司马光之删削历代史书为《资治通鉴》也。此据后以论前者所必有事。

笔难知矣，削犹可晓。试举一最显明之例。宋伯姬，鲁女也。襄三十年，宋灾，伯姬之舍火，左右劝奔避，彼以妇人之义，保傅不在，宵不下堂，遂逮乎火而死；天下闻而贤之。《春秋经》于成八年书"卫人来媵"，《公羊传》曰："媵不书，此何以书？录伯姬也。"成九年书"二月，伯姬归于宋。夏，季孙行父如宋致女。晋人来媵"，《传》曰："未有言致女者，此其言致女何？录伯姬也。"说"来媵"如上文。成十年书"齐人来媵"，又说如上文。襄三十年书"五月甲午，宋灾，伯姬卒。……秋七月，叔弓如宋葬宋共姬"，《传》曰："其称谥何？贤也。"夫鲁君之女为他国之君夫人而第三国媵之者不少矣，其为媵于他国者更多矣，卿大夫之致女者与送葬者亦频频跋涉于道路间矣，顾俱不书，而惟录伯姬，虽琐屑而不辞，岂鲁成时人能逆贤伯姬之将于四十年后不避火而死，乃特笔记其事于其出嫁时耶！是知当时史官，有举必书，《春秋》之文，条目实繁，作《经》者贤伯姬之守姆训，故对于彼之史文一字未删，其他则悉去之矣。然其删削工作犹不严格，故今之经文有不详其义者，有尚存零碎事者，又有保留阙文之原样者，假使此书为有意的创作，则其文字便不当介于疑信之间矣。

兹更就内女言之。大抵存其文者皆有国际关系在。隐公时有归纪文伯姬（二年）与叔姬（七年），此以庄四年有"纪侯大去其国。……齐侯葬纪伯姬"之文，庄二十九年有"纪叔姬卒。葬纪叔姬"之文，以其遭亡国之痛而存之也。庄公时有归杞之伯姬（二十五年），此以庄二十七年有"公会杞伯姬于洮。……杞伯姬来。……杞伯来朝"之文，僖五年有"杞伯姬来朝其子"之文，度其人与鲁、杞之邦交有甚大关系而存之也。僖十四、五、六年有鄫季姬，以其使鄫子来朝而存之也。文十四、五年有子叔姬，以其为齐人所执而存之也。宣十六年有郯伯姬，以其被出而存之也。成五、八、九年有杞叔姬，以杞伯逆其丧归而存之也。其他女公子之循礼嫁娶，无足令人回忆者，遂削而去之。然亦有削之不尽者，如僖九年"伯姬卒"，文十二年"子叔姬卒"，《公羊传》并云"未适人"是也。

鲁君生子多矣，而独记子同之生（桓六年）。此事一方面可见作《经》者深恶文姜之淫，故于其子之生而疑之，一方面亦见他子之生虽载鲁史，而作者已悉视为无关重要而削之。若鲁史本不记公子之生者，则史臣于篡弑大事且为鲁君隐矣，何得特记此一事以为君羞。哀姜之入，"大夫宗妇觌用币"（庄二十四年）。按夫人之至，大夫宗妇何一不当觌，此亦一方面可见作者以"觌用币"为不当，故存其文，一方面则见他夫人之觌者已尽削之矣。外大夫不卒而尹氏（隐三年）与刘卷（定四年）独卒，则其他所记外大夫之卒亦俱削之矣。此类删削之迹，细心求之必尚多。大抵《春秋经》对于鲁《春秋》；有笔削而无增加（襄二十一年"孔子生"，显然为后儒增加者仅此一条），笔则于异同处可见其润饰之迹，削则于独特处可见其删汰之迹，就此求之，虽终不能回复本真，庶几可窥其百一焉。

# 左丘失明

幼读司马迁《报任少卿书》，至"左丘失明，厥有《国语》"而疑之，以为世安有著书之盲瞽？左丘已失明矣，如何能著七万数千言之《国语》与十九万余言之《左传》？既而思曰：书中又言"不韦迁蜀，世传《吕览》"，《吕览》作于不韦为秦相国之时，史有明文，及迁蜀命下，则宾客尽散，其身亦饮鸩死矣，尚有何著书之闲暇。以此例彼，则左丘著书殆在未失明之年耳。已而又思曰：禹遍历山川而世传其偏枯，皋陶淑问善理狱而世传其喑哑，激发于嫉贤妒能之心理，遂将其最长者指为最短，得无因左丘之工于为文而故谓其失明耶？蓄之于心，未能决也。

近读《晋语》，乃遽得一启发。《晋语四》记重耳在齐，齐姜劝之行，曰："吾闻晋之始封也，岁在大火，阏伯之星也，实纪商人。商人飨国三十一王。瞽史之纪曰：'唐叔之世，将如商数。'"及其为秦穆公所纳，董因迎之河，又述其事曰："君之行也，岁在大火，……后稷是相，唐叔以封。瞽史记曰：'嗣续其祖，如谷之滋'，必有晋国。"知当时确有瞽史所记之书，为当时所习引，其事在左丘之前，则瞽者为史殆循故事乎？

按"瞽史"一名，《国语》中尚多有。《周语下》记单襄公之言曰："吾非瞽史，焉知天道。"以此证彼，疑若可通。然韦昭注曰："瞽，乐太师，掌知音乐风气，执同、律以听军声而诏吉凶；史，太史，掌抱天时，与太师同车，皆知天道也。"据《周官》文作解，别瞽与史为二。韦氏所以如此言者，仍本于《国语》。《周语上》记邵穆公谏厉王语曰："天子听政，使公卿至于列士献诗，瞽献曲，史献书，师箴，瞍赋，蒙诵，百工谏，庶人传语，近臣尽规，亲戚补察，瞽、史教诲，耆艾修之，而后王斟酌焉，是以事行而不悖。"此一"瞽、史"上承"瞽献曲，史献书"而来，故知为二种人，非以瞽而为史也。又《楚语上》记左史倚相之言曰："昔卫武公年数九十有五矣，犹箴儆于国，……倚几有诵训之谏，居寝有亵御之箴，临事有瞽、史之导，宴居有师、工之诵，史不失书，蒙不失诵，以训御之，于是乎作《懿戒》以自儆也。"此一"瞽、史"下系"史不失书，蒙不失诵"，亦当析而二之。然则《晋语》两云"瞽史之纪"，盖瞽有其箴赋，史有其册书，容有同述一事者，如《牧誓》之与《大明》，《閟宫》之与《伯禽》然，故合而言之耳。

又此两种人同为侯王近侍，多谈论机会，自有各出所知以相薰染之可能，其术亦甚易相通。故《太誓》，史也，而孟子《滕文公》篇录其语曰："我武惟扬，侵于之疆，则取于残，杀伐用张，于汤有光。"《墨子·非命下》亦录其辞曰："天有显德，其行其章，为鉴不远，在彼殷王，谓人有命，谓敬不可行，谓祭无益，谓暴无伤。上帝不常，九有以亡。"其文皆若诗若箴，岂复誓师之辞，盖史之所作而瞽之所歌也，不则瞽闻其事于史而演其义于歌者也。《楚辞》之《天问》，《荀子》之《成相》，《大》《小雅》及《三颂》记事之篇章，诗也，而皆史也。非瞽取于史而作诗，则史袭瞽之声调句法而为之者也。观于《洪范》之"无偏无党"，《墨子·兼爱下》引之作"《周诗》"，《小雅》之"如临深渊"，《吕览·慎大》引之作"《周书》"，则史与瞽之所为辄为人视同一体，不加分别可知也。

左丘能成《国语》之弘制，其必不失明无异义。所以谓之失明者，盖瞽与史其事常通，其文亦多合，而"瞽史"一名习熟人口，流俗不察，乃若瞽亦可以作史者。而左丘名明，遂缘瞽史之义，思其反对方面，谓之"失明"，"盲左"之称于以起，不亦诬乎！

## 《国语》中复沓记载

《国语》必非一手所作，实出于后人之杂集。试举鄢陵之战一事观之，至明白也。《晋语六》云：

（一）厉公将伐郑，范文子不欲，曰："若以吾意，诸侯皆叛，则晋可为也。唯有诸侯，故扰扰焉。凡诸侯，难之本也。得郑，忧滋长。焉用郑！"郤至曰："然则王者多忧乎？"文子曰："我王者也乎哉！天王者成其德而远人以其方贿归之，故无忧。今我寡德而求王者之功，故多忧。子见无土而欲富者乐乎哉！"

（二）鄢之役，晋人欲争郑，范文子不欲，曰："吾闻之，为人臣者能内睦而后图外，不睦而图外必内争。盍姑谋睦乎？考讯其皁以出则怨靖。"

（三）鄢之役，晋伐郑，荆救之。大夫欲战，范文子不欲，曰："吾闻之，君人者刑其民，成而后振武于外，是以内和而外威。今吾司寇之刀锯日弊而斧钺不行，则犹有不刑而况外乎！夫战，刑也，刑之过也。过由大而怨由细，故以惠诛怨，以忍去过，细无怨而大不过，而后可以武刑外之不服者。今吾外刑乎大人而忍于小民，将谁行武？武不行而胜，幸也。幸以为政，必有内忧。且唯圣人能无外患，又无内忧。诓非圣人，必偏而衍后可。偏而在外，犹可救也。疾自中起，是难。盍释荆与郑以为外患乎？"

（四）鄢之役，晋伐郑，荆救之。栾武子将上军，范文子将下军。栾武子欲战，范文子不欲，曰："吾闻之，唯厚德者能受多福，无德而服者众，必自伤也。称晋之德，诸侯皆叛，国可以少安。唯有诸侯，故扰扰焉。凡诸侯，难之本也。且唯圣人能无外患，又无内忧。诓非圣人，不有外患必有内忧。盍姑释荆与郑以为外患乎？诸臣之内相与，必将辑睦。今我战又胜荆与郑，吾君将伐智而多力，怠教而重敛，大其私匿而益妇人田。不夺诸大夫田，则焉取以益此。诸臣之委室而徒退者将与几人？战若不胜，则晋国之福也。战若胜，乱地之秩者也，其产将害大。盍姑无战乎？"栾武子曰："昔韩之役，惠公不复舍；邲之役，三军不振旅；箕之役，先轸不复命。晋国之政固有大耻三。今我任晋国之政，不毁晋耻，又以违蛮夷重之，虽有后患，非吾所知也！"范文子曰："择福莫若重，择祸莫若轻。福无所用轻，祸无所用重。晋国故有大耻，与其君臣不相听以为诸侯笑也，盍姑以违蛮夷为耻乎？"栾武子不听，遂与荆人战于鄢陵，大胜之。

此四节文字，只是一件事而由四人书之，故所记有详有略。第一、第二节甚略，第三节较详，第四节最详。第一节之前半全见于第四节；惟范文子所与言者，于第一节为郤至，于第四节则易为栾书。第二、三、四节均谓国无外患即有内忧，必内睦而后可图外。如《国语》出左丘明一人之手，何以竟如此颠顶，写出此重重复沓之文字而不一检乎？又何以先后记述一事而乃异其词与其人乎？

《左传》成十六年记此事，则又与上四节有出入。文云：

> 晋侯将伐郑，范文子曰："若逞吾愿，诸侯皆叛，晋可以逞。若惟郑叛，晋国之忧可立俟也。"栾武子曰："不可以当吾世而失诸侯，必伐郑！"乃兴师。……六月，晋、楚遇于鄢陵。范文子不欲战。郤至曰："韩之战，惠公不振旅；箕之役，先轸不反命；邲之师，荀伯不复从：皆晋之耻也。子亦见先君之事矣。今我辟楚，又益耻也。"文子曰："吾先君之亟战也有故，秦、狄、齐、楚皆强，不尽力，子孙将弱。今三强服矣，敌楚而已。惟圣人能外内无患。自非圣人，外宁必有内忧。盍释楚以为外惧乎？"

持校《国语》，有同有异。同者，范文子不欲战也。异者，《左传》将《国语》栾武子之言斩成两橛，而以其半归诸郤至也。疑《左传》作者根据《国语》此数节文字而重写之，故视旧文独锻炼精劲耳。

又《晋语七》中亦有复沓之记事，录如下：

> （一）始合诸侯于虚打以救宋。……三年，公始合诸侯。四年，诸侯会于鸡丘。……公以魏绛为不犯，使佐新军。……五年，诸戎来请服，使魏庄子盟之，于是乎始复霸。
>
> （二）四年，会诸侯于鸡丘。魏绛为中军司马。公子杨干乱行于曲梁，魏绛斩其仆。……反役，与之礼食，令之佐新军。
>
> （三）五年，无终子嘉父使孟乐因魏庄子纳虎豹之皮以请和诸戎。……故使魏绛抚诸戎，于是乎遂伯。
>
> （四）使（张老）为司马，使魏绛佐新军。

夫悼公四年、五年之事早见于第一节，乃又别出于二、三、四节，如非记事者不严于先后之次，意到笔随，无犯后与重言之戒，则仍是编书者杂集材料，不以复沓为嫌耳。

读上文所举例，可知当时史官纪事，惟《春秋》一体循次而书，弗容溷乱，余则皆杂记体裁，其书若《檀弓》，若《说苑》也。《左传》作者引《传》解《经》，齐其不齐，实费一番剪截工夫，其事弥难，其工弥苦，而真伪问题亦由此纷纷起矣。

## 《国语》中之"君子曰"

《国语》中叙事之末亦有"君子曰"之文，而独萃于《晋语》之中，综录之得七条，如下文：

（1）献公……获骊姬以归，……史苏朝，告大夫曰："……乱本生矣！"骊姬果作难，杀太子而逐二公子。君子曰："知难本矣！"（《晋语一》）

（2）使申生伐东山，衣之偏裻之衣，佩之以金玦。仆人赞闻之，曰："太子殆哉！"申生胜狄而反，谗言作于中。君子曰："知微！"（《晋语一》）

（3）里克还见太子，太子曰："君赐我以偏衣金玦，何也？"里克曰；"……夫为人子者惧不孝，不惧不得。"君子曰："善处父子之间矣！"（《晋语一》）

（4）狄人出逆，申生欲战，狐突谏曰："……国君好内适子殆，……况其危身于起谗于狄以内也。"……败狄于稷桑而反，谗言益起。狐突杜门不出。君子曰："深善谋也！"（《《晋语一》）

（5）穆公问冀芮曰："公子谁恃于晋？"对曰："臣闻之：'亡臣无党。'"君子曰："善以微劝也！"（《晋语二》）

（6）公率齐秦伐曹、卫以救宋。……以曹田、卫田赐宋人。令尹子玉使宛春来告曰："请复卫侯而封曹，臣亦释宋之围。"舅犯愠曰："子玉无礼哉！君取一，臣取二。必击之！"先轸曰："……不若私许复曹、卫以携之。……"至于城濮，果战，楚众大败。君子曰："善以德劝。"（《晋语四》）

（7）鄢之战，却至以靺韦之跗注三逐楚平王卒，见王必下奔。……君子曰："勇以知礼！"（《晋语六》）

此外，惟《楚语上》载左史倚相对司马子期之言两引"君子曰"，然此为

倚相语中所引，非记此事者所论也。然则于记事之末援君子之名以论事者
其殆晋国特有之史法耶？《左传》之文出晋史者为最多，则《左传》中之
"君子曰"其即沿袭晋史之文耶？然《晋语》所载简炼殊甚，多者七字，
少仅二字耳，则《左传》所载长篇大论其出于后人之增益耶？凡此问题，
皆今日所当考虑者也。

## 《春秋》与君子

由《晋语》中之"君子曰"观之，古代史书本有以作者对于史事之评
论缀于篇末之一体。《春秋》家既认《春秋经》为孔子所作，则孔子亦必
自抒其意见，而《春秋》体例不适于厕入论辨之辞，故孔子之微言大义必
赖《传》文而显现。《公羊传》中所谓"君子"，所谓"夫子"，皆孔子
也。今录其"君子"之文于下：

桓五年"甲戌，己丑，陈侯鲍卒"，《传》曰："甲戌之日亡，己丑之
日死而得，君子疑焉，故以二日卒之也。"何休《注》："君子，谓孔子
也。"庄七年："夏四月辛卯夜，恒星不见，夜中星陨如雨。"《传》曰：
"不修《春秋》曰：'雨星不及地尺而复。'君子修之曰：'星霣如雨。'"
此君子之为孔子更无疑义。宣十二年"葬陈灵公"，《传》曰："讨此贼者
非臣子也，何以书葬？君子辞也。"谓楚庄为陈讨贼，陈灵不当书葬，然
而书葬者，特出于孔子之意也。宣十五年"晋师灭赤狄潞氏，以潞子婴儿
归"，《传》曰："潞何以称子？潞子之为善也，躬足以亡尔。虽然，君子
不可不记也。"谓孔子闵潞君之为善而亡国，故特存其爵号也。昭十一年
"楚子虔诱蔡侯般杀之于申"，《传》曰："怀恶而讨不义，君子不予也。"
谓孔子恶楚灵王，故斥言其名也。哀十四年"西狩获麟"，《传》曰："君
子曷为为《春秋》？拨乱世反诸正，莫近诸《春秋》。则未知其为是与？其
诸君子乐道尧、舜之道与？末不亦乐乎尧、舜之知君子也？制《春秋》之
义以俟后圣，以君子之为亦有乐乎此也。"何休《注》曰："得麟之后，天
下血书鲁端门。……孔子仰推天命，俯察时变，却观未来，豫解无穷，知
汉当继大乱之后，故作拨乱之法以授之。"又曰："作《传》者谦不敢斥夫
子所为作意也。"又曰："末不亦乐后有圣汉受命而王，德如尧、舜之知孔

子为制作。"由此六条观之,《公羊传》之"君子"确指孔子无疑。

《春秋繁露·楚庄王篇》曰:"《春秋》分十二世以为三等:……故哀、定、昭、君子之所见也;襄、成、宣、文,君子之所闻也;僖、闵、庄、桓、隐,君子之所传闻也。"孔子生于鲁襄二十一年,至昭元年为十二岁,至哀十四年而卒,故以昭、定、哀三公为其所见世。《俞序篇》亦曰:"孔子……缘人情,赦小过,《传》又明之曰,君子辞也。"明"君子"与"孔子"为互文。

《春秋》家既以君子一名专畀孔子,故《左传》之"君子曰"亦必自以为孔子之言,托于作《经》之义。然至"鲁君子左丘明"一辞出现,则此君子乃转移于左氏。夫左氏之必非鲁人;得瑞典高本汉氏作文法之比较而无疑问。故谓左丘明为"晋君子"则可,谓"鲁君子"则必不可。何也?非特其人非鲁籍,论述《春秋》而云"鲁君子",惟有孔子足以当之也。然则《史记·十二诸侯年表序》所谓"鲁君子左丘明"云者,其志在攘夺学统,迫使素臣僭分素王之席可知。曾谓受学董生之司马迁而有是乎!

## 《公羊传》存疑语

《春秋》本记事之书,自说为孔子有为而作,则褒贬之义彰而记事之实隐。《经》文极简,本身无术说明其义例,后人以揣测之辞决定之,几使《春秋》为谜语而非史书;又以苛刻寡恩之心穿凿其间,更将使孔子为酷吏而非仁人。《公羊传》,第一次结集《春秋》说者也,击断是非,有如目睹,遂为以褒贬言《春秋》者之鼻祖。然此传作者尚肯阙疑,尚保留若干之客观性,故其中有直言不知者,有依违两说者,有明示想象者,足以表示其沿袭传闻,非直接传自孔子。如犹以此书所记必出孔子之传,则如其言观之,孔子作《经》固未必有斩截之见解,而对于春秋时之史事,所不知者盖亦多矣。今类录其存疑之文于下:

隐元年"公子益师卒",《传》曰:"何以不日?远也。所见异辞,所闻异辞,所传闻异辞。"桓二年,"公会齐侯,陈侯、郑伯于稷以成宋乱",《传》曰:"内大恶讳,此其目言之何?远也。所见异辞,所闻异辞,所传异辞。"益师卒之所以不日，成宋乱之所以目言，作《传》者皆不能言其故，因谓此盖孔子之所不知，而孔子之所以不知则由于其年代之远。然则此所录者但存旧史之文而已，与褒贬无与也。

隐二年，"纪子伯莒子盟于密"《传》曰："'纪子伯'者何？无闻焉尔。"桓十四年，"夏五"，《传》曰："'夏五'者何？无闻焉尔。"文十四年，"宋子哀来奔"，《传》曰："'宋子哀'者何？无闻焉尔。"皆质言无闻，不强不知以为知也。何休《注》以非常异义推论之曰："言无闻者，《春秋》多改国受命之说，孔子畏时远害，又知秦将燔《诗》《书》，其说口授相传，至汉公羊氏及弟子胡母生乃始记于竹帛，故有所失也。"孔子是否有此畏时之事且不论，而此《经》之"有所失"（即阙文与坠义）则洵不诬矣。夫有所失而犹存之，不论其为孔子或胡母生，固为史之态度而非经之态度矣。

桓五年，"春正月，甲戌，己丑，陈侯鲍卒"，《传》曰："曷为二日卒之？怴也。甲戌之日亡，己丑之日死而得，君子（孔子）疑焉，故以二日卒之也。"虽强言其故而终觉其不安，故以为孔子如此存其疑也。桓九年，"曹伯使其世子射姑来朝"，《传》曰："则未知其在齐与，在曹与？"文十一年，"叔孙得臣败狄于咸"，《传》曰："长狄……兄弟三人，……其之齐者王子成父杀之，其之鲁者叔孙得臣杀之，则未知其之晋者也。"成元年，"王师败绩于贸戎"，《传》曰："孰败之？盖晋败之。或曰：贸戎败之。"成十七年，"九月辛丑，用郊"，《传》曰："九月非所用郊也，……郊用正月上辛。或曰：用然后郊。"襄二年，"葬我小君齐姜"，《传》曰："'齐姜'者何？齐姜与缪姜，则未知其为宣夫人与，成夫人与？"昭二十年，"曹公孙会自鄸出奔宋"，《传》曰："曹伯庐卒于师，则未知公子喜时从与，公子负刍从与？"昭三十一年，"黑弓以滥来奔"，《传》曰："当邾娄颜之时，邾娄女有为鲁夫人者，则未知其为武公与，懿公与？考公幼，颜淫九公子于宫中，因以纳贼，则未知其为鲁公子与，邾娄公子与？"此七条者，存或说以著异，设问辞而不断，虽故事之知识不丰，而史家之意味具足，异乎予夺随情，口含天宪者矣。

《传》中用疑辞以著其说之未能决定者颇多。桓六年，"大阅"，昭八年，"蒐于红"，昭十一年，"大搜于比蒲"，《传》皆曰："何以书？盖以罕书也。"庄二十四年，"赤归于曹郭公"，《传》曰："'赤'者何？曹无赤者，盖郭公也。"僖八年，"郑伯乞盟"，《传》曰："其处其所而请与奈何？盖酌之也。"又"禘于大庙，用致夫人"，《传》曰："其言以妾为妻奈何？盖胁于齐媵女之先至者也。"僖十九年，"邾娄人执鄫子用之"，《传》曰："其用之社奈何？盖叩其鼻以血社也。"襄五年，"叔孙豹、鄫世子巫如晋"，《传》曰："叔孙豹则曷为率而与之俱？盖舅出也。……莒女有为鄫夫人者，盖欲立其出也。"襄十一年，"公会晋侯……伐郑，会于萧鱼"，《传》曰："其言'会于萧鱼'何？盖郑与会尔。"昭十一年，"楚师灭蔡，执蔡世子有以归，用之"，《传》曰：恶乎用之？用之防也，……盖以筑防也。"定四年，"吴入楚"，《传》曰："君舍于君室，……盖妻楚王之母也。"哀十二年，"孟子卒"，《传》曰："讳娶同姓，盖吴女也。"是皆得自传闻，或由肊测，加"盖"辞以存疑，不作直述之辞气者也。

作《传》者有己不能断而援用他人存疑之说者，亦有己虽已断而尚觉他人存疑之说为可资参考者，皆录记之以俟论定。桓六年，"子同生"，《传》引子公羊子之言曰："其诸以病桓与？"庄十年，"宋人迁宿"，《传》引子沈子之言曰："盖因而臣之也。"庄三十年，"齐人伐山戎"，《传》引子司马子曰："盖以操之为已蹙矣。"闵元年"齐仲孙来"，《传》引子女子曰："齐无仲孙，其诸吾仲孙与？"僖五年，"郑伯逃归不盟"，《传》引鲁子曰："盖不以寡犯众也。"僖二十年，"西宫灾"，《传》引鲁子曰："以有西宫，亦知诸侯之有三宫也。"宣五年，"齐高固及子叔姬来"，《传》引子公羊子曰："其诸为其双双而俱至者与？"曰"与"，曰"盖"，曰"亦知"，皆或然之词，所以表其出于解说者之想象者也。此《传》作者于未能确定经义之时，辄援引前师不断之说，以待天下后世之共商兑焉，此又研究学术之良好态度也。

《传》中有托为孔子之说改《经》以释义者。昭十二年，"齐高偃帅师纳北燕伯于阳"，《传》曰："'伯于阳'者何？公子阳生也。子曰：'我乃知之矣！'在侧者曰：'子苟知之，何以不革？'曰：'如尔所不知何！《春秋》之信史也，其序则齐桓、晋文，其会则主会者为之也，其词则丘有罪焉尔！'"何《注》曰："子，谓孔子。乃，乃是岁也。时孔子年二十三，具知其事；后作《春秋》，案史记，知'公'误为'伯'，'子'误为

'于'，'阳'在，'生'刊灭阙。如，犹奈也，犹曰'奈汝所不知何，宁可强更之乎！'此夫子欲为后人法，不欲令人妄亿错。……惟齐桓、晋文会，能以德优劣、国大小相次序。非齐桓、晋文则如主会者为之，虽优劣大小相越，不改更，信史也。丘，孔子名。其贬绝讥刺之辞有所失者是丘之罪。圣人德盛尚谦，故自名尔。主书者，恶纳篡也。不书所篡出奔者，微国，虽未逾年君犹不录。不足'阳'下言'于北燕'者，史文也。'北燕'本在，从史文也。"孔子所见旧史之文是否为"纳北燕公子阳生"，其意义是否为"纳北燕公子阳生于北燕"，皆且不论，而《传》言"如尔所不知何"而"不革"，以存"信史"，《注》言"夫子欲为后人法，不欲令人妄亿错"而"从史文"，"不改更信史"，是则孔子之作《春秋》仅施以"贬绝讥刺之辞"，初未变乱史文，闵元年《传》引子女子语所谓"以《春秋》（史）为《春秋》（经）"者是也。此一点大足说明《公羊》先师对于《春秋经》之观念，亦足以显示《春秋经》在史学上之地位。孔子于史文既无所改，作《传》者于《经》文更不敢有所改，故"赤归于曹郭公"虽甚疑为"郭公赤归于曹"而终不为之钩乙，"夏五"之下虽明知其当有"月"字而终不擅增之，此种矜慎之态度洵可为史家之法式式矣。

《谷》《左》后起，务求胜前，果于立说，不乐存疑。虽以牵制于《公羊》，无改《经》之事，而实有改《经》之势。隐二年"纪子伯莒子盟于密"，"子"下"伯"上当有阙文。《公羊》曰"无闻"，其诚也。《谷梁》曰"纪子伯莒子而与之盟"，则以"迫"训"伯"，欲易名词为动词以通之矣。《左氏》曰"纪子帛、莒子盟于密"，则写"伯"为"帛"，以子帛为纪履緰之字，直改《经》矣。至于《左氏》"获麟"后之经文，使无《公羊经》先立于不可动摇之地位。又安知其为汉人所造作而非《春秋》之旧文乎！故《三传》相校，欲识春秋时代政治社会之情状，自以《左氏》为长，至于解说《经》之《春秋》以窥见史之《春秋》，则《公羊》虽夸诞乎，固犹远在《谷》《左》之上也。

## 《谷梁》释人地名

《春秋》昭元年："晋荀吴帅师败狄于大原。"《公羊传》曰："此大卤也，曷为谓之大原？地物从中国，邑、人名从主人。原者何？上平曰原，下平曰隰。"何《注》"地物从中国"曰："以中国形名言之，所以晓中国、教殊俗也。"注"邑、人名从主人"曰："邑、人名自夷狄所名也，不若地物有形名可得正，故从夷狄辞言之。"按如此言，夷人之名从夷，夷物之名从华，固无问题。而邑即地之一部，乃曰地名从华，邑名从夷，未详其区别何在。依《传》文猜测之，疑作者不以大原为固定之某一地而但以表明某种地形，故以"上平曰原"释其义于下，犹今言"大平原"耳。然则作者之意以川陵原隰之类为地名，以鲜虞、於越之类为邑名可知也。

《谷梁》出《公羊》之后，故承袭其义，于昭元年《传》曰："《传》曰：中国曰大原，夷狄曰太卤，号从中国，名从主人。"其所谓"《传》曰"，即《公羊传》也。曰"号"、曰"名"，其义未了。而《谷梁传》中乃屡道此言。襄五年，"仲孙蔑、卫孙林父会吴于善稻"，《传》曰："吴谓'善'，伊；谓'稻'，缓。号从中国，名从主人。"昭五年，"叔弓帅师败莒师于贲泉"，《传》曰："狄人谓'贲泉'失台，号从中国，名从主  人。"范《注》于襄五年《传》云："夷狄所号地形及物类，当从中国言之，以教殊俗，故不言'伊缓'而言'善稻'；人名当从其本俗言。"按洵如此言，是人名为名，可用夷言；地形及物类为号，必用华言。故一地名也，夷言曰伊缓而华言曰善稻，夷言曰大卤而华言曰大原，夷言曰失台而华言曰贲泉，则皆著其华言而没其夷言。此说虽从《公羊》来而实违《公羊》义。《公羊》谓邑、人名从主人，是夷邑固用夷名；苟为华邑，根本即勿须以夷名作释矣。《公羊》以通名从华，以专名从夷；《谷梁》乃谓夷人名从夷，夷地名从华，非袭其貌而失其情乎！且善稻会吴，大原败狄，《谷梁》引夷言以说之尚可，若贲泉则鲁地也，《谷梁》何以必引狄语以明其例，是真不可晓矣。

又《春秋》昭二十年，"盗杀卫侯之兄辄"，《谷梁》作者见为卫侯之兄，与立长之义背，猜其必有恶疾而不得立，因释之曰："辄者何也？曰：两足不能相过，齐谓之綦，楚谓之踂，卫谓之辄。"夫卫人之名何劳以齐、楚语作解释？推是例也，春秋人名何莫不可以各国语言释其义者，何独发凡于辄一人？《谷梁传》如此作法，可谓大奇事。

苟使《谷梁》之说可信，虽其书为体不纯，犹得藉是以保存若干古代方言，诚为可珍之材料。然读其书，卤莽灭裂，目闭而吻张，吾未敢信其必得当曰语言之真也。

## 程颐辨伪

昔在北平，架上有《二程遗书》垂二十年矣，以为其中惟谈性理，与考史无关，不遑及也。自到昆明，得书苦艰，见商务印书馆有《国学基本丛书》三四十种，悉数购之，因复得此。偶一翻读，乃知其中大有妙义，而向日之成见为不当有。伊川固为最严肃之理学家，而其议论实甚通达。如谓封建之法本出于不得已，秦法纵不善，其罢侯置守之制不可变（二十二上）。如论孔、孟不同处，谓孔子时诸侯皆周所封建，霸者非挟尊王之义则不能自立；孟子时周王已为独夫，故其勉齐、梁以王，与孔子之所以告诸侯者不同（二十一下）。皆了然于时代背景，为拘儒所不敢言者。其对于伪书伪事亦颇多匡正，不特疑诸子传记，且进而疑经。徒以其在《语录》之中，为学者所忽窥，遂未经人辑录，予昔编《辨伪丛刊》亦未钞也。今分类重次之如下：

其论《书》曰："只是《太誓》一篇，前序云'十有一年'，后面正经便说'惟十有三年'，先儒误妄，遂转为观兵之说。先王无观兵之事，不是前序'一'字错却，便是后面正经'三'字错却。"（十九）又曰："问'《金縢》，周公欲代武王死，如何'？曰：'此是周公之意。'又问'有此理否'？曰：不问有此理无此理，只是周公人臣之意。其辞则不可信，只是本有此事，后人自作文足此一篇。此事与舜喜象意一般，须详看舜、周公用心处。《尚书》文颠倒处多，如《金縢》尤不可信。"（二十二上）

其论《诗序》曰："《诗序》必是同时所作，然亦有后人添者。如《白华》只是'刺幽王'，其下更解不行。《縣蛮序》'不肯饮食教载之'，只见诗中云'饮之，食之，教之，诲之，命彼后车，谓之载之'，便云'教载'，绝不成言语也。又如'高子曰："灵星之尸也"。'分明是高子言更何疑。"（六）又曰："曰：'圣人删《诗》时曾删改《小序》否？'曰：'有害义理处也须删改。今之《诗序》却煞错乱，有后人附之者。'"（十八）

其论《周礼》曰："问：'《周礼》之书有讹缺否？'曰：'甚多。'"

（十八）其论郑《注》曰："问六天之说。曰：'此起于谶书，郑玄之徒从而广之；甚可笑也。……岂有上帝而别有五帝之理。此因《周礼》言"祀昊天上帝"而后又言"祀五帝亦如之"，故诸儒附此说。'"（二十二上）

其论《仪礼》曰："棣问：'如《仪礼》中礼制可考而信否？'曰：'信其可信。如言《昏礼》云问名、纳吉、纳币皆须卜，岂有问名了而又卜；苟卜不吉，事可已耶！若此等处难信也。'"（二十二上）

其论《礼记》曰："五祀恐非先王之典，皆后世巫祝之言。报则遗其重者。井，人所重。行，宁廊也，其功几何！"（十五）又："伯温问'梦帝与我九龄'，曰：'与龄之说不可信，安有寿数而与人移易之理！'"（二十二上）又曰："《祭法》，如'夏后氏郊鲧'一片，皆未可据。"（十九）又曰："'《礼记·儒行》《经解》全不是'，因举吕与叔解亦云：'《儒行》，夸大之语，非孔子之言，然亦不害义理。'先生：'煞害义理！恰限《易》便只"洁静精微"了却，《诗》便只"温柔敦厚"了却，皆不是也。'"（十九）又曰："《儒行》之篇，此书全无义理，如后世游说之士所为，夸大之说。观孔子平日语言有如是者否？"（十七）又曰："亨仲问：'《表记》言"仁，右也道，左也……"'如何？'曰：'本不可如此分别，然亦有些子意思。……如《经解》，只是弄文墨之士为之。'"（二十二上）

其论《春秋》曰："'纪子伯莒子盟于密'，此是'伯'上脱一字也，必是三人同盟。若不是脱字，别无义理。"（二十二下）又曰："问：'《春秋》书日食如何？'曰：'日食有定数。圣人必书者，盖欲人君因此恐惧修省。'"（二十二下）又曰："伯温问：'西狩获麟已后又有二年经，不知如何？'曰：'是孔门弟子所续。当时以谓必能尽得圣人作经之意；及再三考究，极有失作经意处。'"（二十二上）

其论《三传》曰："问：'《左传》可信否？'曰：不可全信，信其可信者耳。某年廿时，看《春秋》，黄督隅问某如何看，答之曰："有两句法，云：'以《传》考《经》之事迹；以《经》别《传》之真伪。'"又问：'《公》《谷》如何？'曰：'又次于《左氏》。''左氏即是丘明否？'曰：'《传》中无丘明字，不可考。'"（二十）

其论《论语》曰："'子在齐闻《韶》，三月不知肉味'，非是'三月'，本是'音'字。"（二十二上）又曰："'诚不以富，亦祇以异'，本

不在'是惑也'之后，乃在'齐景公有马千驷'之上，文误也。"（二十二下）

其论《孟子》曰："夷、惠之行未必如此。且如孔子言'不念旧恶，怨是用希'，则伯夷之清既如此，又使念旧怨，则除是抱石沉河。……墨子之道虽有尚同兼爱之说，然观其书亦不至于视邻之子犹兄之子。"（十五）又曰："孟子言墨子爱其兄之子犹邻之子，墨子书中何尝有此等言！"（十八）又曰："墨子之书未至大有兼爱之意；孟子之时，其流浸远，乃至若是之差。扬子为我亦是义，墨子兼爱则是仁。"（十五）又曰："扬子似出于子张，墨子似出于子夏，其中更有过不及，岂是师、商不学于圣人之门。"（十五）又曰："曰：'昔瞽瞍使舜完廪浚井，舜知其欲杀己而逃之乎？'曰：'本无此事。此是万章所传闻，孟子更不能理会这下事，只且说舜心也。如下文言"琴朕，干弋朕，二嫂使治朕栖"，尧为天子，安有是事！'"（十八）又曰："万章问象杀舜事。夫尧已妻之二女，迭为宾主，当是时已自近君，岂复有完廪浚井之事！象欲使二嫂治栖，当是时尧在

上，象还自度得，道杀却舜后取其二女，尧便了得否？必无此事。然孟子未暇与辨，且答这下意。"（十九）

其论《老子》曰："《老子》书甚杂。"（十五）又曰："《老子》书其言自不相入处如冰炭，其初欲谈道之极玄妙处，后来却入做权诈者上去。"（十八）

其论《素问》曰："《素问》书出于战国之末，气象可见。若是三皇、五帝《典》《坟》，文章自别。其气运处绝浅近，如将二十四气移换名目，便做千百样亦得。"（十八，又十五、十九亦有，文略同）

其论《阴符经》曰："《阴符经》，非商末则周末人为之。……周室下衰，道不明于天下，才智之士甚众，既不知道所趋向，故各以私智窥测天地。盗窃天地之机，分明是大盗，故用此以簧鼓天下。"（十八）

其论《文中子》曰："问王通。曰：'隐德君子也。当时有些言语，后来被人傅会，不可谓全书。……若续经之类，皆非其作。'"（十八）又曰："文中子本是一隐君子，世人往往得其议论，附会成书。……续经甚谬，恐无此。"（十九）

其论《史记》曰："蒲人要盟事，知者所不为，况圣人乎！果要之止，

不之卫可也；盟而背之，若再遇蒲人，其将何辞以对？"（二上）又曰："《史记》载宰予被杀，孔子羞之。尝疑田氏不败，无缘被杀；若为齐君而死，是乃忠义，孔子何羞之有。反观《左氏》，乃是阚止为陈恒所杀，亦字子我，谬误如此。"（二十二上）

其论神话传说曰："或曰：'传记有言，太古之时，人有牛首蛇身者，莫无此理否？'曰：'固是。既谓之人，安有此等事，但有人形似鸟喙或牛首者耳。……或问：'宋齐丘《化书》曰："……有有情而化为无情者，……如望夫化为石是也。"此谓如何？'曰：'……望夫石只临江山有石如人形者；今天下凡江边有石立者皆呼为望夫石，如呼马鞍、牛首之类，天下同之。'"（十八）此外评卜筮为偶中（十八），以心理现象解释、鬼神托梦（二），斥堪舆之妄（二十二上），辨城隍、泗州大圣（二十二），龙女、善济夫人（十五、十八，二十一上）诸祀之非，皆当别录。

综上所记，可识伊川治学之博，蓄疑之多，见解之锐。《金縢》，书周公之事者也，而以为后人所足。《儒行》《经解》诸篇，托为孔子之言者也，而以为煞害义理。《春秋》以为有脱文。《论语》以为有错简。《左传》之事，《仪礼》之礼，皆曰："信其可信。"《素问》《阴符》，向说为黄帝书者，兹皆移于战国之末。《老子》，公认为老聃一手所著者也，兹乃曰"甚杂"，曰"自不相入"，则已灼见其为集录众家之言矣。《诗序》，或谓子夏、毛公合作，或谓国史作，或谓诗人自作，皆以为合编而成者也，兹乃曰"必是同时所作"，则又知其出于一手矣；斥之曰"绝不成言语"，则其妄更显矣。最使人惊诧者，孟子极诋杨、墨为无父无君之禽兽，后世学者惟见孟子之书，依声学舌，杨、墨之为大罪人早成定谳，千古以下惟韩愈《读墨子》有违言耳；伊川乃曰："杨子为我亦是义，墨子兼爱亦是仁。"又曰："杨子似出于子张，墨子似出于子夏。"将此案根本推翻。以正统之理学家而能脱去卫道之恒蹊，平心以对敌人，谓非对于古代学术史有深澈之了解而能若斯乎！凡此等处，皆见宋儒自由批评之精神，洵非前后数代所可几及。其后郑樵、朱熹、黄震、王柏诸儒接踵而起，更定古籍，无所顾忌，实由伊川导夫先路。苟伊川而肯著书者，其对于古籍之整理不知将有何等重大贡献，而惜其轻视文墨，仅略引其绪也。今世学者自标信而好古，于程子所言则不之知，于朱子所著则不敢议，所集矢者惟郑樵、王柏，目为罪魁，孰知此二人固俱有所禀承者乎！

## 《四书》之编集

《大学》《中庸》《论语》《孟子》之合称为"四书"，始于朱熹之弟子，盖以朱子之学术中心在其所作之《学》《庸章句》与《论》《孟集注》，故定此综合之名以集中后学之注意力也。

案朱子《大学章句序》曰："河南程氏两夫子出，而有以接乎孟氏之传，实始尊信此篇而表章之，既又为之次其简编，发其归趣，然后古者大学教人之法，圣经贤传之指，粲然复明于世。"其《中庸章句序》曰："尚幸此书之不泯，故程夫子兄弟者出，得有所考，以续夫千载不传之绪。……盖子思之功于是为大，而微程夫子则亦莫能因其语而得其心也。"朱既自谓著作之意皆本于程，于是后人习谓《四书》之编集为程子之旨。

今观《程氏遗书》，颇觉未然。二程所拳拳服膺者惟有《大学》。卷二上记明道语云："《大学》乃孔氏遗书，须从此学则不差。"第二十二上记伊川语云："棣（康棣）初见先生，问：'初学如何？'曰：入德之门无如《大学》。今之学者赖有此一篇书存。其他莫如《论》《孟》。"第二十四记伊川语云："修身当学《大学》之序。《大学》，圣人之完书也。其间先后失序者已正之矣。"观此一条，如二程对于《大学》之尊重直在《论》《孟》之上，且以之为"孔氏遗书"与"圣人完书"，与朱子所云"右经一章，盖孔子之言而曾子述之；其传十章，则曾子之言而门人记之"者，其推崇尚有过之。至于《中庸》之篇，则语及者仅有一条。第十五《入关语录》（伊川语，或云明道语）云："《中庸》之书，是孔门传授，成于子思、孟子，其书虽是杂记，更不分精粗，一衮说了。今之语道，多说高便遗却卑，说本便遗却末。"固亦视之为孔门传授，本末兼赅，而详为"杂记"，便与《大学》之"完书"不同。盖《大学》之文层层逼进，系统分明，与《中庸》之忽彼此者大异，宜乎二程之独尊之焉。

朱子取《中庸》以配《论》《孟》《大学》，自以此书气魄弘大，说理精深，而亦以程子谓其书"成于子思、孟子"，合四种书为一体，则树立孔、曾、思、孟之道统可更坚固耳。

# 陆九渊疑老子

　　昔人文集多编入策论题目，在出题者之用意，或胸有所疑，试征答案，或故意揭一难题，以衡量受试者之思辨力；而自今日观之，则大可窥见不尚怀疑之时代所漏出之丝丝曙光，足为学术思想史之重要材料。《欧阳文忠集》中所载《问进士策》、疑《周礼》、疑《中庸》、疑《易传》、疑三统说，皆能提出问题而加以简短之说明，实即其作《易童子问》与《诗本义》之滥觞也。他日倘有暇晷，当衷集唐、宋以来各家策问为一编，以见彼时人心目中所存之问题及其从事考辨之方法。

　　疑《老子》者，六七年前闻之马彝初先生，谓始自陈师道。检《后山集》卷二十二《理究》云："世谓孔、老同时，非也。孟子辟杨、墨而不及老；荀子非墨、老而不及杨；庄子先《六经》而墨、宋、慎次之，关、老又次之，庄、惠终焉。其关、杨之后，孟、荀之间乎？""顷翻《象山集》，于卷二十四策问中得一条云："老、庄盖后世所谓异端者。传记所载，老子盖出于夫子之前。然不闻夫子有辟之之说。《孟子》亦不辟《老子》。独杨、朱之学，考其源流则出于老氏[①]。然亦不知孟子之辞略不及于老氏，何耶？"二家之言正相映发。后山谓孔、老不同时，象山谓老出孔前乃传记之说，其同一也。后山谓孟子不辟老子，象山亦然，其同二也。惟后山谓老出杨后，象山谓杨出于老，斯为有异。

　　按崔述于《洙泗考信录》（卷一）云："战国之时，杨、墨并起，皆托古人以自尊其说。儒者方崇孔子，为杨氏说者因托诸老子以诎孔子。……今《史记》所载之老聃之言，皆杨、朱之说耳。……是以孟子但距杨、墨，不距黄、老，为黄、老之说者非黄、老，皆杨氏也，犹之乎不辟神农而辟许行也。如使其说果出老聃，老聃在杨、墨前，孟子何以反无一言辟之而独归罪于杨、朱乎！"其言果断，可以阐发象山之说。东壁未必见象山书而有同一之结论，足证此一假设自是可能，故亘千载而同揆。然陆、崔二家所以谓杨出于老者，徒为老生孔前之成见所梗，犹未敢作决绝

---

　　①　原作"子"，今据《象山集·策问》改"氏"。

之打破耳。诚使破之，则其时在后，孟子自无得而辟之，后山、关、杨之后，孟、荀之间之说固有至理存焉。

后山与象山虽时不相接（后山，一〇五三———一一〇一；象山，一一三九———一一九二），而相去不过数十年。彼等既于七八百年之前先后揭其疑矣，安得不令我侪益增其勇气耶！

## 王守仁《五经》皆史说

章实斋于《文史通义》开首云："《六经）皆史也。古人不著书，古人未尝离事而言理，《六经》皆先王之政典也。"自有此大声疾呼，而后《六经》乃有独立存在之地位。龚定盦承实斋之学作《六经正名》，曰："孔子之未生，天下有《六经》久矣。"又曰："仲尼未生，先有《六经》；仲尼既生，自明'不作'：仲尼曷尝率弟子使笔其言以自制一经哉！"然则《六经》为先王之政典，孔子为周末之圣人，二者固可发生关系，而亦未尝不可脱离关系矣。近数十年中，康长素、皮鹿门等拥戴孔子为教主，过神其说，欲藉谶纬不经之文而强构孔子作《六经》之定案。章太炎、刘申叔重申章、袭之论以折之，"六经皆史"之说遂又腾播一时学者之口。

八九年前，钱玄同先生告我："实斋之说实出于王阳明。"予以事烦，默识之心而未暇检也。今读《传习录》（卷一），其语具在，因录出之。一条云："删述《六经》，孔子不得已也。自伏羲画卦至于文王、周公，其间言《易》如《连山》《归藏》之属，纷纷藉藉，不知其几，《易》道大乱。孔子以天下好文之风日盛，知其说之将无纪极，于是取文王、周公之说而赞之，以为惟此为得其宗，于是纷纷之说尽废而天下言《易》者始一。《书》《诗》《礼》《乐》《春秋》皆然，……孔子何尝加一语。今之《礼记》诸说，皆后儒附会而成，已非孔子之旧。至于《春秋》，虽称孔子作之，其实皆鲁史旧文，所谓'笔'者笔其旧，所谓'削'者削其繁，是有减无增。"又一条云："爱（徐爱）曰：'先儒论《六经》，以《春秋》为史；史专纪事，恐与《五经》事体终或稍异。'先生曰：'以事言谓之"史"，以道言谓之《经》，事即道，道即事。《春秋》亦经，《五经》亦史。《易》是包牺氏之史，《书》是尧、舜以下史；《礼》《乐》是三代史，其事同，其道同，安有所谓异。'"又一条云："《五经》亦只是史。史以明善恶，示训戒。善可以训者，时存其迹以示法；恶可为戒者，存其戒而削其事以杜奸。"综观此三条，阳明以为《五经》先孔子而存在，孔子以前之史官已以作经之法成史；先王皆有道，其道谓之"经"，先王之道见于其政事者谓之"史"，故经与史只是一物之两面。孔子未生，《五经》已备；孔子既生，只欲将《五经》删繁就简，使学者易得其正鹄，本未尝增加一语。实斋之说与此大同，诚由此来，是亦足证浙学之渊源矣。玄同先生新逝，追怀旧日从游之乐，泫然记此。

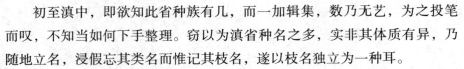

# 卷之六　边疆类二十则

## 边民种族之分

初至滇中，即欲知此省种族有几，而一加辑集，数乃无艺，为之投笔而叹，不知当如何下手整理。窃以为滇省种名之多，实非其体质有异，乃随地立名，浸假忘其类名而惟记其枝名，遂以枝名独立为一种耳。

适见光绪《腾越厅志》，于卷二十中得一条云："桂家，江宁人，明永明王入缅所遗种也。缅劫永明，诸家分散，驻沙洲，蛮谓水至必漂，故不之逐，已而无害，遂神之。百余年生聚日盛，共称'桂家'，兵力强，群蛮畏之。各厂力弱不能支蛮人者，丐请往助焉。更有称'敏家'者，大抵桂家之与也。"是则桂家本汉人，以其为桂王之部下，集居于一处，故名之曰桂家，目之为一种，若与新去汉人非同类矣。《后汉书·西羌传》称无弋爱剑之子孙分为一百五十种，盖亦如此分析，原非有科学的意义在也。

又按番地区分皆称曰"族"，然亦非以血统分而以居住地域分。如云"卓尼族"，即谓居于卓尼之人也。我辈而居是，固亦列入其族矣。近人承欧西习惯，好以血统分别我国部类，不知中夏之与边裔虽文化有殊，而其无血统观念则一，言种言族，大则犹之乎言州言县，小则犹之乎言乡言里，本无人我之见，归斯受之而已。

## 新疆种族

盛世才主新疆政，于民国二十三年将境内居民分作（1）汉、（2）维吾尔、（3）归化、（4）哈萨克、（5）蒙古、（6）回、（7）锡伯、（8）塔塔尔、（9）塔兰其、（10）满、（11）乌兹别克、（12）索伦、（13）塔吉克、（14）柯尔克兹等单位以治理之。其分类之标准与排列之次第，均未易详。及抗战中，新疆人之居重庆者以同乡会名义发表《对宪法草案之意见》一文，中陈三事：一，请确定新疆民族为突厥族；二、请在《宪法》中规定突厥民族自治之条款；三，请修正《宪草》第四条内之"新疆"二字为"突厥斯坦"。文中并谓"维吾尔、哈萨克、柯尔克兹、塔兰其、乌兹别克、塔塔尔、塔吉克七种乃部落之名称而非民族之名称。此七种部落之种族、宗教、言语、风俗习惯无不相同，属于同一民族，即突厥民族，即东土耳其民族，此种名称乃新疆民族在历史上之固有名称也"。予之足迹未及天山，无以审识其然否；而是时报章杂志颇多讨论其事者，甚有深入之言，因汇录其文，又就盛氏所分单位，依其实际之种族条列之，如下：

新疆自昔为土著及东西诸种民族杂居之地。十九世纪初叶，柏林民族博物院 Vonle Cog 至此，从事考古发掘工作者十余年，发见古文件无数，整理结果共得文字二十四种，包有十七种语言。迄今全省人口四百余万，区以族类，则大族达二百余万，小者才五千人耳。

在此若干族中，以汉人之至新为最早。张骞奉使归来，汉人对于西域有正确之知识，道路遂开，其时公元前百二十六年也。汉武之世，在乌孙（伊犁）、龟兹（库车）、车师（吐鲁番）、伊吾（哈密）等地屯田。唐立伊州于哈密，西州于吐鲁番，庭州于孚远，与天水、兰州诸地同隶陇右道，其政治组织与衣冠文物悉与内地同。古代汉人之居新者必多，何以传衍至今数只什一，盖宋以后中央政府移至东隅，不复措意西北，而西北之地理、交通、物产又有种种限制，使其人口不能繁殖，此天然之障碍，非古人力量所得而克服也。今汉人遍布于南、北疆各主要城市，以迪化、奇台、绥来为中心，全人口二二二，四〇一。至于回人，当地人谓之汉回、甘回或东干回，乃内地迁去之回教徒，实即汉人，人数为九九，六〇七，分布于重要城市，以迪化、伊犁、奇台、哈密为中心。

维吾尔为回纥后裔，或曰乌护，或曰韦护，或曰回鹘，皆声音之小变。其族原居蒙古色楞格河之滨，建都于西库伦附近，隋、唐之际与突厥迭为兴衰，突厥叛唐时，回纥则助唐。文宗开成五年（回历二二七，公元八四一）为黠嘎斯所战败，诸部逃散，其一支远走五城（元之别失八里，

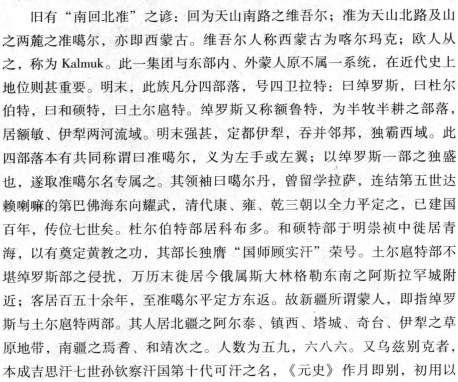

今新疆孚远县），定居于此；渐悉据天山南路盆地，发扬文化，经千余年，遂将古代西域土著融化净尽，此所以人数特多之故也。自回教传入，维吾尔人放弃其旧有之摩尼教与佛教而从之；至明代更废除其已使用数百年之突厥字与回鹘字而采用现行阿拉伯字：故于全省中文化之成就为最高。其人彬彬有礼貌，亦最懂得艺术生活。睛黑，务农，操突厥语。人数为二，九九八，五二八，占全省人口四分之三，其族散居全省而以南疆为中心。塔兰其者，维吾尔族之一支，屯田伊犁、塔城。以其自塔里木河移去，故得此名。人口为七九，二八〇。

柯尔克兹即汉之坚昆，唐之黠嘎斯，元之吉利吉思，与回鹘为近邻，原居唐努乌梁海、乌兽克木河流域。今散居迪化、伊犁、乌恰及南疆各地，以乌恰为中心。人口共六五，九二三。哈萨克为柯尔克兹之一支，与苏联境内之哥萨克为一族，以善骑射著称于世。因与蒙古种混合，故骨干高大。居孚远等处，从事游牧。亦操突厥语，用阿拉伯字母。人口四三八，五七五，散居天山北路，以塔城、阿尔泰为中心。

旧有“南回北准”之谚：回为天山南路之维吾尔；准为天山北路及山之两麓之准噶尔，亦即西蒙古。维吾尔人称西蒙古为喀尔玛克；欧人从之，称为 Kalmuk。此一集团与东部内、外蒙人原不属一系统，在近代史上地位则甚重要。明末，此族凡分四部落，号四卫拉特：曰绰罗斯，曰杜尔伯特，曰和硕特，曰土尔扈特。绰罗斯又称额鲁特，为半牧半耕之部落，居额敏、伊犁两河流域。明末强甚，定都伊犁，吞并邻邦，独霸西域。此四部落本有共同称谓曰准噶尔，义为左手或左翼；以绰罗斯一部之独盛也，遂取准噶尔名专属之。其领袖曰噶尔丹，曾留学拉萨，连结第五世达赖喇嘛的第巴佛海东向耀武，清代康、雍、乾三朝以全力平定之，已建国百年，传位七世矣。杜尔伯特部居科布多。和硕特部于明崇祯中徙居青海，以有奠定黄教之功，其部长独膺“国师顾实汗”荣号。土尔扈特部不堪绰罗斯部之侵扰，万历末徙居今俄属斯大林格勒东南之阿斯拉罕城附近；客居百五十余年，至准噶尔平定方东返。故新疆所谓蒙人，即指绰罗斯与土尔扈特两部。其人居北疆之阿尔泰、镇西、塔城、奇台、伊犁之草原地带，南疆之焉耆、和靖次之。人数为五九，六八六。又乌兹别克者，本成吉思汗七世孙钦察汗国第十代可汗之名，《元史》作月即别，初用以

称乌拉尔河与垂河间之昔班后裔封地，后转为部族之名。此族多数居中亚
细亚之塔什干及萨马干等城附近，旧亦我国领土；其少数居伊犁、塔城、
奇台、喀什等地，以伊犂①为中心。以与白种混血，睛颇有棕色、碧色者。
人口一〇，二二四。又塔塔尔，俗呼老朵夷，原居黑龙江呼伦、贝尔两湖
间，以从元太祖西征，定居乔治亚；与白种婚，全为碧睛，说突厥语。一
部自俄移入，散居伊犁、迪化、塔城、阿尔泰，以伊犁为中心，人口仅
五，六一〇。

满人与锡伯、索伦二支，均于乾隆中移居伊犁、塔城。准噶尔既亡，
人民稀绝，故清廷陆续自东北、热河及陕、甘等地驻防官军中抽殖于此。
今人口一三，八九四，多聚居伊犁、迪化、塔城一带。此族保存其原有之
语言文字，不似东北及内地满人之失其固有文化也。居今日而欲闻满洲之
活语言者，惟有于此求之。

以上所举汉、满、蒙及维吾尔、柯尔克兹诸族皆迁来之民，虽有土
著，亦为所融化矣。然则竟无土著乎？曰：有之，惟塔吉克人。其人为未
改用突厥语之南疆土著，居蒲犁者最多，莎车、叶城、泽普、疏附次之，
全人口仅八，二一〇，而在蒲犁者占七千余人，其语属伊兰系。"塔吉克"
一词即波斯语也。

归化人本俄籍，俄国十月革命后，其贵族与军旅相率避地新疆，归化
中国。散居伊犁、迪化、塔城、阿尔泰等地，以伊犂为中心。人口一九，
三九二。此诸族中，惟归化与塔吉克为印度欧罗巴语系，他皆阿尔泰语
系也。

分析既竟，更观盛氏所列单位名目，可谓杂乱无章。至新疆人所自
言，去汉、蒙、回、满、锡伯、索伦、归化七者，独举维吾尔、哈萨克、
柯尔克兹、塔兰其、乌兹别克、塔塔尔、塔吉克七种，谓其"种族、宗
教、言语、风俗习惯无不相同，属于同一民族，即突厥民族，即东土耳其
民族，此种名称乃新疆民族在历史上之固有名称"，则上举事实优足说明
其非是。夫新疆之地本无突厥遗黎，惟维吾尔、哈萨克、塔塔尔诸族操突
厥语耳。操突厥语者不必为突厥人，犹操英语者不必为英国人也。塔吉克

---

① "伊犂"，今多用"伊犁"。

为伊兰语，而强谓之突厥语，可乎！以体质论，则鸟[1]兹别克与塔塔尔皆蒙古与白人合种，哈萨克则柯尔克兹与蒙古合种，而谓其与维吾尔等为同族，可乎！西人之至新疆者，徒以多闻突厥语，遂称之曰东土耳其斯坦（East Turkes–tan）。新疆人喜此名之可以统一全境也，亦遂自认为突厥族，并请定省名为突厥斯坦。"斯坦"者波斯语也，随人步趋而忘其国族传统，其可用作正式名词耶！惟"新疆"一名命于清帝，直视此土为其新得产业，全不顾历史事实，极不合理。清社既屋，自当废除。窃谓天山雄踞一省之中，名为"天山省"最觉适当。如以疆域寥廓，分作两省，则南路谓之"天南"，北路谓之"天北"，与河南、河北同例，不亦善乎！

# 羌与西藏

四川羌人居地为汶川、茂县、松潘南部。理番之九枯十八寨及九子屯等。前年闻在宥先生任教四川大学，即注意其文化，寄书至甘，询予以彼地羌人情状。答之曰："甘肃本氏、羌所居，惟迄今则氏、羌已同化于汉人；其未同化于汉者亦同化于藏而称之曰番。"因具以所见番民之状态告之。二十七年七月在宥复贻书曰："承示番人语言生活情形，大体与川边、西康一带西番相同，滇西、古宗亦相去不远，此皆去现代标准西藏人最近者。至言宗教，则羌人似较古于西番，以其所崇拜者尚为喇嘛教未行以前之原始宗教也。川边别有一支名嘉戎（Gyaru ng）者，其语言似较拉萨及拉卜楞等藏语为古，惟所崇拜者亦已为喇嘛教。以此两支方音与甘中番人作一比较，然后进而与西藏文语及拉萨语作一总较量，必能发生无数问题。"读此札，知羌人与西藏之关系凡分三级：其宗教与语言全未受西藏之影响者，四川之羌人是也。其宗教虽受西藏影响而语言犹大致保存其原状者，四川之嘉戎是也。宗教与语言完全西藏化者，甘、川、康之西番、滇中之古宗是也。故甘肃之番人已失去其本来面目而转为藏人，犹之五胡、辽、金之后之悉化为汉人矣。青海之蒙古人多改说番话，其所崇奉之宗教更无异趋，是蒙人亦为藏人矣。文化力量足以陶铸一世，有如是者。

---

① "鸟兹别克"，今多用"乌兹别克"。

国内外学者必欲以种姓血统作分别部落之标准，不已慎乎！

## 藏、番称藏、汉族名

予出临潭于布他闇门，入于番地，落宿游牧之家，问彼族自称为何，称我辈又为何。答曰："称汉人为'嘉那黑'，自称曰'完'。"抵拉卜楞而有汉人所建之寺，番僧称曰"嘉那黑仓"，仓者"札仓"之省称，即寺院也。初疑"嘉那"即"支那"之音转而"黑"为其尾音。二十八年三月，蒙藏委员会委员阿注坚赞将归西藏，道出昆明，来校访予，予以此语叩之。渠云："藏人称印度人为 Chia–ka，称汉人为 Chia–na。Chia 义为衣，Ka 义为白，na 义为黑，'嘉那'者黑衣人耳。"知"黑"果为尾音，有出有不出，而嘉那与支那殆无关也。

渠又谓藏人自称为"盘"Pan，藏以外之人则总称之曰"密"mi，此则与番人又微有不同者。因念"完"既为种族之名，何以不见于史书，疑不能解者久之。一曰，思《禹贡·梁州章》曰："蔡、蒙旅平，和夷厎绩。"谓蜀中既平治，则本居其地之和夷遂服德慕化，自安辑也。又曰："西倾因桓是来。"谓居于西倾之人循桓水而来也。《水经注·桓水篇》引郑玄"和夷"注："和上夷所居之地，'和'读曰'桓'。"洵如郑说，是"桓"与"和"同音，即一字之歧写。以种族言，则称之曰和夷；以水道言，则称之曰桓水。至于和夷之得名是否由于居桓水之旁，或桓水之得名乃由于为和夷所居，则未能详矣。甘肃之西南，四川之西部，古代皆为羌人所居，羌人即番人之前身，则番人之自称为"完"，竟者即《禹贡》之"桓"与"和"耶？此虽单文孤证，未必可以解决此问题，要亦不妨存一假设以待后人之探检耳。又按，"盘"与"桓"叠韵，"盘桓"又为联绵字，故疑即一字也。

## 边地语言

客西宁时，闻化隆、贵德等县有一种人，其言语风俗悉介于汉、番之间，不能称之为汉人，亦不能称之为番人，乃名曰"嘉麻若"。又闻贵德山中有一种汉人，虽操汉语而与今日之汉语不同，或尚保存元、明遗调。及来昆明闻蔡希陶先生言，云南保山县人完全说南京话。又陆良一带之铜铁匠则于普通语言外别说一种行话，按其实竟是苏州话，惟有小变耳。是皆语言学者应耕作之园地，而内地移民史料亦可于此中寻求之矣。

记此后为得贤所见，渠对于“嘉麻若”作详细说明曰：“番人称汉人为‘嘉那黑’，简称之曰‘尔嘉’，更简之曰‘嘉’；其自称曰‘完’，或曰‘若’。故嘉麻若者，意译之汉、番是也，盖本为汉人而渐为番人所同化者也。此种人之语言习俗又因地区而不同。大抵语言服饰均从番，而祭祖及嫁娶等习俗犹未能全忘旧者，如青海化隆、共和、循化及同仁一之嘉麻若是；其习俗大都从番而语言汉、番混合者，如贵德一带之嘉麻若是。此种嘉麻若之语言，大抵遇名词则汉、番并举，与今人译书或谈论时于译名之下注明原文者略同。如吾人遇嘉麻若时，询之曰：‘你到那里去?’则其答语曰：‘我到让头黑磨儿上去哩。’或‘热马羝羖寻去哩’，或‘我到官巴寺上去哩’，其实‘让头黑’即水磨，‘热马’即羝羖（山羊），‘官巴’即寺院，一名而两言之耳。又如询以：‘你到磨上去干什么?’则答：‘我闪麻豆儿磨去哩。’询：‘你拿的什么东西?’则答：‘我拿的加哇皮袋是哩。’闪麻即豆儿，加哇即皮袋，均从汉语之上冠以番语也。”得贤籍化隆，故能详举之如此。未知国内各地尚有与此类似之语言否?

## 撒拉回

魏源《圣武记》述乾隆回变，云：“初，撒拉尔黑帽回者，居西宁番地，俗介回、番，鸷悍好斗。所奉《墨克回经》，旧皆默诵。有循化厅回马明心者，归自关外，见西域《回经》皆朗诵，自谓得真传，遂授徒号新教，与老教相仇。乾隆四十六年三月，其徒苏四十三聚党杀老教百余。兰州知府杨士机及河州协副将新桂以兵往捕。”自是蔓延日甚，朝中命将遣师始得平定。此为新旧回教斗争史之第一页，而揭此序幕者乃为撒拉尔回。魏氏谓其“俗介回、番”，是果何种人乎?

予于二十六年十月游西宁，以汽车行，经永登往。甚思易一道路，乘驮轿经化隆、循化、临夏而归。一百师马副师长璞谓予曰：“是皆撒拉居地也。"闻之更神往。不幸冬间雨雪载涂，驮轿又索价过昂，无可奈何仍循旧道回。翌年七月，至临夏，便游韩家集、乩藏、积石关，目睹撒拉人家，且宿于其所设客店，因得问讯其生活。八月又至西宁，值青海省府重印《光绪西宁府续志》出版，姚佑生君又出所藏清龚景瀚《循化志》，是皆有撒拉材料者，并抄出之。其后遇新疆阿海麦提、河南王清兰、江苏顾谦吉三君，皆曾至撒拉区作调查，又供给若干新知识。今汇集之，作系统说明焉。

　　据撒拉人自言，距今六百数十年（公元一二七九，正当宋末元初），中亚细亚之撒马尔干有兄弟六人，为著名强盗，横行无忌，扰害人民，回教教长驱逐之。临行，教长给予清水一壶，黄土一匣，命其持向东行，必见有同样水土之地乃得定居。此六人者骑骆驼行，直至循化县境之街子工；一夕，忽一驼化为玉石。既不得前行，试察当地水土，果与教长所予者同。狂喜曰："噫，是真呵达（回教真主之称）悯怜我也！"遂落籍于此，聚番女成家，改恶迁善，为土著所乐近；子①孙繁衍，遂成大族。今街子工尚留有玉石骆驼一头，为彼族最贵重之纪念物焉。

　　彼族何以名撒拉？据阿海麦提言，在突厥语中，"撒拉"之义为妥当人，此六兄弟改过迁善，即为妥当人矣。而读《循化志》之考证，则此系地名。《志》云："《河州志》：'撒喇川在州西积石关外二百里。'今厅循化城在撒喇八工适中之地，距河州正二百里，是此地本名撒喇川。其先盖已为番人所居，……或前明赐以此地，或彼据而有之，居之既久，遂以其地为名，故曰撒喇回子；然撒喇川之名反隐。今人有谓撒喇本其部落之名，又谓本其先所居口外地名者，皆非也。"按，此说甚合理。撒拉、撒喇或撒拉尔应是番地川名而为移殖之撒马尔干人所沿用，无意中遂成其种族之名。至于突厥语之妥当人，则其音之隅合者耳。

　　循化、撒拉居地悉在城外，沿黄河与山麓分作八工，明、清两代皆以二土司治之。《循化志》云："上四工世袭土千户一员，韩昱，管束东乡之清水工、西乡之街子工、查家工、苏只工。……下四工世袭土千户一员，韩光祖，管束东乡之孟达工、张哈工、夕厂工、西乡之查汉大寺工。"而

----

①　原作"于"，今据改"子"。

《西宁续志》则曰:"西乡谓上四工,东乡谓下四工。"上下依东西分而不依土司所管分。《续志》列八工名目及其距城里数云:"街子工城西十里,查家工城西南二十里,苏只①工城西二十里,查汉大寺工城西三十里(按,以上为上四工);清水工城东十里,孟打工城东七十里,张哈工城东四十里,崖慢工城东四十五里(按,以上为下四工)。"除同音异字不计外,《循化志》有夕厂而无崖慢,谓乾隆回变后崖慢已并入张哈;《续志》则有崖慢而无夕厂,并说明云:"夕厂工即薛厂沟,旧附番寨,不在撒拉数内。"材料缺乏,竟不能断说其是非。撒拉势力中心在街子工,故一旦有事,各工均惟街子之马首是瞻焉。

撒拉繁殖众多,扩张至化隆县(在循化北,清为巴燕戎格厅),亦分为五工,于是称循化为"内八工",化隆为"外五工"。外五工之名曰甘都工、卡尔岗工、昂思多工、黑城子工、十五会工。内八工保存其祖先言语,与新疆缠头回(即维吾尔)语相近;外五工便受番人同化,作西藏语矣。至其迁进积石关者,则但能作汉语耳。

其所居地,何以称为"工"?予之猜测,当是"沟"之转音(工 Kung,沟 Keu,为东侯对转)或简写。番地中以沟作地名者最多,如卓尼有车八沟、喇利沟等是。上引《续志》"夕厂工即薛厂沟"亦一佳证。推"工"名之起不早。《循化志》云:"雍正以前并无工名,故雍正七年册但称草滩埧等十一庄。据韩先祖云:'雍正八年征棹子山,调兵三千协剿,始分十二名目。'其取名不知何义,岂立功之意,而后乃讹'功'为'工'?"此以汉文作解释,恐撒拉尚无此文雅也。循化内八工,何以此称十二工?《志》云:"乾隆四十六年苏四十三作乱,俱就诛夷,村庄半毁,乃并十二工为八工:草滩坝②工并入于街子工,别列工入于苏子工,崖慢工入于张哈工,打速古③工入于清水工。"可知循化工数原为十二,而是年回乱,撒拉实损三分之一,故缩编为八工也。此诸工各有属庄,如街子工所属有锭匠庄、草滩坝庄、巴西沟庄、孟打山庄、石头坡庄、古节烈庄、托戊都庄等七处(见《续志》)。以此,予疑"工"与"庄"殆有大小区

---

① 原作"子",据《西宁府续志·集寨》改"只"。
② 原作"埧",据《循化志·族寨工屯》改"坝",后同。
③ 原作"去",据《循化志·放寨工屯》改"古"。

别，工略似"区"，庄略似"乡"。草滩坝①本一工，但既归入街子工便称曰庄矣。

前言撒拉有两土司。《循化志》谓其共分四房五族，四房皆姓韩，两土司则其长次两房之嫡系；五族为杂姓，以马姓为多，占十分之九。管理四房者为长房土司，管理五族者为二房土司。但以其族本由外来，非纯粹一系，故所管人民中有汉回十五会工之大半是也；有番民，查汉大寺工五庄中之二庄及夕厂工全部是也。土司始祖名韩宝，元代世袭达鲁花赤。明洪武三年，邓愈取河州，韩宝归附。六年，以其有辑宁撒拉功，授世袭百户，拨河州卫管军。正统元年，其孙韩贵有功，升任副千户。清雍正七年改授韩炳为土千户。二房一支，至明嘉靖三十一年，始准韩沙班世袭百户；亦于雍正七年改授其曾孙韩大用为土千户。当时所以分为两土司者，度以彼族人口日繁，土地亦扩展故。韩土司自云"哈密回人"，与撒拉来自撒马尔干之传说不同。又当雍正九年（公元一七三一），韩土司自云来住三百六十一年，则应于明洪武四年（一三一七）移至，亦与宋末元初移殖说不同，又何从作元代之达鲁花赤，此两房土司之土兵，据乾隆二十九年档册，共一百二十名；但有事征调亦可多出，如上所云之"征棹子山，调兵三千"是也。

183

撒拉人口，据乾隆二十九年册，共二千七百〇九户，七千〇八十五口。四十六年之变，所杀新教徒将及千户。同治十二年，循化各工撒拉计四千一百余户，一万六千余口，所增多矣，今日尚无明确调查。据王清兰君估计，循化内八工撒拉共约三万四千人，占全县人口三分之二弱；化隆县约二万人，占全县人口五分之二弱。又据顾谦吉君估计，两县撒拉约共七千一百户，三万五千五百口。此两数相差甚远，无以定其然否。

撒拉之血统成分，无疑为番多而回少。惟以回民个性甚强，故能同化番民而不甚为番民所同化。凡在此十三工中之番民，往往说撒拉话，信仰回教。撒拉区皆过有清真寺，男女按时礼拜。除阿衡兼理民事外，又有若干大小头目分理地方事务。其风俗习惯甚似缠回，与陕、甘之汉回大同小异。本度游牧生活，今以环境关系多变而为农业生活。其身体健壮，性情

---

① 同上。

勇敢，不耻作土匪，亦不畏造反（乾隆乱后，咸丰十年又起大乱）。乐于应征入军，临战又好冲锋，故今青海、宁夏两省军队中，撒拉人充作旅、团、营长及下级干部者甚多。女子亦然，闻马鸿宾之夫人曾代夫作司令，亦一撒拉也！

其教育甚落后。左宗棠西征时，惜其质美而未学，曾在八工立义学数所，迫其子弟读书。然一时之提倡不能遽改其风习，人亡政息，至今犹是阿蒙也。如何能使其在武化之外更有文化，如何能尽量发展其特长，使之皆成国家劲旅，此皆吾人亟当思索之问题也。

# 土　人

言青海之种族者恒曰汉、蒙、回、番、土。土人之言语，则蒙古也。土人之区域，则番也。土人女子之服装，红裙佩巾且裹足，则汉之旧服也。彼果何族乎？是盖游青海省者所必猜之谜，而又不能猜透者。

予按土人分布之地带为甘肃之临夏、永靖二县及青海之民和、乐都、互助、西宁四县，皆当日土司区城，则所谓土人者明即土司之部民。蒙古统驭羌、番，始于元代设置吐蕃宣慰司。明初率属投诚，太祖仍命之为指挥使等官者，大都皆蒙古旧人也。统治者为蒙人，被治者为番民，蒙语之成为当地通行言语，其来渐矣。

游岷县时，偶在康熙《州志》中见有明王云凤《重建学宫记》，文云："岷故开种羌居焉，西夷也。国朝洪武中，曹国公（李文忠）取其地，降其人，号为属番。其在前元降者，为土民。总为里十有六，又徙内地民一里以实之。不堪为州，乃设军民指挥使司，戌以甲卒万，而建学焉。"读此，知岷县当元、明间亦有土人，今不更闻，则同化尽矣。文中谓"在前元降者为土民"，此一语大足解释今日土人之由来。盖土人即番民；其与番民异者，特以归降较早，故受汉、蒙文化之陶冶乃视一般番民为独深耳。

土人一名可有二种解释。谓其为土司部民，其土字即由土司来，一也。谓其本为吐蕃人，省"吐"为"土"，与省"蕃"为"番"者同，二也。《元史》中，吐蕃常书作土蕃，如《地理志》三"土番等处宣慰司都元帅府"是。谓之为"土"与谓之为"番",各得吐蕃之一音,故二名应为同义。此二种解释均有可能,一时尚无从确断。

然谓土人为纯番种则吾亦不敢信。元代蒙古戍军属于宣慰司及诸王府者当不少,此等兵士后来自宜隶于土司,则与原有之土人必有杂居通婚之事,故土人语言受其同化而转为蒙古。若蒙古人无多,则其语言惟有同化于番民耳。由此推之,土人实当为蒙、番之混合种。更由其风俗观之,女子所以裹足,或亦为与汉人通婚之结果。凡此问题,当决之于将来人种学家之研究,非率尔可断定也。

土人女子亦有不裹足者,而民和县小积石山一带则以裹足为多。闻县府近年下乡劝谕放足,彼辈乃答以决然之辞曰:"放了足见不得爹娘,宁跳黄河而死!"

## 西宁土司

《明史·西域列传》二,其目一曰"西番诸卫",其《注》文曰:"西宁、河州、洮州、岷州等番族诸卫。"此诸卫皆立土司,而《明史》不以编于《土司列传》,盖以其邻近沙州、哈密,遂比类而及之也。予于西宁游李土司家,于河州游何土司家,于洮州游杨土司,昝土司家,于临洮游赵土司家,于夏河游陌务杨土官之家,大都堂高数仞,门列戟棨,重院层楼,多罗玩好,因以想见古代诸侯之规模。然自民国以来,次第罢黜,上焉者给以保安司令名义,而设置设治局于其地,渐以流官代土官;其无实力者则但给以省政府顾问头衔,或改充联保主任及保安队长;最下者齿于编氓,更无点缀矣。尝见某土司门上粘一春联云:"昔为王侯,今作平民,……"表其牢骚之思。然不劳而食已非今世所宜有,且土司治下之番民汉化已深,其内向之情已切,亦无所事于防卫,诸土司之家养尊处优越五、六百年,更大足自慰矣。兹先就乾隆《西宁府新志》辑出西宁与乐都之土司材料。乐都旧名碾伯,明为西宁卫之右所,清则西宁府之属县也。

西、乐二县土司凡十六家,其最盛者推二祁家及二李家。实则祁为二族,李惟一家。当洪武元年,元甘肃行省理问所官祁贡哥星吉归附,授副千户职。四年,元甘肃行省右丞朵尔只失结亦入贡归附,授指挥佥事。是年，元西宁州同知李南哥以州降，授都指挥。此三人者，招抚蒙、番，收捕叛亡，具著劳绩。朵尔只失结尝从军北征，又破擒贵州指挥扳达，为明室立大功十三；二十四年，调甘州前卫指挥，卒于官。子端竹嗣，三十年，仍调西宁卫指挥佥事；三十二年，从征，殁于阵。帝闻悼惜，赐姓祁，赐第于西宁城，赠骠骑将军。子祁震嗣，以功升指挥同知。三十五年，西番头目亦林真奔寇暖泉，祁贡哥星吉与战，死之。子祁锁南嗣职，以功加正千户。是此二祁家者，一本姓，一赐姓也。李南哥为西宁镇抚指挥，数十年来未他调，通道路，置邮递，广积贮，开创卫治，厥功最多。子李英袭职，屡建军功，尤以洪熙元年安定王桑尔加失夹叛，英追击之，逾昆仑山，深入数百里，俘斩千一百余人，获马牛杂畜十四万头，擒安定王，招十三部，功最高；宣德二年封会宁伯，禄千一百石。英恃功而骄，所为多不法；言官交劾，下英诏狱，夺爵，寻卒。子昶，天顺元年袭职，升右军都督佥事。英有从子曰文，为指挥佥事，宣德四年曲先卫指挥散西思叛，命文率军击之；天顺中，以右都督出镇大同，败寇二千余骑，封高阳伯。四年，孛来大举入寇，文按兵不战，下狱论死。英宗宥之，降都督佥事。其子镛，成化四年授百户，后升指挥佥事，自是亦列世职。民和县有享堂镇为甘、青间孔道，所谓"享堂"者即李土司之家祠也。一家二伯，虽旋夺，乡里终引为殊荣云。

其他诸家，亦皆明初降附。（一）南木哥，洪武四年领丁壮归附，以功授指挥佥事；其后嗣为汪氏。（二）沙密，洪武四年率部落投诚，授总旗，其后嗣为纳氏。（三）吉保，洪武四年归附，授百户。（四）陈子名，元淮安右丞，明昊元年归附，授指挥。（五）赵朵只木，明洪武三年归附，以功授百户。（六）薛都尔，元甘肃行省佥事，洪武四年归附，子也里只以功授所镇抚；其后嗣为冶氏。（七）失喇，元甘肃行省郎中，洪武四年归附，于本地驻牧听调，孙阿吉以功授百户；其后嗣为阿氏。（八）帖木录，元百户，洪武四年归附，子大都以功升千户；其后嗣为甘氏。（九）乩铁木，洪武四年投充小旗，子经刚保以功升千户；其后嗣为朱氏。（十）朵力乩，洪武四年投充小旗，子七十狗以功授总旗；其后嗣为辛氏。（十一）哈剌反，洪武四年投充总旗，子薛帖里加以功授百户；其后嗣为剌氏。以上胙土命氏，俱在前明；尚有一家得之于清者，则会宁伯子玛之后李化鳌于顺治二年投诚，十二年授百户，比于庶子之分封也。

正德中，蒙古小王子怒阿尔秃斯与亦卜剌二人，欲刺之。二人惧，奔河套，拥部落至凉州，乞空闲地居牧。凉州将吏闭门不敢应；乃大掠入青海，诸番散亡，据有其地。自是屡内侵，谓之"海寇"。是时西宁土司内抚番民，外御强敌，诚有其实际之需要。今日读其谱牒，有功则有升迁，有罪则黜降，虽父子相承而所袭者非一职，且世袭之外尚有出任流官者。入清，国家自有劲旅，不藉土兵以制胜；土司但为世禄之家，制节谨度则长保其富贵，朝廷无所事于黜陟，其人无所事于功名，生不识兵，高拱无为。民国既建而归于自然淘汰，不亦宜乎！

诸家所袭之官，自清代言之，凡判四等。世袭指挥使者二，祁贡哥星吉与陈子名之裔也。世袭同知者五，朵尔只失吉、李南哥、李文、赵朵只木、失喇之裔也。世袭指挥佥事者七，南木哥、沙密、吉保、薛都尔、帖木录、乩铁木、哈剌反之裔也。世袭百户者二，朵力乩与李化鳌之裔也。以种族别之，李氏为沙陀，薛都尔为缠头回，陈子名为江南山阳人，志书俱有明文；其他不详，殆皆蒙古人也。诸家既膺显爵，厕华胁，其子弟之俊秀者亦应文武试而弋科第。如李英之孙玑中成化辛丑科进士，历官尚宝司丞；英之孙曾辈又有名完者，嘉靖戊子科举人，知直隶衡水县事；英五世孙光先，成万历癸未科武进士，任锦衣卫使。朵尔只失吉之十一世孙祁仲豸，成康熙庚戌科武进士，任金华协副将。

若列其室家与衙门所在地，则在西宁县境者六。祁贡哥星吉之后，居治南九十里寄彦才沟，出马兵一百五十名。李南哥之后，居治南三十里乞塔城，出马兵五十名，步兵五十名。南木哥之后，居治西四十里海子沟，出马兵五名，步兵二十名。沙密之后，居治南十二里纳家庄，兵数同上。吉保之后，居治西六十里吉家庄，兵数亦同上。陈子名之后，居治北五十里陈家台，兵数又同上。其在乐都县境者十家，朵尔只失结之后，居治北四里胜番沟，出马兵一百名。李文之后，居治东南一百二十里上川口，出马兵三百名。赵朵只木之后，居治北四十里赵家庄，出马兵五名，步兵二十名。薛都尔之后，居治东南一百二十里米喇沟，出马兵二十五名。失喇之后，居治东五十里老鸦堡，出马兵二名，步兵十四名。帖木录之后，居治东南二百里甘家庄。乩铁木之后，居治东南二百八十里朱家堡。朵力乩之后，居治东南二百八十里泉儿堡。哈剌反之后，居治东南二百八十里剌家庄。李化鳌之后，居治东南一百里松树庄。以上五家，兵数俱不详。（按予至临潭，杨土司廷选来访，县人以其与卓尼杨氏较，殊形弱小，呼之为"小杨土司"，叩其兵额才得八名，此五家当亦犹是。）是则常备兵额在百名上者仅祁、李四家耳。近年由西宁分出互助县，由乐都分出民和县，如何将此十六家分配于四县之中，当觅详图以别之。

前代称谓，"土""民"对立，人民属土司者称"土"，属流官者称"民"。明初地广人稀，以城池左近水地给民树艺，而以较远之旱地赐各土司，俾率其所部以耕牧。然数百年后，生息蕃庶，土司多以土地鬻之民间，与民错杂而居，联姻结社，无复隔阂，土司之家遂有不谙土语（即蒙语）者矣。

## 明初西北移民

河州人相传为南京大柳树巷人，洮州人相传为南京纻丝巷人，俱谓自明初迁去。西宁人亦云然。洮州人有歌曰："你从哪里来？我从南京来。你带得什么花儿来？我带得茉莉花儿来。"其地无茉莉，知此歌必为初移之民所留遗，至少亦是根据初移之民之遗语而咏歌者。予等自至岷县境，即见当地妇女服饰迥异外间，履首上翘，所谓凤头鞬也。发髻峨峨，所谓云髻也：皆明代习尚，以交通梗塞，鲜见时风，历五、六百年尚未变者。恍游博物院，为之抚掌。然其腹虽锐而其足不小，则所谓"三寸金莲"者殆非明初之俗乎？

## 临潭居民祖籍

明洪武十二年正月，洮州十八族番叛，据纳麟七站地。太祖命沐英为征西将军，率金朝兴等讨之。九月，英等大破西番，擒其部长三副使。十一月，班师。军行往返十一个月，其在西陲不过半年。然在此短时期中已将中央政府之势力确立于洮水上游，是可惊也。

临潭县有旧城、新城，相去六十里，新城在东笼山下，即沐英所筑。

二十七年五月，予至其地，问诸家祖籍，多谓是南京纻丝巷人，若北方人谓出自洪洞县大槐树，云南人谓出自南京柳树湾者然，甚异之。是月三十一日，为旧历端午前二日，有迎神赛会之习，予亦登城以观。是时四乡各以其所祀之龙神舁至县治，会于瓮城；既齐集，遂舁以奔赴城隍庙中，以至之先后卜年谷之丰登与否，虽倾跌扑撞不顾。其神多红脸，穿绿袍，数凡十八；既至庙，列于东庑，有定位。其首座称为"常爷"，即常遇春也，其他惜皆传姓而不传其名。是知所谓龙神者乃托词。实则戍于其地之土卒各奉祀其所戴之将领耳。常遇春一生足迹未至陇右而塑其像，盖有其部属于兹土也。沐英于兹土有大功而反无其像，则其部属已随之班师矣。

　　予因是求各家谱牒览之；而其地百年以来累经兵燹，存者无几。其最著之族有二：一金氏，都督金朝兴两弟之后也；一李氏，都督佥事李达之后也。其家属所记事迹，较《明史》为备。《金氏谱》文金朝兴，南京纻丝巷人，随沐英讨番首，取甘朵，降其万户，又追斩磺石州土官阿昌，七站土官失纳等。乱平，进秩宣德侯，弟鼎兴，建兴俱授卫指挥使，因家于洮焉。按《明史》列传十九载朝兴为巢人，而此云纻丝巷，盖纻丝巷之传说在当地流行过盛，使金氏亦自疑而从之耳。《李氏谱》云：李达，字时中，凤阳府定远县人。父胜，从明太祖定鼎，授左府都督，镇守辽东。达生而英勇，好读儒书，通兵略。由南海卫指挥征惠州、兴宁、云、贵等处，调羽林左右，广宁中护，所在有功。永乐元年，成祖命镇洮州，安抚军民，招番纳贡。西宁申藏番乱，剿平之，自是威声雷震，边人帖服。常例纳马，此后不次入番，收马数万，或给操军，或送京师。至于督屯租，练军马，修城墩，建卫学，皆其力也。子琛，选秦王府仪宾，配华阴公主。三女封仁宗皇帝贵妃。达以正统十年卒，年八十八，葬城西石岭山下。子瓛，继为都指挥。按《明史》列传六十二，达附《史昭传》下，仅云："李达，定远人，累官都督佥事，正统中致仕。"寥寥十六字耳，绝不道其边功，盖中原与边陲之隔绝久矣。此文可补史书之缺。达镇守洮州历四十年，而又家世赫奕，帝王信任，宜其可以措施一切，底定厥功焉。李氏有家祠，尚保存达之画像，幅长盈丈，惜绢本暗黑，摄影不易耳。

　　其他所见家谱、有宋氏，原籍徐州屯头村，明指挥佥事宋忠之后。有杨氏，原籍南京纻丝巷，明镇抚千户杨遇春之后。有刘氏，原籍六安州，明百户刘贵之后。有范氏，原籍合肥，明千户所千户范应宗之后。

西宁汉人俱自谓由江南迁去，想亦于明初从征而往，遂屯田为土著者。他日当详询之。

## 边地孔裔

孔子之裔遍于全国，边境中亦有之。予至临夏，闻唐汪川有孔家祠，孔裔排行与外间无异，而其人已奉回教，则以其地为回教区域，回教徒之女归于孔家，其子孙遵母教也。至西宁，又闻贵德汉人以孔、朱、者三姓为多，其四周皆番民，孔氏亦番化，能说汉、番两种语言。盖欲事畜牧则必穿番衣，若衣汉衣而往即无在番地自由行动之可能，为生活计不得不舍己而从人耳。

## 河、洮间之明边墙

予于未至甘肃前，仅知其地有秦御匈奴与明御蒙古之长城。去年三月至康乐，始闻河州"二十四关"之名，清人之词且有"二十四关天尽头"之语，乃稔尚有明御西番之边墙。顾边墙之迹不见于舆图，无以审其界划所在。六月十七日，由洮州旧城赴夏河，出干卜他圌门，初见所谓边墙者。此墙高仅丈余，厚仅二三尺，延于涧谷中，山渐高则墙渐低，至山巅而止，各段不相连属，不若长城之随山起伏也。七月中，自夏河赴临夏，进土门关，形制锉小，与干卜他圌门无异。是月二十二日游积石山，出积石关。是关枕于黄河，为河州二十四关之首，而曾无崇伟之观，知他处亦必不过尔尔。

按自元代置吐蕃宣慰司于河州，明初析置河州、洮州、岷州诸卫，朝中对于番族诸长赏赐弥厚而防备弥严，边墙之筑当在此时。以其未兴大工，或但出于守将之规画而非朝廷所命令，故其事不见于史书。然自永靖县黄河岸起，累经曲折，迄于临潭县之西倾山，延五、六百里，未尝非一大事也。今将所知关隘之名具述于下：

河州（即今永靖、临夏、和政诸县）：（一）积石关，在州西北一百二十里。（二）崔家峡关，州西一百五十里。（三）樊家峡关，州西一百二十里。（四）大峡关，州西八十里。（五）五台关，州西九十里。（六）红崖关，州西九十里。（七）乩藏关，州西七十里。（八）老鸦关，州西九十里。（九）莫泥关，州西七十里。（十）土门关，州西南九十里。（十一）石嘴关，州西六十里。（十二）朵只巴关，州西七十里。（十三）舡板岭关，州南六十里。（十四）槐树关，州南十里。（十五）西儿关，州南九十里。（十六）乔家岔关，州南八十里。（十七）牙塘关，州东南七十里。（十八）沙麻关，州西南八十里。（十九）思巴思关，州南八十里。（廿）陡石关，州南八十里。（廿一）大马家滩关，州南七十里。（廿二）小马家滩关，州南四十里。（廿三）麻山关，州南一百四十里。（廿四）俺陇关，州南二百里。以上诸关，自河州之西北贯其西南，更折至其东南，对于州治成规形，至麻山关则入今康乐境矣。积石关为明代汉、番交易茶马之地。沙麻关为元遣都实访河源所出之道。此二十四关之西，今为甘肃夏河及青海循化两县境。

洮州（即今临潭县）：自旧洮堡南峪口石崖起：（一）答家阇门，离南峪口三十里。（二）甘卜他阇门，离答家三十里。（三）官洛阇门，离甘卜他十五里。（四）恶藏阇门，离官洛十五里。（五）土桥阇门，离恶藏六十里。（六）边古壕，离土桥七十余里。（七）土八角山顶石墩，离边古壕三十里。至此已与河州交界、离沙麻、陡石诸关不远矣。

以上边墙关门诸名，俱录自乾隆《甘肃通志》。按边墙阇门不独河、洮一带有之，东北之中卫，西北之永昌，北之永登，西之西宁亦无不有，盖师法长城之意而行之以简易者也。"阇门"一名，不得其解。临洮城内有街，名黑阇门，予以其义问居者，据述，阇字初本作"闬"，盖每一里闬立一本坊，而此坊施以黑漆，故谓之为黑闬门也。然则边墙所谓阇门者，得无即以闬门之名名之乎？苟其非是，便当于番语求之。

191

## 西藏之县

阿汪坚赞尝为西藏县长，因询以藏中县制。渠云："藏土凡分三百余县，大县设县长二人，一僧一俗，小县设一人。每十余县或二十余县，设一总县长,如内地之督察专员然。"归而翻检群书,得其大凡,书之于下:藏人称县长曰"耸奔",耸者碉堡,奔者官员,谓居于堡中之官也。堡皆在形势扼要之地,依傍山腹以瞰制原野,故亦谓之营。其职掌有四:民间讼事,一也;收税支差,二也;当大路者兼收税,三也;主兵事,四也。其额数则酌量地方大小、人口多寡、事务繁简,设置一人或二人。其区域之小者,仅辖数村而已。日本山县初男所著《西藏通览》云:"有大营、中营、小营、边营之别。在前藏者,有大营十,中营四十三,小营二十五,边营十四;在后藏者,有大营三,中营十四,小营十五。营官(即县长)等级亦各有差,大营及边营为五品,中营六品,小营七品;但后藏大营独为三品。"(第六章,第六节)边营当为掌边防者,兵权较重,故其地位与大营埒。此书所列营数殊分明,惟据以计算,前藏九十二营,后藏三十二营,总数为百二十四,与阿汪所云三百余者相去甚远。岂新有所增乎?安所得西藏分县之图而质之!

予经历番地,见其村镇城市无不有寺。村镇小寺有数间者,有数十间者;城市大寺乃有数百至数千间者。彼地政教合一,寺中香错(内地所谓"当家")即行政首长,故村镇之寺有若乡公所与区公所,城市之寺有若县政府与省政府,一切纳粮、服役、狱讼及集合兵马之事皆出号令于寺中。其设有土官之处,在名义上固为行政属土官而教务属喇嘛,然两者常纠结而不可分。如二十七年逝世之杨积庆,其治民也以"卓尼土司"名义行之;其掌教也又以"禅定寺呼图克图"名义行之。及为部下所杀,其子二人袭位,一年十三,嗣为土司(土司名义自国民革命后已取消,惟以杨氏具有实力,政府仍任为洮岷保安司令);其一嗣为呼图克图,才八、九龄。虽曰政教分司,而权在一家则无异。杨氏固大土司,即其他各处之小土官亦莫不与寺院发生关系者。盖边民笃信宗教,必两者并合始能发生力量,犹如鸟有两翼乃可高举也。至中央所设之边县,以汉、回人为县官及警佐者,其权力止能达到汉、回人在彼地设肆经商之几处街市,与番寺无与,与番民亦无与,然犹日受寺院之欺凌,至于涕泣而请罢免。予等每到乡村中,问其人曰:"你们是那里的百姓?"彼辈都不思而答:"我们是某某寺的百姓。"盖其脑中固绝未有中华民国公民之自觉与某省某县之籍贯观念也。以较藏制,有最不同之一点,则甘、青、番境之当道者为寺院与世官，而藏境则县长为流官，知藏中政治已趋中央集权，而番境则犹未有统一之组织也。

## 蒙、新考古

旧友黄仲良先生（文弼）于民国十六年至十九年间，参加西北科学考察团，经蒙古草地至新疆。工作所及，为吐鲁番、库车、阿克苏、和阗、喀什噶尔、罗布淖尔诸地。二十一年，又偕新绥公路察勘队前往，至焉耆等地考察。驼背生涯，使人歆羡。归后整理所得材料，成《高昌》《罗布淖尔》等专册。比来成都，时相握晤，为述其考古之经过，熊玮光君笔记之，兹删录于此。

"蒙古之地，向为游牧民族所萃集，故汉之匈奴、隋唐之突厥、回纥及以后之蒙古先后分布于其地。此一带荒原，上层为小石块，下为沙碛，无大河流。间或泉水涌出，则水草馥郁。当地居民限于地理环境，只能逐水草而居。然在考古立场言，则不因此而减少其价值。盖历史上游牧民族与汉族时相攻击，遗迹犹随处可见。其中最著者厥惟长城（边民称为边墙）。就余所踏查者，汉时阴山以北，东起百灵庙，西至额济纳旗之居延海，再西南沿疏勒河直至罗布淖尔，皆有长城遗址，露出地面约五尺许。加以发掘，见其基层土为紫色，类似今之三合土。城之外有濠沟，昔日流水沙碛犹存，故古有'饮马长城窟'之诗。城旁有土墩，时有铜矢镞及烽火遗屑，当即烽火台。每十里必有一墩，每三十里即有一堡，可容数十人，似当时戍兵守望之所。每百里有小城圈，盖守边都尉所居。最可流连者为居延塞。额济纳河流入戈壁后，分为喀巽淖尔及索果淖尔两海，河海之沿岸均有长城遗迹。所特异者，则此一带长城为双墙，中隔五尺许，直达索果淖尔而止，当为通过军队之用。昔时此处为对匈奴作战之大本营，故设居延都尉以镇守之。自发见此城后，第二次复以四驼往，另踏一沙地，又发见碉堡八十余，包含两古城，广可三十里，有两河经流，知必为屯兵要塞，以其有陶片铜镜等证为汉代遗物也。其尤妙者，于其附近发见当时行军车迹，上积浮土，间露故辙，两线平行，相间约四尺许，其浮土之上多近代遗物，而下则汉代物也。由此轨迹之发见，不特可证明汉时车制，亦得见其防御匈奴之工具矣。

"新疆为东西民族之交流地。由遗物之发见，可识其地曾为匈奴、突厥、回鹘、希腊、波斯、印度、西藏、土耳其诸种民族所占居；宗教则火祆、摩尼及佛教亦皆流行。先言吐鲁番，是为天山南麓东部之大城，当东西交通之咽喉，在汉为车师前王庭，在北魏为高昌，直至唐贞观以后始内属。魏、晋以后，佛教大行，故其地庙宇遗迹特多，皆分布于山谷中。高昌国旧城在吐鲁番城东南五十里，遗址犹可见；清末德人柯克在此工作数次，取去古物不少。余等在吐鲁番西雅尔岩工作，车师前王庭旧都并在，发掘城西五里之古坟群，得墓砖及陶器颇多，墓砖上均刻有死者姓名、官职、葬地等等，由此知高昌为汉人所建之国，传衍百四十余年，自颁正朔，其设官犹沿袭汉制。又墓砖上刻有'葬于交河西原'等字，可证坟群以东之城为交河城，即汉时前王庭之故都也。其南三百里罗布淖尔，即楼兰国遗址，汉通西域所必经。余于十九年考察时，采掘汉简及古器物甚多，并发见一古道，由此可证西域大道在是，冲要地也。库车在吐鲁番之西为古龟兹国址，同时为佛教中心区，大师鸠摩罗什生于此。佛教遗址多在崖谷间，最著名者为库木土拉及和色尔。余于十八年至此采取佛洞中之壁画及泥塑像若干，又有唐写佛经及西域经文字，其壁画佛像有立体意味，为犍陀罗作风。中国佛教自北印度传入，亦有此式产品；但自中唐以后，中国之佛教艺术又转输新疆，故壁画上之题识，有用梵文者，有用汉文者，见东西文化交流之迹象焉"。

予按西北地高气燥，古物存留独多，敦煌写经则四万卷，居延竹木简则两万片，采陶瓶瓮又数千器，偶一搜寻便得巨藏。考古工作今方发轫，所得已眩目开心若此，他日成就之伟必非我辈所得悬猜。予游洮、夏，辄见古城址隐隐见于沙土间，闻河西一带亦然，倘假以发掘之财力，意大利之庞拜古城必不得专美于西方矣。惟古迹古物固多，而近年之破坏亦弥烈，闻新疆人以信伊斯兰教之虔，不愿其境内有佛教遗迹，恒作有计画之销毁，是则愿负守土之责者普为劝导维护之也。

## 爨 文

自丁在君先生（文江）编辑《爨文丛刻》，罗罗典籍始大为国人所注目。二十七年十月三十日，予与在宥同游路南县，止于城东四十里之维则乡。维则居民，夷九而汉一，其地当路南、陆良、泸西、弥勒四县之交，设有天主教堂及圭山小学，为调查夷民生活之绝好中心。天主堂中有故神父邓明德（Paul Vial，1855—1917）之墓。渠于一八八〇年到滇传教，任路南路美邑主教有年，著有《法夷字典》一书，并以夷文译《圣经》数种，助之编纂者有维则夷人毕汝安君等。毕君知予等至，因持其经典来谈，谓夷文共四百余，皆单声，有象形者，如月作〇，结作∞，而以同声通假为多。夜半无俚，率临一页，觉其笔法颇与甲骨文为近；惟甲骨文皆方笔，而此则方圆并具耳。其字直行，与汉文同；而其行自左迄右，又与满、蒙文同。经典中亦记其相传之古史，尤以洪水传说为知名；惟文字过整，会意又多，翻译甚不易耳。

归后偶读明李元阳《云南通志》，于卷十一曲靖府唐代乡贤中得阿町其人，注云："马龙州人，纳垢酋之后，隐岩谷，撰爨字，字如科斗，三年始成。字母十千八百四十，号曰'韪书'，爨人至今习之为书法云。"按《志》云"字母十千八百四十"，与毕君所谓四百余者，数目相去太远，得非古有而今废之字太多耶？又得无阿町制文本为一字一义，后世嫌其难记，大率以同音字假借为之，遂使其文主音而不主义耶？

嗣检倪蜕《滇小记》，中云："阿町，马龙纳垢酋之后，唐时隐居山谷，撰爨字如蝌斗，二年始成，字母一千八百四十，号曰《韪书》，爨人至习之，尊为《夷经》。"云"一千八百四十"，可正《李志》"十千"之讹。

195

## 丽江禹迹

周汝成先生，丽江宿学，闻予昔年曾探讨禹一问题，因写彼地禹王传说三条，介陶云逵先生以致予。

其一曰"禹王船"。丽江城西八十里有石鼓镇，镇西南五里一峰特立，高达云表，名望江山，土人呼为"高拉居"。山之绝顶为平坡，相传上有禹王船，盖禹导黑水时，曾就此山作桢以望江水之进退。水势既平，船遂留置山顶。船身已以风雨侵蚀，腐化无存，而尚有散落之船钉，为土人偶然拾得者。钉不生锈，上镌蝌蚪文字，得者视为奇宝，取以禳鬼祟，且作药饵。闻病痫者借钉投火烧红，再投水中，服之立效。

其二曰"断头石"。石鼓镇东北二十里，一巨石屹立大江中，抵拒洪流。石身约五方丈，顶平滑如刀截去者。其色殷红，若血痕然。下端则呈褐色。江之东岸一盘石横路，石面亦平滑如刀截，其色泽及大小并与江心之石等。倘有力士，殆可舁而合之。土人呼为"鲁美阃道"，意为断头之石。相传禹导黑水时，石兵石将咸从堵江流，断头石即彼时石将军也，禹敕其带领石兵一队，不分昼夜，至打楞江中排成阵势（打楞，地名，在丽江城西百七十里。今打楞江中有顽石数十，排成一列，宛如军队）。及禹王至，召石将军听令，屡传不到；搜之则正酣睡江中。禹怒，拔剑斩之，枭首江东，以为违命之戒。其时江水为血所污，凡赤三日三夜云。

其三曰"太子关峡"。宝山州（距丽江城百八十里）东北八十里有一大山，名太子关：山作圆锥形，高数百丈，上插天空，势极险峻。金沙江流为此山所阻，应向北流，及反南行，力穿山腹而过，令人发奇异之幻想。相传禹导水至太子关，为山所阻，遂凿开山腹，疏通河道云。

读此三则，可见丽江多险，故禹王之传说特盛，犹北方之龙门、底柱也。禹王船、断头石二条俱云"禹导黑水"，又见丽江人确认金沙江为黑水。闻地质家言，金沙江实有南流痕迹，古代盖不为长江之源。然则《禹贡》言"导黑水入于南海"者固有可证，而昔人群谓大江出于岷山者亦不为误矣。

## 杨椒山谪狄道

明嘉靖三十年，兵部车驾司员外郎杨继盛以请罢马市忤仇鸾，谪官陕西临洮府狄道县典史。何时到达，《自撰年谱》所未言，计已在秋冬间。翌年，即以俺答入寇，仇鸾恚死，朝旨擢继盛为诸城知县，于五月中离狄道。综其谪官时间不及一年，典史又末秩，宜其无有所展布。乃予此次至临洮（即明狄道县），则见彼地人士所奉为最伟大之人物不敢一日忘者即为继盛，方知孔子所谓"期月而已，可也"，原非矜夸之辞也。

按其《自撰年谱》，抵狄道月余，府县学生员从学者五十人，日相讲论，将门生贽礼并俸资所余买东山超然台，于上盖书院一区，前三间为揖见之所，中五间为讲堂，后为道统祠。狄道多西番、回子，俱自有经，不读儒书，乃聘教读二人于圆通寺，募番、汉童生读书者百余，三月后各生出入循礼，其父兄忻然相谓曰："杨公来何迟也！"此皆关于教育者也。是时柴贵民病，城西有煤山一区，番民利于卖木，阻人开采，继盛既为其所信服，遂往发之。又城西借洮水灌溉，甚宜园圃，岁久淤塞，乃募园户疏通之，水利倍于往昔。此皆关于生产者也。他若清算粮草，以余粮买学田，绝官府贱买毛褐，数月间竭心力以为民，遂使县人思慕历三百余年而不衰。今临洮城内有椒山祠，东山上亦有椒山祠，春秋致祭惟虔。超然书院每经兵燹，事定必集资重建，至今为县中巨厦。椒山所书屏联，皆刻石，其"铁肩担道义，辣手著文章"一联几于家家悬之。《忠愍集》亦有刻版。

夫崇德报功，事所宜有，然尚有发挥此精神以致于实用者，则先生洵不死也。谈甘肃教育者必首举临洮，盖以其经费少而受教育者多，为他处所不能及。全县学校百五十余所，遍于城乡，平均每家可得一高小毕业生。县人有杨明堂先生者，名斋沐，今六十余矣，平生服膺椒山，而又尽瘁教育事业，先就椒山祠创办养正小学，来学者多，为全县所取则；继办从德女学，为今临洮女子师范之前身；办师范讲习所，为今临洮师范之前身；办模范学校，为今临洮师范附属小学之前身。彼以蓝缕开疆之精神任先锋，及其基础已奠，乃付之公家。此外尚办有正宗小学，唐泉小学、农业职业学校等。办农校时，其私资已竭，乃卖地若干塥（甘肃地以塥计，一塥当二亩半）以成之。当其于清末着手之际，遭人嫉忌，欲活钉之于城门上，而彼埋头工作，屹不为摇。日后他人受其感化，凡有余裕者亦皆自立学校，且有义务任课者，故其地累经丧乱而弦诵不辍。予初至椒山祠，见有"杨氏私立养正小学"额，疑椒山后裔有留居于是者；及晤明堂先生，复以《忠愍集》见赠，度之益坚。以问他人，则俱谓非也。因叹明德之生，其感动人之深且久乃若是！又临洮人极善治水利，旧有渠道六，新凿者又有九，疑亦有闻椒山之风而兴起者也。

嘉靖三十二年，继盛以劾严嵩下刑部狱，越三年见杀。时吏部给事中张万纪，狄道人，具疏将救之，为嵩所闻，出之守庐州。抵庐，问疾苦，察冤抑，在郡五月，境内顿肃。复罄囊凿山开渠，灌地千顷。庐民为建生祠。终见陷于严党，落职归里；过椒山祠辄流涕。张家今犹住临洮北门街，予往游焉，见其救椒山疏草为子孙刻石。庭中有灵璧石一座，导者告予曰："万纪罢官就道，宦囊萧然，吏民钱别，问所欲得，时渠已醉，随口应曰：'予欲得灵壁石耳！'郡人择一玲珑者，命数十人扛之，自江南至于陇西，行绝速，及张氏抵家则石在庭矣。"是诚可与椒山媲美之一佳话也。

## 马麒墓表

二十七年八月，予重至西宁，得瞻东关外前主席马阁臣之墓，丰碑列峙，乃前省府委员黎丹所撰墓表也。以其为青海建省之重要史料，倩图书馆职员师君道明抄出之。文曰：

"民国二十年八月五日，青海省政府主席马公阁臣卒于官，中央议恤有加，公葬于青海西宁之东郊。海内人士识与不识，皆哀感铭诔，用彰硕德。阅明年癸酉，为公新营墓阙，将树石以昭来兹，众意属文于丹。慨溯廿载边陲，荷公相知之深，垂老感逝，谊无可辞。

"公姓马氏，讳麒，字阁臣，甘肃临夏人。封翁讳海晏，勇健能治军旅。公生而岐嶷英多，性刚毅笃实，沉默强识，度量深宏。幼随封翁从军久，军中事为所素谙。

"民国成立，公膺西宁总兵之命。时边事已棘，公目击症结所在，毅然以开拓青海，恢复西藏为己任。甘督赵维熙雅知公所志，甚重之。二年，请于政府，任公为蒙藏宣慰使。公恩威兼施，尽抚海南北及黄河上游各旗部落而安之，政府藉纾西顾忧。

"公审青海边局关系重大，以速收玉树为他日恢复藏卫之计，力陈当局；而川边尹经略昌衡亦力请以玉树、隆庆土司归川。时川人张某护甘督，亦以玉树隶川为便，事久不决。而玉民坚请归甘，就公呼诉者络绎于道。公谕以川、甘均属国土之义，则求益急。不得已代达民意，而张尼不上闻。比皖人张广建督甘，始以公之请达于政府。旋派周务学观察西赴玉树，勘查川、甘省界，周固廉洁长者，勘界之役深得民心；事竣反命，当局始洞察其隐，乃断然以玉树二十五族之地仍隶甘边，远人翕服。

"四年，政府裁青海长官职，任公为甘边宁、海镇守使，事权既一，远近佥悦服，乃筹策开拓，建设一反清季羁縻之旧。初，玉树请保境之师，护督某不欲也，至是呈设玉防司令，谆戒部属以国家绥柔之意。继于都兰、玉树置理事官，台站、邮政次第创置。惟时度支万艰，以西宁七县之收入大部分须上输，仅有余沥，且养兵兴学之不暇，开拓大计又安所恃，公意惨淡为之不馁者，惟此固圉谋国之血诚耳。

"五年，伪忠顺公吕光假皇六子之名啸聚番众，潜据贵德，北恃大河，南倚群山，将久据以抗。公督队力征，躬冒矢石，不浃旬事平，蒙藏胥悦服。

"八年，有昆仑争界事，当时最引国人注目。初，外部与英使磋商藏界始末，有将昆仑以南，当拉岭以北之地划为'内藏'，中国不设官，不驻兵；又划德格以西为'外藏'之议。时政府闇于事理，失措特甚。公痛陈疆事，力争：'当拉岭以北，昆仑以南，长二千余里，金沙、雅砻、澜沧诸江之上游皆衍流其中，气候较青海北部为暖，向隶青海，版图可稽。英人巧设内、外藏之名，艾思敦强执界线问题，已为中、藏交涉之争点。川、藏前车，竟以金沙江口为界，江之西岸如同普、武城、江卡、盐井，均归卫藏，东岸自巴安以南则归川边，以十三城拱手让人，已丧地千里矣。而英人以兵力不及，尚未越当拉岭一步，遵以甘肃素所管辖，卫藏兵力未及之地割以奉之，蹙地千里，辱国已甚。今若以昆仑划为内藏，势必撤去玉树驻兵，取消已设之官员，不独堕国家之功，且孤番民倚信之忱，而自玉树以北，如果洛、汪什代亥、刚咱诸族，以及循化、贵德迤南之番族，皆将轻视中国，不可复制，缓则剽掠边鄙，急则结藏入寇，非惟河、湟无宁日，西南国际交涉将更不堪问矣！'叠电缕陈必争之由。于海南北、玉树、都兰遴设理事，增重兵阨险设防，痛晓番族以正义，各族皆景从，英人志不克逞。国人辄以此重公。

"果洛诸族久隶川边，满清嘉、道以还，蒙弱番强，果洛尤悍。民国七、八年间，其女酋承父驭众，四部瓦解。初以宽大驭之，浸假而掠台站，褫劫商旅，数年之间大案累累；公怒焉忧之。七年，决计申讨；女酋来降，悍目就缚，乱乃定。

"玉防既固，吕光既平，果洛既降，公以后顾无忧，藏事大有可为，即请甘督张广建转呈政府，派员赴藏，以说达赖亲英之失，遂有朱绣等西藏之行。公爱才求贤，有古人风度，延致多士，咸阳李迺菜，天水周希武，湟源朱绣等均为用。朱赴藏谒达赖，延见惟殷，卒未辱命而还。藏事有望，公私心窃喜。乃未几而甘局分崩，张督辞职，政府无暇远略，达赖受亲英派操纵，与班禅失和，内向无期。而达赖犹以重宁海者重政府，信使往还，逊辞厚币，终公之世，青、藏间迄保和平。

"民十以来，陇上大弛烟禁，宁海全境不使见一茎毒卉。盖青海数百万人民耕少牧多，南迄玉树，北至柴达木，皆恃西宁为粮源，种烟则饥，饥则蒙、番挺而走险，乱机一萌，新疆、西藏势必牵动，英、俄乘之，患贻胡底。疆吏惟利是图，公则顾全大局，义不苟同，有如此！

"十五年，北伐告成，公审知非三民主义不能救国，于是倾心南向。适冯部来甘，公谦逊退让，镇静自持。比河西变作，危机四伏，公则始终以国民政府命令为依归，绝不以一己去留糜烂地方，用能化险为夷。及改省命下，孙连仲来就主席，愈为公危。公曰：'余半生为国，此心可质天日！'与弟麟、子步青、步芳力持和平与服从之旨，毫不为动。孙服其诚笃，事无大小悉与商洽，久而相交愈欢。时临夏匪炽，当局知公昆仲得人心，即畀以辑抚之责；已而果如所期，以此国人士愈重公。未几，孙部东发，公代主席，于是遐迩腾欢，强者戢，亡者归，叛者自新，忻忻然不自知其何为而就范也。

"公自奉俭约，而振兴学校无吝色，能纳言。在青二十年，视汉、回、蒙、藏无界域，抱负甚大。惜以国内不靖，有志未酬。公宿患腿疾，十八年冬渐不支，尚力疾视事。十九年夏六月，以避暑海北中风，兼积晋省已不治。病中尝以'仁爱和平'训诸子，从无一语及私。公友于出天性，弟麟沉毅类公，今继公主青政。子三人，长步青，驻节河西，治军能得民心；次步芳，安边筹策，海境获安，次步瀛，均能继公之志。

"呜呼，居今日而论公，岂易言哉！康、藏构衅，匪伊朝夕，及公之身未尝波及青海。岁壬申，距公没才二年，藏人竟称兵犯玉树。幸公之弟若子绍厥箕裘，克敌致果，不使青海二百万方里土地有尺寸之失，公之干国栋家者可见其大，而公亦足不朽矣！"

按马氏一生关系近三十年之青海政局，尊贤爱国，用能植不败之基。黎氏赞襄戎幕，与之始终，故此文沈挚翔实如此。文中所谓"川人张某"者，张炳华也。玉树一地居巴颜喀拉山之南，雅砻、金沙、澜沧诸江俱发源于是。由地理言，实远甘肃而近于川、康，张氏主张归川管辖未尝不持之有故。然以管辖习惯言，固向属西宁，且惟其因川边经略措置失宜，使二十五族番民北奔投诉，请兵保护，则依民意为依归，马氏争之亦良是。马氏既没，藏兵自昌都北进，侵入海南，苟无重兵战守，全境必受糜烂，是足证其二十年经营之功矣。

## "吹牛拍马"

好夸大者谓之"吹牛皮"，善逢迎者谓之"拍马屁"，此谚遍行于全国，惟皆人云亦云而不详其本义为何。予浪迹甘、青者一载，无意中竟解得此谜，知此实西北方言，有其地域之背景存焉。

彼地大川不少，然水急滩险，不可行船。以牧畜业之发达，牛羊皮不可胜用，喜其轻而固，浮而不沉，因制之成袋子，又连结而为筏子，为涉川之利器。筏之最小者五羊皮，四端四袋，中间一袋，以细木条联系之。其大者则骈接数筏至数十筏为一，牛皮袋以百数，载重数千至数万斤，凡西北货物循黄河运至包头登平绥车者莫不赖是。

将下水时，舟人就各个羊皮袋子之孔口尽力吹之，气既饱满，紧缚其口使不泄，遂得纵横洪涛，过滩不阻，虽随波上下，衣物水浸浪拍，终不至遭灭顶之凶也。昔有洋人游于皋兰，初乘筏东行，黄流汹涌，惧将倾覆，遽跳上河中一石，而筏去如矢，更难相迓。渠立石上久，既不能凌波达岸，欲乘别筏，频频招手，而凡经其旁者皆不得在急流中暂停，竟饿而死。至今舟人犹名其地曰"洋人招手"。乘筏而不知筏之为用，此所以丧其生也。

至牛皮袋则所需气量甚弘，非口所能吹。吹之之术，取山羊皮袋一，一端系以铁筒，塞筒入牛皮袋之口，而张其别一端，两手扇动之，气既积满，便力压入牛皮袋；如此继续为之至十余回，则牛皮袋亦胀不能容矣。此山羊皮袋俗称"火皮袋"，本在旅途作食时用以代风箱者也。

惟筏之为物，但可顺流而下，不可逆流而上。故谚云："下水，人乘筏；上水，筏乘人。"谓筏载客货至下游卸去，舟子乃泄袋中之气，载之于背而陆行以归也。

予于二十七年八月再至西宁，适逢淫雨，向日大道裂为断崖，不但汽车不可行，即骡车亦不得走，竟乘皮筏还皋兰，由湟水转入黄河，凡行二百数十里。所乘之筏系羊皮袋子二十三枚，盖联八小筏而成。（八小筏应有袋四十，所以只二十三者，凡两筏毗连处皆去其重，五袋为一列，三列则十五；每四袋间，中置一袋，则八；十五加八为二十三。其状如图。）人坐行李上，不便转侧，波澜旁冲，裳履尽湿。平均每小时可行二十里，较骡车约速一倍。

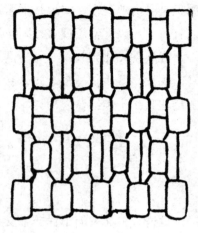

皋兰北门外黄河两岸经营此种生计者至多，弥望皆牛羊皮袋也。故彼地人不耐人夸口时，便曰："请你到黄河边上去罢！"谓吹牛皮也。尚有一旁衍之义，指人气性之大，故厌人发怒不止时，亦得云："到河沿上去罢！"谓其脾气有如皮袋之吹而愈大也。

水行为筏，陆行为骑。西北地高气薄，跋涉丛山，步行易喘，山道仄狭，又不利行车，以是多单骑，中产之家皆畜马，视为第二生命。平常牵马与人相遇，恒互拍其马股曰："好马！好马！"美其肥也。盖马肥则两股必隆起，拍其股所以表其欣赏赞叹之意，本无谄媚之嫌。逮相沿既久，平民见达官，贫农见富商，无论其马之肥否，率拍其股曰："大人的好马！"遂流于奉承趋附之途矣。此"拍马屁"一词所由来也。

予素不娴骑术，既至番地，虽欲不骑而不可；勉强登鞍，终不敢速行。随从之马夫献其殷勤，屡屡在后扑我之马。予笑曰："此真所谓'拍马屁'矣！"未知此一词中亦存有追随鞭镫之义否？

东南人无此地域背景，宜其不能解此。然不能解而传其谚，成为极通用之词语，抑又何也？

既记此条，思有可附论者二事。"上山容易下山难"一谚，亦传遍东南者也。予久不解，以为步行上山气逆，下山身轻，难易适相反，何作此言。及骑马陟山，乃悟其理。盖上山马甚费力，其行迟迟，乘者从容据鞍，自觉舒适；下山则所跨马如释重负，往往飞奔，人在其上，不慎则堕，故言难也。番地有谚曰："上山不跑，非马；下山不跑，非人。""非马"者非良马；"非人"者，非善骑之人。以下山敢驰与否定其骑术之高下，谓非至正确之标准耶！

又"财连银汉三千丈；利贯全城百万家"。亦东南市肆常见之门联也。"金城"，予前以为形容都市繁华，犹可所谓"金迷纸醉"耳。及至皋兰，见商店招牌多冠以"金城"字样，缘其地在汉代为金城郡，用古地名也，因悟此联亦兰州人作，夸彼地商业之兴盛者。外省人不知而用之，又"郢书燕说"之类矣。

凡兹事实，皆见文化交流之迹象。西北交通不便，为东南人士所鲜至，其地域背景又与东南绝异，为一般东南人所不能了解，然而口语流传仍不以阻隔，则文化力量之伟大而深澈可知矣。

## 抛彩球

幼览弹词，言抛彩球成婚者甚多。稍长，观平剧《彩楼配》，所得实际之观感尤深。然谓此种婚姻方式确曾存在乎，何以史书中绝未一见？谓其纯出想象乎，何以此种无事实根据之想象乃能风靡一世如此？既已风靡一世，何以又不闻有起而行之者？此诸问题蓄于吾心久矣。

按《彩楼配》一剧实脱胎于元王实甫之《吕蒙正风雪破窑记》（见《孤本元明杂剧》）。此剧中写洛阳富人刘仲实有女月娥，以掷彩球方式招婿，竟中贫士吕蒙正。蒙正居破窑中，仲实欲悔约，女不肯，竟嫁之，受阨穷而不怨。父往迎之，遂相诟谇。其后蒙正得官而归，欲挫折妇翁，赖寇准之劝而止。以近日盛行之《薛平贵红鬃烈马》校之；《彩楼配》，择婿也；《三击掌》，誓绝也；《五家坡》，贵显归来也；《算粮》《登殿》，报复也：宛然一型。知《吕蒙正》一剧虽久绝响，而火尽薪传，固不可谓之绝也。

按《破窑记》中刘仲实道白云："我有百万贯家缘过活，别无儿郎，止有个女孩儿，小字月娥，不曾许配他人。我如今要与女孩儿寻一门亲事，恐怕不得全美。想姻缘是天之所定，今日结起彩楼，着梅香领着小姐到彩楼上抛绣球儿，凭天匹配；但是绣球儿落在那个人身上的，不问官员、士、庶、经商、客旅，便招他为婿，那绣球儿便是三媒六证一般之礼也。"读此，知抛球成婚盖不信人事，惟听天命，由于委心任运之人生观而来。然听天命之人生观为我国人处世圭臬者数千年矣，苟刘仲实能行此，则行此者已不知其几何人，何以正式记载中绝未道及只字，而徒见于稗官言耶？是仍可疑也。

元曲中又有己定联姻而仍抛彩球者。关汉卿《山神庙裴度还带》，韩太守得裴度之救，决以其女琼英嫁之，其宾白云："老夫在禁中，曾许小女以妻裴度。不想今日裴度，今日选考，此人文武全才，圣人大喜，加以重用，借都省头答夸官三日。老夫就将此事奏知，愈加其喜。奉圣人命，着老夫就招裴度为婿。令官媒挑丝鞭，挂影神，左右红裙翠袖，捧小女于楼中抛绣球，招状元为婿。"下，张千向媒人云："老相公台旨，如今结起彩楼，着小姐彩楼上等那新状元。着你拿着丝鞭拦住着，小姐抛绣球儿招新状元。等状元问你是谁家招婿，你且休说韩相公家；等接了丝鞭，下了马，相见毕，那其间才与他说知。"状元既至，媒人云："天外红云接彩楼，状元夸职御阶游。月宫拥出群仙队，试看嫦娥抛绣球。状元，请下马接丝鞭。"旦云："将绣球来！"媒人云："绣球打着状元了，请状元下马接丝鞭就亲！"此则写抛球仪式最详备。观其父许嫁，且以帝命招婿，此事已十分确定，而犹借绣球之一掷，是则出于任天而入于饰伪，徒成循例文章，更无活泼意境，又何贵乎打中？且倘偶中他人之身，则将婚之乎，抑将拒之乎？此亦未易索解也。

一日，偶展滇中袁树五先生（嘉穀）《卧雪诗话》，竟发见此为摆夷风俗，为之拊掌称快不止。《诗话》卷八引柯绩丞《竹枝词》："时样衣裳趁体妍，绣球抛掷早春天。邻家姊妹齐声贺，恰中多情美少年。"其自注曰："夷俗订婚如此。"按绩丞名树勋，清末任管带，平刀正经之乱；民国初年任普、思沿边行政总局局长甚久，边民畏威怀德，公认为一代良吏。其所辖车里、猛遮一带皆为摆夷居地，故深知夷俗，发之于诗如是也。此抛球订婚之风俗不知何时自南诏、大理传入益、宁诸州，更由边州达于中原，群党其新艳可喜，虽缘礼教之压迫不得实现其事，而于小说戏剧中乃大恢弘之。王实甫敷以汉人任天思想，关汉卿涂以汉人礼仪型式，观剧者亦乐于接受，若所固有。倘无柯氏二十八字，我辈将无术溯其源矣。竹枝词一体，活泼泼地叙述民风，不为高文典册所制限，于稽考社会生活有绝大用处，兹可见也。

其后居成都，在基督教边疆服务部中见《金筑百苗图》一册，系自贵阳得之传抄者。其第六图为"卡尤独家"，作女子抛球状。球为带结，带端出球外，四条飘扬，以人比例，长可尺许。其说明曰："每岁孟春，聚会未婚男女于野，跳月歌舞，以彩带接球，谓之'花球'。意洽情钟，彼此抛球，遂□焉。"（"遂"下脱一字，或为"婚"，或为"合"，俱未可知。此字却甚重要）独家之族居黔、桂间，其俗与滇之摆夷同，知西南边裔固多具此风尚矣。

李为衡君，滇人也，学于予，见此记，告予曰："幼年曾游上把边（把边江之上游），其地为摆夷所居，俗极重阴历年关，贫者及中产之家必至正月十六日后始恢复工作，其大家富户率多休息至二月二日。在此期间，无论男女老少均可尽情作乐。其行乐方式，除打秋千及打渔外，更有聚全村人于一地之祭神，跳葫芦笙，及青年男女最感兴趣之'丢包'（即抛彩球）等等。所丢之包，形式不一，有长方形者，有正方形者，亦有椭圆形及圆形者。其状虽殊，要皆为摆夷妇女平日精心绣制之锦囊，而实以轻质之棉毛类或香草所成。当丢包时，男女各列阵立于一边，大有现代打排球之概，惟中间无绳网之设置，且距离较远，又无公正人为之作证耳。男方抛去，女方共接之；女方抛时，男方亦然。接住者胜，失手者败，胜败似无何条件与酬赏，仅随以鼓掌喧笑而已。然据柯氏所见，丢包乃摆夷之订婚方式，而予之所遇则为平常之游戏。岂果有此两种分别耶？抑因环境之影响，汉化程度有深浅之分，遂使风俗有不同，或则仍保存其订婚方式，或则已演变成为游戏耶？"按为衡所见为摆夷新年之俗，新年则以抛球为游戏而已；至于订婚，当别有其期。而抛球之用有二，其形制亦多异，得为衡所述而明，是可喜也。

与抛彩球之俗有绝相类者，踏歌是也。明胡震亨《唐音癸签》云："竹枝词本出巴、渝，末如吴声，有和声。元和中，刘禹锡谪朗州，为新词，更盛行焉。"朗州，今湖南常德县湘西之地，密迩苗人，犹得保存先进之风。禹锡《踏歌词》云："春江月出大堤平，堤上女郎连袂行。唱尽新词欢不见，红霞映树鹧鸪鸣。"又云："桃蹊柳陌好经过，灯下妆成月下歌。"知踏歌者女郎，唱于月下，止于翌朝，为长夜之欢也。又云："新词宛转递相传，振袖倾鬟风露前。月落乌啼云雨散，游童陌上拾花钿。"则男女结合即在踏歌之时，田间、堤上即其交颈之地，于斯时也，奔者不禁，有若是也。又云："日暮江头闻竹枝，南人行乐北人悲。自从雪里唱新曲，直到三春花尽时。"则此狂欢节为日甚久，自春初直至春末，有逾于摆夷之丢包焉。中原旧俗，有高禖之祭与桑间、濮上之音，度亦类是。惜自秦汉以来已为洁诚之德与贞淫之辨汰除净尽，不可知矣。

206

此卷既抄讫，忽见陆次云《跳月记》，乃知苗人婚礼合抛球与踏歌为一事，予之揣测不误也。因节录其文于此："苗人之婚礼曰跳月；跳月者，及春月而跳舞求偶也。载阳展候，杏花柳稊，……其父母各率子女，择佳地而为跳月之会。父母群处于平原之上，子与子左，女与女右。分列于广隰之下。原之上相宴乐。……原之下，男则椎髻当前，缠以苗帨，袄不迨腰，裤不迨膝，裤袄之际，锦带束焉，植鸡羽于髻颠，飘飘然当风而颤；执芦笙，笙六管，长二尺。……女亦植鸡羽于髻如男；尺簪寸环；……联珠以为缨，珠累累扰两鬟；缀贝以为络，贝摇摇翻两肩；裙细褶如蝶版，……裙衫之际亦锦带束焉；执绣笼，编竹为之，饰以绘，即彩球是焉。……女并执笼，未歌也，原上者与之歌而无不歌。男并执笙，未吹也，原上者语以吹而无不吹。其歌哀艳，每尽一韵，三叠曼音以缭绕之；而笙节参差，与为缥渺而相赴。吹且歌，手则翔矣，足则扬矣，睐转肢回，首旋神荡矣；初则欲接还离，少且酣飞畅舞，交驰迅逐矣。是时也，有男近女而女去之者，有女近男而男去之者，有数女争近一男而男不知所择者，有数男竞近一女而女不知所避者；有相近复相舍，相舍仍相盼者。目许心成，笼来笙往，忽然挽结，于是妍者负妍者，媸者负媸者；媸与媸不为人负，不得已而相负者；媸复见媸，终无所负，涕洟以归，羞愧于得负者。彼负而去矣，渡涧越溪，选幽而合，解锦带而互系焉。相携以还于跳月之所，各随父母以还而后议聘：聘以牛，牛必双，以羊，羊必偶……"此文绘声绘色，令读者如亲接其人。而男执笙，待原上之命而吹，女持球，应原上之歌而歌，不言抛球，其定婚之表示为互易锦带，疑但持球以佐舞态，不关择偶，与摆夷、独家有异。又球编竹为之而饰以绘，故又谓之绣笼，此亦前所未闻者。